本书受广西哲学社会科学2022年规划研究课题项目"自然资源国家所有权价值确权、核算与实现路径研究"（项目编号：22FGL019）和广西财经学院高层次人才引进项目（博士科研启动项目，项目编号：K5-21-15-00-171）的资助。

自然资源国家所有权价值确权、核算与实现路径研究

陈 洁 著

西南财经大学出版社
Southwestern University of Finance & Economics Press

中国·成都

图书在版编目（CIP）数据

自然资源国家所有权价值确权、核算与实现路径
研究 / 陈洁著. -- 成都：西南财经大学出版社，2025.4.
ISBN 978-7-5504-6546-6

Ⅰ. D923.24

中国国家版本馆 CIP 数据核字第 2025BY3959 号

自然资源国家所有权价值确权、核算与实现路径研究

ZIRAN ZIYUAN GUOJIA SUOYOUQUAN JIAZHI QUEQUAN、HESUAN YU SHIXIAN LUJING YANJIU

陈洁　著

策划编辑：李晓嵩
责任编辑：陈子豪
责任校对：段佩佩
封面设计：何东琳设计工作室
责任印制：朱曼丽

出版发行	西南财经大学出版社（四川省成都市光华村街 55 号）
网　　址	http://cbs.swufe.edu.cn
电子邮件	bookcj@swufe.edu.cn
邮政编码	610074
电　　话	028-87353785
照　　排	四川胜翔数码印务设计有限公司
印　　刷	四川煤田地质制图印务有限责任公司
成品尺寸	170 mm×240 mm
印　　张	18.75
字　　数	331 千字
版　　次	2025 年 4 月第 1 版
印　　次	2025 年 4 月第 1 次印刷
书　　号	ISBN 978-7-5504-6546-6
定　　价	98.00 元

前言

　　自然资源是国家安全的保障、是人类生存和健康的基础，是社会经济发展的保证。虽然我国幅员辽阔、资源总量丰富，但在资源使用过程中，存在资源浪费、环境破坏、价值流失等问题。我国人均耕地面积、矿产资源数量、林地面积、林木蓄积量和水资源量远低于世界平均水平，这种资源约束已成为我国经济高质量发展的显著瓶颈。自然资源权责不明、产权不清、价值量核算方式争议较大、价值未充分实现等因素是导致自然资源浪费和价值流失的根本原因。2024 年政府工作报告多处提及自然资源管理工作，说明政府对自然资源管理非常重视。

　　本书在梳理国内外文献的基础上，依据《生态文明体制改革总体方案》《编制自然资源资产负债表试点方案》和《关于统筹推进自然资源资产产权制度改革的指导意见》要求，对自然资源资产价值确权、价值核算和价值实现路径开展了深入的研究。

　　首先，本书从稀缺性、效用性和产权角度阐释了自然资源资产的内涵，借助马克思的劳动价值理论、效用价值理论、产权经济学理论、资源会计理论阐述了自然资源资产核算的理论基础。在此基础上，本书将自然资源资产按照自然资源的社会经济属性划分为经营性自然资源资产和公益性自然资源资产，并指出：对于经营性自然资源资产，应当在兼顾其生态价值的前提下着力开发其经济价值，而对于具有生态和科研价值的公益性自然资源资产，则应重点强调其生态价值和社会价值。

其次，本书以 G 省 A 市为例，根据当地政府设置的土地、矿产、森林、草原、海洋、水和湿地资源七类账户，分析了自然资源资产数量、价格和金额情况、责任义务履行情况、收入支出情况、中央及各级政府权益数量和金额的变动情况、资源配置数量和配置收入情况。其中，登记七类自然资源资产中实物量数据源于"国土三调"数据、统计台账、监测报告、水资源公报等；价值量数据参考全民所有自然资源资产清查价格体系，或采用收益现值法、重置成本法等方法进行评估确定，从而生成自然资源资产平衡表主表和附表。

再次，本书针对目前自然资源资产价值实现的困境，遵循"自然资源资产化、自然资源资产资本化、自然资源资本产品化、自然资源产品市场化、自然资源产品货币化"的递进逻辑，阐述了自然资源资产价值实现的理论逻辑。此外，本书还阐述了自然资源资产价值的实现路径：一是总体实现路径。综合运用产权、金融、技术、消费等管理工具，使自然资源的存在价值演化为使用价值，升华为要素价值，最后达成交换的目标，促使自然资源产品实现货币化。二是分类实现路径。针对侧重经济价值核算的经营性自然资源资产构建市场化路径，搭建土地使用权、矿业权、林权、水权等资源产权交易平台，通过买入和卖出实现自然资源交易。对侧重于生态价值和社会价值核算的公益性自然资源资产，采用财政转移支付、实施生态保护项目、征收生态补偿税费等财政公共支付方式实现其价值。此外，还可采用市场化模式、政府支付模式、PPP 模式、"生态银行"模式和 REITs 模式来实现自然资源资产的价值。

最后，本书探讨了自然资源国家所有权价值实现的保障机制和推进机制：①搭建基于大数据的自然资源信息化平台，开展自然资源的系统普查；②加快编制自然资源资产平衡表，建立动态的价值核算体系；③制定完善的政策和法律法规，优化自然资源资产的市场环境，加大绿色金融支持力度；④强化学术支撑与科研力量储备，开展自然资源资产价值实现工作交流沟通合作的新方法和新途径。

本书遵循"现状描述—理论基础—自然资源资产价值确权—自然资源资产价值形成与评估—自然资源资产平衡表的编制—自然资源资产价值实现"的研究思路，形成了一个内容充实、条理清晰、逻辑严密的一体化研究框架。本书所提出的对策建议均基于扎实的调查研究和量化分析，并非单纯"就对策论对策"，因而具有较强的可操作性及显著的现实意义。

陈洁

2024 年 9 月

目录 Mulu

第一章 绪论 ·· 1

　　第一节 研究背景及意义 ·· 3

　　第二节 文献综述 ·· 5

第二章 相关概念界定与理论基础 ·· 15

　　第一节 相关概念界定 ·· 17

　　第二节 相关理论基础 ·· 20

第三章 自然资源资产确权 ·· 25

　　第一节 我国自然资源产权制度现状及存在的问题 ················ 27

　　第二节 自然资源资产产权改革及确权登记 ····················· 39

第四章 自然资源资产价值的构成与评估 ····························· 57

　　第一节 自然资源资产价值的构成与评估方法 ················· 59

　　第二节 土地资源资产价值的估算 ····························· 63

　　第三节 矿产资源资产价值的构成与评估 ··················· 82

第四节　森林资源资产价值的构成与评估 ·················· 90

第五节　草原资源资产价值的构成与评估 ·················· 107

第六节　海洋资源资产价值的构成与评估 ·················· 114

第七节　水资源资产价值的构成与评估 ····················· 125

第八节　湿地资源资产价值的构成与评估 ·················· 128

第五章　自然资源资产价值核算 ······························· 133

第一节　自然资源资产平衡表编制的基本理论 ············ 135

第二节　账户设置 ··· 149

第三节　A市自然资源资产平衡表的编制 ················· 160

第六章　自然资源资产价值的实现机制与路径············ 197

第一节　自然资源资产价值的实现机制 ···················· 199

第二节　自然资源资产价值的实现路径 ···················· 203

参考文献 ··· 210

附录 ·· 222

第一章
绪论

第一节　研究背景及意义

一、研究背景

自然资源是国家安全的保障、是人类生存和健康的基础，是社会经济发展的保证。截至 2022 年年底，全国共有耕地 12 758.0 万公顷、园地 2 011.3 万公顷、林地 28 354.6 万公顷、草地 26 428.5 万公顷、湿地 2 356.9 万公顷、城镇村及工矿用地 3 596.8 万公顷、交通运输用地 1 018.6 万公顷、水域及水利设施用地 3 629.6 万公顷。全国已发现矿产资源 173 种，其中能源矿产 13 种，金属矿产 59 种，非金属矿产 95 种，水气矿产 6 种。地下水储存量 520 985.8 亿立方米①。虽然我国幅员辽阔，资源总量丰富，但在资源使用过程中，存在资源浪费、环境破坏、价值流失等问题。人均耕地面积、矿产资源数量、林地面积、林木蓄积量和水资源量远低于世界平均水平，这种资源约束已成为我国经济高质量发展的显著瓶颈。2024 年政府工作报告在多处提及自然资源管理工作，说明政府对自然资源管理非常重视。一是要严守耕地红线，聚焦稳住总量、优化布局、压实责任三件大事，紧盯严控增量、盘活存量、严格执法三个环节，全力推进耕地保护各项改革措施落实见效。二是要保障矿产资源安全，地质勘查财政投入大幅增加。三是要严防地质灾害和海洋灾害灾情。四是要优化国土空间格局，使国土空间规划制度体系趋于完善；构建自然保护地体系，对国土空间用途进行管制；综合整治全域土地，做好国有建设用地供应；出台系列政策举措，全力做好自然资源要素保障。

《生态文明体制改革总体方案》《编制自然资源资产负债表试点方案》和《关于统筹推进自然资源资产产权制度改革的指导意见》指出，在全国开展自然资源国家所有权价值确权核算，编制全民所有自然资源资产平衡表，摸清自然资源资产实物量和价值量的"家底"情况，是实现自然资源资产价值的基础性工作。当前的自然资源资产平衡表的试点编制工作，面临自然资源权责不明、产权不清等问题，且价值量核算争议较大，自然资源的价值未充分

---

① 数据来源：《2023 年中国自然资源公报》。

实现。因此，本书将对自然资源国家所有权价值确权、价值核算以及价值实现路径展开深入研究，通过辨析自然资源的所有权与占有权、使用权、收益权、处分权、监管权等权能的关系，明确划分产权边界，完善自然资源统一确权登记，确定自然资源资产平衡表的核算范围，探讨土地、矿产、森林、草原、海洋、水和湿地等资源的经济价值、生态价值和社会价值评估问题。编制 G 省 A 市自然资源资产平衡表，阐述自然资源价值实现面临的困境，探索价值实现的路径，对提高资源利用效率、保护生态环境、加强自然资源管理、推进生态文明建设具有重要意义。

二、研究意义

（一）学术价值

（1）针对以往自然资源资产价值确权研究的不足，提出四级分权管理的确权登记制度，明确确权登记的具体内容，构建统一的自然资源国家所有权确权登记制度。

（2）通过构建各类自然资源资产数据库、规范实物量和价值量统计指标，构建各类资源资产的经济价值、生态价值和社会价值估算模型，进行价值量的测度与分析，为各类自然资源资产账户和平衡表的编制获取价值量数据。

（3）阐述自然资源国家所有权价值实现面临的困境，通过编制自然资源资产平衡表，摸清自然资源资产实物量和价值量"家底"情况。通过市场化路径、价值补偿路径和产业化路径实现自然资源资产的价值。

（二）应用价值

1. 自然资源国家所有权确权可为我国自然资源国家所有权制度的进一步完善贡献绵薄之力

2016 年出台的《国务院关于全民所有自然资源资产有偿使用制度改革的指导意见》明确指出，当前的自然资源资产有偿使用制度存在"不完善、监管力度不足，还存在市场配置资源的决定性作用发挥不充分、所有权人不到位、所有权人权益不落实等突出问题"，要"坚持发挥市场配置资源的决定性作用和更好发挥政府作用，以保护优先、合理利用、维护权益和解决问题为导向""以依法管理、用途管制为前提，以明晰产权、丰富权能为基础，以市场配置、完善规则为重点"，健全全民所有自然资源资产有偿使用制度，创新全民所有自然资源国家所有权实现形式，"不断提升自然资源保护和合理利用水平，切实维护国家所有者权益，为建设美丽中国提供更重要制度保障。"据此，"保护优先、合理利用"、市场化配置与政府干预相结合，成为我国全民所有自然资源国家所有权实现的基本理念。由此，我国需要在理论层面解决自然资源国家所有权实现过程中，国家干预与市场化实现方式如何结合的问题，以及在规则层面解决如何通过制度供给解决私法自治和国家强制的关系问题。

2. 通过对 G 省 A 市自然资源资产平衡表的试点编制，为其他省市提供实践指导

（1）形成一套科学合理的自然资源资产平衡表编制方法，并将其应用于 G 省 A 市的自然资源资产平衡表的编制。待该地区自然资源厅验收合格以后，推广应用到其他地区自然资源资产平衡表的编制。

（2）探索自然资源资产价值实现路径，为经营性自然资源资产市场化运作及公益性自然资源资产政府财政支付提供量化依据。同时，本研究可为领导干部自然资源资产离任审计、生态文明建设绩效评估考核和生态补偿等工作提供基础和依据。

第二节 文献综述

一、国内外相关研究的学术史梳理

（一）自然资源资产的界定、特征及分类研究

我国学界对自然资源的解释有狭义和广义之分：狭义的自然资源是指人类可以利用的天然生成物；广义的自然资源则是指天然自然物及其产生的空间场所和环境功能（耿建新、郭泽光，2020）[1]。自然资源具有稀缺性、有用性和所有权性（马永欢 等，2014）[2]，可计量、能带来经济效益（Hambira，2007）[3]，是需要构建安全制度来保护节约的资源（宋马林、金培振，2016）[4]。

自然资源是自然资源资产的物质形态，既包括传统投入经济活动的自然资源部分，也包括作为生态系统和聚居环境的环境资源，而自然资源资产是自然资源的货币形态（胡咏君、谷树忠，2018）[5]。自然资源资产是为一个国家或地区所拥有，能创造效用的一切资源（向书坚、郑瑞坤，2015）[6]。并非所有的自然资源都可称为自然资源资产，要成为自然资源资产需要具备两个条件：一是稀缺性。不稀缺的自然资源不是自然资源资产，如光能、风能、潮汐能等；二是收益性。自然资源资产能够产生经济价值，并且这种经济价值不仅能够评价，而且能够在市场上得以实现（刊评，2019）[7]。

由于研究目的与划分依据的不同，《环境经济核算体系（2012）》（以下简称 SEEA2012）将自然资源划分为矿产和能源资源、土地、土壤资源、木材资源、水生资源、其他生物资源、水资源七大类。《中华人民共和国环境保护法》规定，自然资源包括土地、森林、草原、矿藏、海洋、湿地、水七大类。《中国自然资源手册》将自然资源分为土地、森林、草地、水、气候、矿产、海洋、能源和其他九大类。参考对比环境经济核算体系的定义和我国对自然资源的分类，按照自然资源的物理特质和功能属性，可将资源分为五大类，即能源、矿产、土地、森林和水（胡文龙、史丹，2015）[8]。自然资源是一大类综合性的资产，可以分为土地、水、森林、矿产、生物五类（杨海龙，杨艳昭，封志明，2015）[9]。自然资源也可分为六大类：土地资源、海洋资源、矿产资源、能源资源、森林资源、水资源（周志方 等，2017）[10]，也可界定为耕地、林地、草地、湿地、水域、能源矿产和非能源矿产七类（史丹、王俊杰，2020）[11]。《编制自然资源资产负债表试点方案》将自然资源分为土地、矿产、森林、草原、海洋、水和湿地七类资源，本书按照该分类方式进行核算。

（二）自然资源资产价值确权的研究

近年来，为社会各界所广泛关注并引起法学界热烈讨论的自然资源国家所有权问题始于乌木案、狗头金案、草原枸杞能否肆意采摘等案件与问题（李忠夏，2020）[12]。这些案件与问题引起争议与关注原因在于我国宪法和其他法律关于自然资源等国家所有权所设定的范围过于广泛，一方面将本应当由人民群众自由利用的资源也纳入国家所有权的范畴；另一方面，又赋予国家所有权与私人所有权同等效力，使其具有排除一切人为干涉的法律效力。

由于对产权的过度保护，出现了国家所有权"与民争利"的现象，从而产生关于自然资源国家所有权的广泛讨论，并形成了不同的学说（单平基、彭诚信，2015）[13]。

哈德罗·德姆塞茨认为："资源的稀缺性是产权出现的根本原因"（徐双明，2017）[14]。我国宪法和民法都规定自然资源所有权归国家所有，但宪法上的国家所有权与民法上的国家所有权是两种不同的权利类型，宪法上的所有权应向民法上的所有权转化（单平基，2021）[15]。关于自然资源国家所有权的认定，目前学界中存在着不同的观点，有的主张"自然资源所有权宪法公权说"，强调自然资源国家所有权的公权本色，明确国家主导资源利用秩序（巩固，2013）[16]；有的主张"自然资源所有权私权说"，强调国家所有权的私法属性，认为其可以有效界定国家所有权在私法中的地位，规范国家在私域行使其所有权的行为（徐涤宇，2006）[17]；有的主张国家所有权在性质上应被界定为民事权利，是一种私权定位（李兴宇、吴昭军，2021）[18]；有的主张"自然资源所有权双阶构造说"，认为自然资源国家所有权蕴含着宪法所有权与民法所有权的双阶构造，纯粹私权说与纯粹公权说均难谓恰当（税兵，2013）[19]；还有的主张"自然资源所有权三层结构说"，认为宪法上规定的自然资源国家所有权包含三层结构：第一层结构是私法权能，第二层结构是公法权能，第三层结构是宪法义务。国家应当为全体人民的利益行使其私法权能和公法权能（王涌，2013）[20]。自然资源资产价值实现的前提是对自然资源进行产权界定（严立冬 等，2018）[21]，产权界定需从制度入手构建严格的产权制度（Peter K，Heather T，Taylor H，et al.，2011）[22]，而严格的产权制度建立需要对自然资源进行统一确权登记，自然资源统一确权登记本质上是不动产的登记，建立和实施不动产统一登记制度，是全面深化改革的重大举措（欧阳志军，2015）[23]。

在确权登记实践方面，张星星、蔡青、何军军（2019）探讨了贵州省自然资源统一确权登记的做法[24]。吴晶晶、张万森（2018）阐述了国家公园中各类自然资源登记单元划分、自然资源类型单元分类、权属调查的技术路线和方法[25]。曲俊利等（2019）对探明储量的矿产资源统一确权登记提出了自己的认识和思考，阐述了确权登记的主要程序和内容[26]。王璁（2020）以青铜峡库区湿地自然保护区自然资源统一确权登记为例，分析了自然资源统一确权登记的主要流程[27]。邱媛媛、唐伟、陈春森（2021）分析了浙江省开化县钱江源国家公园自然资源统一确权登记的技术难点[28]。

（三）自然资源资产价值构成及价值评估的研究

1. 自然资源价值内涵研究

人们对自然资源价值认识存在偏差，导致自然资源被掠夺式开发与低效利用，造成自然资源稀缺与浪费并存的局面。如何转变自然资源利用方式，提高自然资源利用效率，实现资源可持续利用，已经成为人类共同关注的主题。

自然和自然资源都有价值，自然资源数量有限且正在变得稀缺的现实使这一点无可置疑（晏智杰，2004）[29]。自然资源价值的构成主要考虑其有用性、效用性和功能性（潘家华，2017）[30]。自然资源既有作为劳动对象的经济价值和资源功能，也有作为生存条件的生态价值和生命支持功能（吕忠梅，2021）[31]。自然资源资产价值有广义和狭义之分，广义上的自然资源资产价值体现在资源、环境、生态、经济、文化、社会等多个方面的价值，狭义上的自然资源资产价值主要指自然资源资产的经济价值（谷树忠、李维明，2015）[32]。传统的自然资源资产价值分类法主要有"五分法"和"两分法"，其中"五分法"将自然资源资产价值分为直接使用价值、间接使用价值、存在价值、遗产价值及选择价值；"两分法"将自然资源资产价值分为商品价值和服务价值（杨昔、喻建华、乔亮亮，2020）[33]。

目前，自然资源资产价值核算分为细分价值和细分资产两种思路。细分价值方式是对同一自然资源资产分别核算其经济、生态、社会等方面的价值（石薇 等，2018）[34]。但是这种方式只局限在理论层面的研究，在实践研究中，多采用细分资产的方式核算其价值（杨艳昭 等，2018；宋晓谕 等，2018）[35-36]。①土地资源资产价值。土地资源的数量有限和供给不足决定了土地资源具有潜在社会价值；同时，土地资源因能满足人类精神和道德需求而具有文化价值和存在价值；更重要的是土地资源能满足生态和谐、生态公平和可持续发展的需求，因而具有生态价值，三种价值表现形式不可分割（李海姣、杨会东、徐霞，2015）[37]。②矿产资源资产价值。学界对于矿产资源是否存在价值具有较大分歧。一种观点认为，并未开发的矿产资源不存在价值，经过人类开发后的矿产资源才具备价值；另一种观点则认为，矿产资源因各类产权的存在而具有价值，主要包含自然价值、权益价值和环境价值

（宋夏云、罗璐霞，2018；杨铮，2015）[38-39]。陈洁、龚光明（2010）以劳动价值论、地租理论和效用价值论为指导，把矿产资源的价值分为内在价值和外在价值，并将储量价值纳入内在价值之列[40]。③水资源资产价值。我国对于水资源资产价值的相关研究起步较晚，1985年，国务院颁布了计收水费的相关规定，水资源的价值逐渐被人们发现。冯欣等（2021）认为，水质、水量、人均GDP和人口密度可以反映水资源的稀缺性和其效用价值[41]。邵青、冷艳杰、彭卓越（2020）将水资源的价值细分为生态价值、社会价值、经济价值等几类[42]。牛存稳等（2021）认为，冷热水的价值均体现在能量价值、生态价值和景观价值三个方面[43]。④海洋资源资产价值。海洋渔业资源作为自然资源中的一种，具有经济价值、社会价值和生态价值（白玮、郝晋珉，2005；战琦梦 等，2020）[44-45]。⑤草原资源资产价值。草原具有交换价值，草原与其他生产要素一样有使用价值，它有满足人们需要的效用，也有同其他商品相交换的属性。草原还具有个别价值与社会价值（额尔敦扎布、莎日娜，2007）[46]。⑥在湿地资源方面，崔丽娟（2004）把湿地价值分为使用价值和非使用价值两大类，并提出了目前非使用价值的概念[47]。

2. 自然资源资产价值评估的研究

随着学界对自然资源价值内涵和功能的研究逐渐深入，自然资源资产量化和评估方法随之发展起来。陈燕丽、王普查（2017）归纳总结出自然资源实物计量方法，主要包括针对水资源的调查与普查法、实测法、等雨量线法、体积法等；针对土地资源的统计资料法、情景模拟法、农业生态区域法、承载力与生态足迹法等；针对森林资源的收割法、样地法等[48]。一些学者认为，条件估值法（CV法）、权变评估法、WTA补偿法和阈值估算法已成为自然资源资产价值评估的主要方法（Shiferaw B、Freeman H A，et al.，2005；高阳 等，2017）[49-50]。孔含笑等（2016）认为，影子价格法、边际机会成本法、市场估价法、收益现值法、意愿调查法等方法在自然资源资产价值核算上起到了重要的作用[51]。曹志宏、郝晋珉、梁流涛（2009），蒋冬梅等（2009），叶姗、李世平（2013），以及任哲成等（2022）等对土地资源资产价值评估进行了深入的研究[52-55]。陈洁和龚光明（2012）、万昌林（2013）、李焕培（2017）、范振林（2019）对矿产资源资产价值进行了评估研究[56-59]。张增峰等（2020），蒋静俭（2014），黄和平、王智鹏、林文凯（2020），以及何红娟（2021）对林木资源、林地资源的社会价值、游憩价值、经济价值进行了评估研究[60-63]。李鑫等（2018），谭勇等（2021），以及刘洋洋等（2021）初步建立了草原资源资产的评估方法，计算出草地价值和干草价值，构建了草地生态服务价值评估体系[64-66]。李继龙等（2017），王晨等（2017），以及贺义雄、张怡卉、胡卫伟（2022）从经济、环境、社会三个角度综合核算海洋资源的资产价值[67-69]。杨梦婵等（2018），潘淑慧、曾雪珂、姚茋衍（2023），李国成、海新权（2023），以及刘可心（2024）通过建立水资源资产价值量评估模型，运用影子价格法、替代成本法、层次分析法和熵值法等方法对水资源资产价值进行了综合评价[70-73]。在湿地资源方面，马琼芳等（2015），程秋旺等（2020）基于选择实验法，构建了多元 Logistic 回归模型，用于测算湿地自然保护区游憩资源价值[74-75]。

（四）自然资源资产价值核算的研究

1. 自然资源资产负债表概念研究

自然资源资产价值确定以后，需要进行价值核算。自然资源资产价值核算按照土地、矿产、森林、草原、海洋、水和湿地七类资源分类核算，运用复式记账原理记录自然资源的变化过程（沈镭 等，2018）[76]。自然资源资产负债表是反映一个国家或地区在一定时期内自然资源资产的增减及其平衡关系的分析表格（谷树忠，2016）[77]，以自然资源账户为基础（黄溶冰、赵谦，2015）[78]，先编制实物形态的自然资源平衡表，后编制价值形态的自然资源资产负债表（封志明、杨艳昭、李鹏，2014）[79]。自然资源资产负债表是彻底摸清自然资源"家底"、实现自然资源治理法治化与现代化的重要工具（胡中华、陈春博，2021）[80]。自然资源资产负债表不仅能反映自然资源的存量信息，也能反映其流量信息（盛明泉、姚智毅，2017）[81]。

2. 自然资源资产负债表构成要素研究

自然资源资产、自然资源负债和自然资源净资产是构成自然资源资产负债表的三大基本要素（操建华、孙若梅，2015）[82]。自然资源资产是在一定时空条件下，归属于所有者，能产生社会价值且为人类带来经济利益，存在于陆地和海洋的全部物质和能量（李金华，2016）[83]，自然资源资产包括有形的和无形的资产（高吉喜 等，2016）[84]。在自然资源负债界定方面，目前学界尚无明确概念，且是否对其核算也存在分歧。有学者认为，自然资源负债是基于某些不当开发和使用行为造成自然资源的异常损耗需支付的代价

（封志明 等，2017）[85]。主张通过资源过耗（高敏雪，2016）、资源权益损害（陈艳利、弓锐、赵红云，2015）和生态恢复（钱水祥，2017）等指标来核算[86-88]。也有学者认为，自然资源负债并不存在，自然资源资产负债表应正名为自然资源资产平衡表（耿建新、唐洁珑，2016）[89]。对自然资源净资产不同学者持有不同观点：部分学者沿用传统资产负债表中的称谓，将自然资源净资产视为所有者权益（张友棠、刘帅、卢楠，2014）[90]；但封志明、杨艳昭、陈玥（2015）则认为，我国的自然资源虽属于国家或集体所有，但在法律上国有自然资源产权仍然缺乏明确的主体代表，所以不存在"所有者权益"的概念[91]。目前，《自然资源资产平衡表编制试点方案》中虽然没有考虑自然资源的负债要素，但列明了所有者权益，对开采自然资源造成的环境污染和生态破坏等方面的修复则以"自然资源责任（义务）履行表"的形式列示。

3. 自然资源资产负债表的编制框架

自然资源资产负债表应基于会计等式"资产＝负债＋所有者权益"的基本原理，反映某一固定时点的自然资源资产负债状况（胡文龙、史丹，2015）[8]，并遵循"自然资源资产＝自然资源负债＋自然资源净资产"的平衡关系（陈艳利、弓锐、赵红云，2015）[87]。在自然资源资产方面，应该核算自然资源资产的存量及其变化，并遵循"期初存量＋本期增加量－本期减少量＝期末存量"的平衡关系；在自然资源负债方面，应从耗减和退化两个方面进行分析。对自然资源资产进行核算时，应实物量和价值量并重，先核算实物量，后核算价值量（孔含笑 等，2016）[51]。在各单类自然资源资产负债表的编制问题上，耿建新、王晓琪（2014），耿建新、刘祝君、胡天雨（2015）对土地资源提出了编制框架设想；耿建新、安琪、尚会君（2017）对森林资源提出了编制框架设想；季曦、刘洋轩（2016），耿建新、李洋、尚会君（2015），耿建新等（2019）对矿产资源提出了编制框架设想；汪劲松、石薇（2019）对水资源提出了编制框架设想[92-98]。目前，《编制自然资源资产负债表试点方案》以"资产＝所有者权益"为编表依据。

4. 自然资源资产负债表编制实践

2014年4月，国家统计局牵头制定了探索编制自然资源资产负债表改革实施规划。广东、贵州、江西、青海、内蒙古、重庆等省（自治区、直辖市）在2014年的重点任务或折子工程中均提到了要编制自然资源资产负债表。

2014 年 9 月，深圳大鹏半岛编制出了我国首个县区级自然资源资产负债表。目前，自然资源资产负债表的编制工作得到了我国实践部门的积极响应，相关工作正在积极推进中。浙江湖州市（闫慧敏 等，2017）[99]、宁夏永宁县（李志坚、耿建新、肖承明，2017）[100]等积极探索土地资源自然资源资产负债表编制实践。编制自然资源资产负债表时，可以运用遥感和 GIS 技术（邱琳等，2019）[101]，或采用生态足迹法编制（史丹、王俊杰，2020）[11]。由于自然资源丰富多样，且每类资源的特性不一样，已有学者分别对土地资源（陶建格 等，2020；耿建新、林璐，2021）、矿产资源（姚霖、余振国，2019；葛振华、苏宇、王楠，2020）、森林资源（张志涛 等，2018；张卫民、李辰颖，2019）、草原资源（刘欣超 等，2016）、海洋资源（李宪翔、高强、丁鼎，2019；赖敏 等，2020）、水资源（田金平 等，2018；耿建新、胡天雨，2020）、湿地资源（陈燕丽、左春源、杨语晨，2016；姜微，2020；成福伟、张欣，2023）资产负债表的编制开展了研究，并取得了积极成果[102-115]。

（五）自然资源资产价值实现路径的研究

已有文献对自然资源资产价值实现的研究主要是沿着两个方向进行探讨的。一是依赖政府主导的生态补偿，如财政补助补贴（李国平、刘生胜，2018）、财政转移支付（缪小林、赵一心，2019）、政府购买服务（蔡晶晶、杨文学，2020）、生态税费（胡咏君、吴剑、胡瑞山，2019）、森林生态补偿（李炜、王玉芳、刘晓光，2012；王季潇、曾紫芸、黎元生，2019）等[116-121]；二是以市场主导的生态交易，如林业 PPP（张德刚、薛秋阳，2018）、生态产业化经营（邹芳芳、陈秋华，2019）、碳排放权交易（李怒云、袁金鸿，2015）、排污权交易（肖政、陈奕钢，2012）、水权交易（沈大军、张萌，2016）等[122-126]。从新制度经济学的视角来看，无论是依赖政府的生态补偿还是以市场为主导的生态交易，都是通过政府税费形式和产权激励方式实现自然资源资产的价值（陈水光、兰子杰、苏时鹏，2022）[127]。公共支付、政府引导支付和市场支付是国外自然资源生态产品价值实现的主要模式（远东资信评估有限公司，2021）[128]。可见，已有的文献多侧重于探索自然资源资产价值实现方式，而对自然资源资产价值实现路径鲜有成熟的探索。产权制度和价值评估缺位是制约生态产品价值实现的主要瓶颈（丘水林、靳乐山，2019）[129]，要实现生态资源富集区的"绿水青山"向"金山银山"的转化以及自然资源配置的帕累托最优，不能单纯地依赖委托代理人和市场的力量（丘水林、庞洁、靳乐山，2021）[130]，还要促进有为政府与有效市场的互联互通并探索出符合地方自然资源禀赋的生态产品价值实现路径。胡咏君、吴剑、胡瑞山（2019）指出，生态产品价值化和市场化方面存在资源产权不清晰、价值实现程度总体偏低及科学性不足等问题[119]。寇有观（2019）提出，选择具备条件的地区开展自然资源生态产品价值实现机制试点，探索政府主导、企业和社会各界参与、市场化运作、可持续的生态产品价值实现路径[131]。此外，周伯煌、彭晓霞、万丽娜（2020），张兴、姚震（2020），李振红等（2020）等从不同角度研究了新时代自然资源生态产品价值实现机制问题[132-134]。

二、研究述评

综上所述，中国自然资源资产负债表的编制仍然处在探索阶段。在探索中，许多学者和团队做出了卓越的理论贡献和实践探索。目前，学界对于自然资源资产负债表已经取得了一些共识。这些共识包括：第一，自然资源资产产权界定越清晰、越明确，越有助于自然资源价值实现；第二，自然资源资产价值构成包括经济价值、生态价值和社会价值，自然资源资产价值评估的方法包括影子价格法、边际机会成本法、市场估价法、收益现值法、意愿调查法等方法；第三，自然资源资产负债表是借鉴企业资产负债表和国家资产负债表的概念来呈现一个国家或地区的资源量，是一套既包含实物数量、又包含价值的量表。自然资源资产负债表核算的资源种类包括土地、矿产、森林、草原、海洋、水和湿地等资源；第四，目前自然资源经济价值的实现主要通过政府主导和市场交易两个并行方向有序推进。

现有研究仍然存在的局限性和不足：

（1）国内外学者对自然资源统一确权登记的系统性研究成果较少，多停留于宏观层面的解读，侧重于讨论自然资源国家所有权的权属性质，但对由谁来进行确权登记、确权登记哪些内容、如何进行确权登记的实践操作等问题的研究不足。

（2）国内外学者对自然资源资产的分类基本达成一致，将其分为七大类，但未清晰区分经营性和公益性自然资源资产，这二者功能属性不同，其价值构成和价值实现路径也不同。目前对自然资源资产价值的核算侧重于实物数量的核算,对自然资源清查价格体系研究较少,缺乏可操作的价值估算标准。

(3)现有研究只能作为编制自然资源资产负债表的指导原则,难以应用于具体编制的实践操作中。这与我国提出编制自然资源资产负债表的时间较短有关,但也说明学界并未完全认识到不同自然资源资产负债表编制的特殊性,以及单独探讨不同自然资源资产负债表编制方法的重要性。当然,不同自然资源资产负债表的编制既存在共性又存在个性,最终如何实现不同自然资源的总体汇编,也是学界需要考虑的问题。现有研究从整体角度探讨自然资源资产负债表的编制和设计的居多,关于不同自然资源编制报表特殊性的研究的文献较少;单个自然资源资产负债表编制的文献关于水资源和土地资源的较多,关于森林资源、能源矿产资源的相对较少。

(4)现有自然资源资产负债表中的价值核算方法不够准确。现有研究侧重核算各类资源的经济价值,对各类资源的社会价值、生态价值研究较少。

(5)国内外学者对自然资源资产价值实现路径的研究取得了初步成果,但其侧重于自然资源资产价值实现方式的研究,而对自然资源资产价值实现路径鲜有成熟的探索,且其主要讨论生态产品价值的实现,对其他自然资源产品价值实现的研究不多见。

基于现有研究的不足,本书将对自然资源国家所有权价值确权、价值核算及价值实现问题展开研究。首先,开展自然资源检查与确权登记,摸清自然资源的权属、边界、面积、数量和质量等信息,在此基础上开展自然资源资产价值核算。其次,以 G 省 A 市自然资源资产平衡表编制试点为例,分别按经营性和公益性设置七类自然资源资产账户,根据统计调查等资料,获取实物量数据,估算自然资源资产的价值量,编制该地区的资产平衡表。最后,以资产平衡表为基础,探索自然资源资产价值实现路径。

第二章
相关概念界定与理论基础

第一节　相关概念界定

一、自然资源资产

（一）自然资源含义及特点

1. 自然资源的含义

所谓"自然资源"，是指"人类可以利用的、自然生成的物质与能量"。《辞海》将自然资源定义为："天然存在的自然物，不包括人类加工制造的原料，如土地资源、水利资源、生物资源和海洋资源等，是生产的原料来源和布局场所。"《大英百科全书》将自然资源定义为"人类可以利用的天然生成物，以及形成这些成分源泉的环境功能"。《中国国民经济核算 2016》将自然资源表述为："自然资源指可通过收获、开采或提取直接用于经济体系的生产、消费或积累，或者为开展经济活动提供空间的自然实体。"2009年，《中华人民共和国宪法》（以下简称《宪法》）第九条规定，矿藏、水流、森林、山岭、草原、荒地、滩涂等自然资源，都属于国家所有，即全民所有。2019年 7月 11日《自然资源统一确权登记暂行办法》以《宪法》为准，将自然资源界定为水流、森林、山岭、草原、荒地、滩涂以及探明储量的矿产资源。2020年颁布的《中华人民共和国民法典》（以下简称《民法典》）将矿藏、水流、海域、无居民海岛、森林、山岭、草原、荒地、滩涂等自然资源、无线电频谱资源视为国家所有权的资源。本书以《宪法》和《民法典》所界定的自然资源为研究对象。

2. 自然资源的特点

（1）天然性。土地、矿藏、森林、草原、水流、湿地、海域海岛等自然资源都是天然生成物，与人工合成产品存在本质的区别。以矿藏为代表的多种自然资源的形成都经历了漫长的自然、历史过程，但受到人类对自然资源开发利用活动的影响，其或多或少地包含了人类劳动。

（2）有用性。自然资源作为资源的一种类型，必须具备对社会的有用性，能够被开发利用并产生效益，这是天然生成物成为自然资源的前提条件。对于人类而言，自然资源能够提供生产、生活资料和场所，能够为人类带来福利、创造价值，是重要的生产要素。自然资源统一确权登记制度下的自然资源应具备"有用性"的属性特征，即确权的自然资源必须可以满足人类需求，可以为人类带来某种经济价值、生态价值、社会价值，只有这样的自然资源才可以在自然资源资产产权制度的保障下进行市场交易。

（3）相对稀缺性。自然资源的相对稀缺性包括两方面含义：相对于人类社会不断扩大的需求而言，自然资源是稀缺的；由于自然资源分布的不均匀性而表现出区域间不同程度的稀缺特征。稀缺性有长期稀缺与短期稀缺之分，其中，"长期"是指代际或更长时段，"短期"是指代内或更短的时段。由于自然资源总量是有限的，这种有限性决定了从长期看自然资源是稀缺的，而在短期看则可能是无限的。

（4）可转化为自然资源资产性。自然资源统一确权登记的最终目标是为完善自然资源资产产权制度做准备，通过市场配置作用更大程度地实现自然资源的价值，但自然资源的种类、存在形态等具有多样性、复杂性，决定了并不是所有的自然资源都能实现到市场定价交易。所以，自然资源资产是指资源禀赋稀缺、产权法理明晰、效益价值可量化、具有特定空间形态边界的自然资源。

（二）自然资源资产属性与分类

1. 自然资源资产的概念

随着自然资源稀缺程度的增加、生态破坏和环境污染越来越严重，自然资源的价值会越来越高，自然资源的资产属性就会越来越明显（杨伟明，2013）[135]。国民经济核算国际标准（2008）和SEEA2012均主张将能够带来经济利益的自然资源确认为资产并对其进行价值量核算（耿建新、胡天雨、刘祝君，2015）[136]。自然资源资产是以自然资源形态存在的物质资产。并非所有的自然资源都可称为自然资源资产。自然资源转化为自然资源资产必须具备稀缺性和收益性。自然资源资产能够产生经济价值，并且这种经济价值不仅能够被评价，而且能够在市场上得以实现。自然资源的产权主体和产权边界必须明确，否则自然资源的资产权益无法得到保证。稀缺性、收益性、产权明确是自然资源资产化的基础。综上所述，自然资源资产是指以自然资源形式存在，能够参与市场活动并产生价值，同时具有清晰的产权主体和产权边界的稀缺性资产。

2. 自然资源资产的基本属性

自然资源资产除了符合自然资源的特性之外，还具有如下属性：

（1）基础性。自然资源资产是基础性资产，除了关系一个国家、一个民族或一个地区的生存和发展外，还关系到国家安全。自然资源安全是国家安全的重要组成部分。

（2）可控制性。自然资源统一确权登记制度下的自然资源在具备有用性特征的同时，还应当具备可控制性的属性特征。像空气、风能、阳光虽然也是人类生存必需之自然资源，但国家目前的科技水平还未达到将其划分具体的权利属性并进行彻底管控的程度，所以无法对空气、风能、阳光等无法控制的自然资源进行统一确权登记。

（3）权属状况明确。确权登记的自然资源可以从相关法律里找到关于其权利归属的明确规定，法律的调整是自然资源权属状况的依据。进行确权登记的自然资源的权属状况必须是明确的，即自然资源所有者、使用者、管理者的角色和权利行使范围必须区分清楚，因此，自然资源资产的使用具有排他性。

二、自然资源权益

自然资源权益是自然资源同主体结合所附着的权利和要求，这种权利和要求在经济上得到体现，就形成了自然资源的权益价值。国家投入人力、财力、物力，行使自然资源所有权和管理权。各级行政管理部门投入人力、财力、物力，行使自然资源的管理权。各有关自然资源的经营者，取得自然资源使用权，行使自然资源的经营权。由此可知，自然资源所有者权益包括四级：一是中央直接行使所有权，二是委托或法律授权省级政府代理行使所有权，三是委托或法律授权市（地）级政府代理行使所有权，四是法律授权县级政府代理行使所有权。

三、自然资源产权

自然资源产权是自然资源所有、使用、转让和收益等法律法规制度的总称，自然资源产权符合一般产权的特征和内在要求，主要包括产权界定、产权配置、产权交易和产权保护四大要素。从自然资源产权角度去界定自然资源的使用性，能充分发挥产权对自然资源开发保护的能动性作用，规范地方政府和相关企业的经济行为，提高自然资源的产权效率，实现对自然资源的合理配置和高效利用。

四、自然资源统一确权登记

自然资源统一确权登记就是要坚持资源公有、物权法定和统一确权的原则，在不动产登记的基础上，对水流、森林、山岭、草原、荒地、滩涂以及矿产等所有自然资源进行统一确权登记，逐步划清全民所有和集体所有之间的边界，划清全民所有、不同层级政府行使所有权的边界，划清不同集体所有者的边界，划清不同类型自然资源的边界，进一步明确国家不同类型自然资源的权利和保护范围，推进确权登记法治化。

第二节　相关理论基础

一、可持续发展理论

可持续发展理念强调经济、社会的协调发展，人类在促进经济社会发展的同时，也要保护好赖以生存的各类自然资源和环境。在日常的生活和生产中合理开发利用自然资源，在促进自然资源可持续利用的同时，促进了社会与经济的持续发展。自然资源确权登记制度通过对全部国土生态空间进行权属确定和登记，逐步实现对自然资源的全面有效监管，从而减少自然资源开发利用中的各类违法违规行为。故而，自然资源确权登记制度体现了可持续发展理念中环境保护和经济效益"双赢"的精神。从自然属性上看，可持续发展是指保护和加强资源与环境系统的生产更新能力；从经济属性上看，它是指不降低生态环境质量、不破坏自然资源基础上的经济发展。基于可持续发展理论，挪威、芬兰、澳大利亚、加拿大、英国等国家纷纷开展资源与环境核算。

二、绿色 GDP 理论

绿色 GDP 从传统 GDP 中扣除了环境退化的货币估值、环境损害预防支出、资源环境恢复成本和非节约利用资源的超额成本，能体现国民经济增长的正净效应。基于该理论，许多国家在研究绿色 GDP 核算体系方面取得了一定的成果，如荷兰的《包括环境账户的国民经济核算矩阵体系》和菲律宾的《环境与自然资源核算计划》。2004 年，原国家环保总局与国家统计局联合启动了绿色 GDP 研究项目，正式开展绿色 GDP 核算的研究工作，并在 2006 年发布了我国首份也是唯一一份绿色 GDP 核算报告——《中国绿色国民经济核算研究报告 2004》，极大地增强了全社会的环保意识。与此同时，各地绿色 GDP 评价实践也在争议中积极前行。绿色 GDP 理论及其实践，对资源与环境核算以及自然资源资产负债表的编制提出了现实要求。

三、自然资源价值理论

（一）马克思的劳动价值理论

劳动价值论由英国经济学家大卫·李嘉图提出，后由马克思将该理论发展成熟。马克思的劳动价值论是在批判地继承了古典政治经济学的劳动价值理论的基础上建立起来的科学的价值理论。在商品价值决定和价值计量问题方面，马克思"以人为本"，首创了劳动二重性学说。该学说指出，具体劳动创造使用价值，抽象劳动形成商品的价值，价值量的大小由社会必要劳动时间决定。以矿产资源为例，矿产资源是由地质作用形成的耗竭性的不可再生资源，本身没有凝结人类的劳动，但在矿产资源的认识、勘探，开发和开采过程中，投入了大量的人类劳动。人类认识矿产资源是一种复杂的脑力劳动过程，在石器时代，人们认为铜不是资源；在青铜器时代，人们认为铁不是资源；而在现代，人们认识到，"矿产资源"的范围不仅包含了金属，而且包含了非金属和能源类。人类在发现、保护和开发利用自然资源时所付出的活劳动和物化劳动，构成了自然资源的价值实体。

（二）效用价值理论

效用价值论是 19 世纪末边际效用学派的创始人门格尔、杰文思、瓦尔斯提出的商品价值决定论，也是新古典经济学产生的思想基础。效用价值论的基本思想是资产的价值由资产为其占有者带来的效用所决定的，效用越大，资产的价值越高。效用价值论认为，价值起源于效用，没有效用就没有价值，效用和稀缺性是价值得以出现的充分条件。因此，效用是物品满足人的欲望的能力，价值则是人对物品满足自己欲望的能力的一种主观评价。只有具有稀缺性的物品，才会引起人们的重视，才是有价值的。因此，效用价值论的核心观点为：效用是价值的源泉，稀缺性是价值的前提，而边际效用递减规律是一般的规律，价值由边际效用决定。

自然资源作为人类生存和发展的重要物质基础，具有效用性、稀缺性。自然资源的效用性是指自然资源的使用价值，它可以使人们获得心理和物质上的享受。自然资源是大自然赋予我们人类的，虽然按照马克思的劳动价值论来讲，资源本身没有凝结人类的劳动，但自然资源是稀缺的，具有效用性。按照效用价值理论，无论自然资源中是否凝结了勘查、开发等人类劳动，其有用性都决定了它具有价值。当人类未对自然资源进行开发利用时，即自然资源处于自然赋存状态时，它的价值表现为潜在的社会价值，称之为自然资源的内在价值。自然资源的内在价值，不会因劳动耗费多少而改变。这一内在价值理论与西方的效用价值论融合。由此可见，价值起源于效用，效用是价值的源泉，是形成价值的必要条件。

四、产权经济学理论

产权经济学是新制度经济学的一个分支。它主要以产权为对象，从产权结构或产权制度的角度出发，研究资源产权配置方式和产权配置效率。早期，以亚当·斯密等人为代表的古典经济学提出了"看不见的手"理论，首次比较系统地触及了产权命题。而现代产权问题，是由法兰克·奈特、约翰·康芒斯和罗纳德·科斯三位学者提出的。法兰克·奈特在1922年就指出了与现代产权紧密相关的风险问题，他把风险和产权联系在了一起。与法兰克·奈特同时期的约翰·康芒斯系统地指出了明确企业产权的必要性，罗纳德·科斯则强调产权是一种权利。科斯定理的提出引发了产权思想演变，西方很多学者提出了自己的观点。诺斯（1991）认为，产权的本质是一种排他性的权利，产权的排他对象是多元的，其可以是一个主体，也可以是其他一切个人和团体[137]。阿尔钦、哈罗德·德姆塞茨（1972）指出，产权是一种社会工具，它能够帮助一个人达成他与其他人进行交易时的合理预期[138]。哈罗德·德姆塞茨（1974）提出，界定清晰的产权是市场运作的先决条件[139]。巴泽尔（1997）认为，人类社会的一切社会制度都可以被放置在产权分析框架内，产权的界定是一个演进过程。产权分析的核心内容是界定和转让产权的合同[140]。无论不同学者的观点、方法有怎样的区别，有几点都是共同的：①产权界定清晰与否是决定市场交易及资源配置有效性的根本条件；②在产权制度中，权利与风险责任的对称是保证监督有效的必要条件；③私有产权越纯粹，资本及有关产权相互间界定越严格，市场机制越有效。

产权经济学在自然资源开发利用过程中得到了充分运用。自然资源的稀缺性决定了明确自然资源产权的重要性。当经济全球化、市场化程度越来越高时，自然资源的价值也越高。为保证自然资源的合理配置，保护各方的利益，也为了会计的合理计价，将产权理论应用到自然资源资产价值核算是有必要的。明确产权，就能明确自然资源的责权利，只有在明确产权的基础上，主体才能正确核算自然资源的价值。

五、资源会计理论

（一）资源会计方法体系

资源会计方法是监督和反映资源会计对象，实现资源会计目标的基本手段。资源会计是管理资源开发利用活动的方法，它是资源管理的重要环节，也是为资源开发利用提供决策信息的系统。资源会计可以监督和反映资源流动过程，并计量和记录其流动过程的经济性，提供资源流动过程信息，提高资源利用效率，实现经济效益和生态效益。资源会计方法体系包括：

1. 资源会计核算方法

资源会计核算的主要内容是对会计主体内资源流动过程的确认、计量、记录与核算，反映会计主体所从事的资源活动及其体现的经济价值循环。资源会计是在资源开发利用管理的推动下，随着会计学科的发展而产生的会计学分支，会计基本假设、会计科目设置和核算程序对其依然适用，如资源会计采用货币计量假设、权责发生制、资产等于负债加上所有者权益等式、借贷记账方法等。

2. 资源会计管理方法

资源会计管理方法服务于资源经济循环过程监督管理的需要，对资源开发、运输、生产、出售等过程进行管理和控制，并运用结构分析、存量分析、比率分析等工具，监督反映资源活动的经济效益和环境效益，对资源过程进行预测、决策、计划、核算、控制、检查、考核和分析等。

3. 资源价值计量方法

资源价值计量方法是资源会计核算和管理方法的基础。资源价值计量方法的科学性是资源会计信息有效性的根本，只有对资源价值进行了科学的计量，才能从会计角度全面监督和反映资源的经济循环过程，为资源活动控制管理提供条件。自然资源存在多种多样的形态，结构复杂。自然资源定价或估价是以价值形式来计量其实物量，这恰好也是自然资源价值量评估的难点所在。目前尚无统一的自然资源价值化方法体系，现有自然资源价值核算往往是基于影子价格法、收益还原法、净价法和边际社会成本法等替代方法进行估算的。

（二）环境经济核算体系中心框架

早在 1992 年，联合国环境与发展会议就已建议各国尽早建立环境经济账户，此后联合国统计司积极响应，于 1993 年出版了《国民核算手册：综合环境和经济核算》，一般称为"环境经济核算体系"（简称"SEEA"）。现行的 2012 年出版的 SEEA 中心框架，系统描述了经济与环境的相互作用和环境资产的存量与变量，更好地融合了经济信息与环境信息。国际上对自然资源探索时形成的共识是对自然资源实现实物量和价值量的双重计量。在实务工作中，实物量可以根据各自然资源的具体种类及其性质可靠计量，但价值量涉及评估方法选择和数据来源等问题，计量比较复杂。SEEA 中心框架建议对于土地资源类型按照土地覆被和土地用途两个标准划分，分别编制土地存量变动表和土地变动矩阵。中心框架还指出，土地具有提供空间的独特作用，应当与其他自然资源区别对待，这也明确了优先探索土地资源报表编制的重要性。欧美国家基本都遵循了 SEEA 的基本要求，并基于自己国家的国情，将这一套完整的概念与方法略有差异地贯彻了下去；但是，各国具体的报表编制形式与信息披露内容则受制于其国家的自然资源禀赋和核算目标。

第三章
自然资源资产确权

编制自然资源资产负债表的根本目的在于，将经济活动造成的资源环境问题作为发展成本纳入经济核算与考核体系之中，这无疑是生态文明建设的重大制度创新。要编制自然资源资产负债表，首先需要健全自然资源资产产权制度，明确自然资源的产权主客体，同时对使用者所需要承担的责任和义务做出规定，防止其过度开发利用自然资源，赋予其保护生态环境的责任，这样才能实现自然资源的优化配置及生态环境的合理保护。其次要建立自然资源资产登记制度，完成自然资源生态空间的确权登记，以产权界定作为依据和基础，改变目前产权归属不清、权责不明的情况，在保护自然资源使用者利益的同时，确保生态环境功能也受到严格的保护。现行的自然资源所有权代理或托管的法律规定在各种自然资源领域都不同程度地存在着产权上归属不清、权责不明的情况。

第一节　我国自然资源产权制度现状及存在的问题

一、我国自然资源产权制度现状

（一）自然资源产权制度改革的必要性

1. 自然资源的产权源于自然资源的稀缺性

产权是一个国家最基本最重要的制度之一。自然资源产权就是有关自然资源的权利与义务关系的法律表现形式，是关于自然资源归谁所有和使用以及自然资源的所有人、使用人对自然资源所享有的所有、使用等权利的法律规范的总称（封志明，2004）[141]。就其内涵而言，自然资源产权是行为主体之间关于自然资源的权利义务关系；就其外延而言，自然资源产权包括自然资源的所有权、使用权、收益权、转让权等。根据德姆塞茨的观点，自然资源的产权源于自然资源的稀缺性，自然资源稀缺性的显现是自然资源产权产生的根本原因（德姆塞茨，1994）[142]。当自然资源变得稀缺，资源价格变高，建立排他性的成本低于所获得的收益时，才能激励人们建立起该自然资源的产权。因此，自然资源稀缺性是自然资源产权理论的基础。

2. 产权是完善社会主义市场经济体制、维护社会稳定的需要

自然资源资产产权制度是加强生态保护、促进生态文明建设的重要基础性制度。自然资源资产产权制度改革，对完善社会主义市场经济体制、维护社会稳定和公平正义、建设美丽中国具有重要意义。2019 年 4 月 17 日，中共中央办公厅、国务院办公厅印发《关于统筹推进自然资源资产产权制度改革的指导意见》，强调此次改革的重点是要健全自然资源资产产权体系，以解决自然资源资产权力交叉重叠、自然资源资产底数不清、所有者不到位、权责不明晰、权益不落实、监管保护制度不健全等问题。自然资源资产产权制度改革以完善自然资源资产产权体系为重点，以落实产权主体为关键，以调查监测和确权登记为基础，着力促进自然资源集约开发利用和生态保护修复。政府要加强监督管理，注重改革创新，加快构建系统完备、科学规范、运行高效的中国特色自然资源资产产权制度体系，为完善社会主义市场经济体制、维护社会公平正义、建设美丽中国提供基础支撑。

3. 产权是适应国民经济和社会发展的需要

自然资源产权制度改革应适应自然资源多种属性以及国民经济和社会发展需求，与国土空间规划和用途管制相衔接，推动自然资源资产所有权与使用权分离，加快构建分类科学的自然资源资产产权体系，着力解决权力交叉、缺位等问题。改革时要处理好自然资源资产所有权与使用权的关系，创新自然资源资产全民所有权和集体所有权的实现形式，落实承包土地所有权、承包权、经营权"三权分置"，开展经营权入股、抵押；探索宅基地所有权、资格权、使用权"三权分置"，加快推进建设用地地上、地表和地下分别设立使用权，促进空间合理开发利用；探索研究油气探采合一权利制度，加强探矿权、采矿权授予与相关规划的衔接。要依据不同矿种、不同勘查阶段地质工作规律，合理延长探矿权有效期及延续、保留期限。根据矿产资源储量规模，分类设定采矿权有效期及延续期限。依法明确采矿权抵押权能，完善探矿权、采矿权与土地使用权、海域使用权衔接机制。探索海域使用权立体分层设权，加快完善海域使用权出让、转让、抵押、出租、作价出资（入股）等权能。构建无居民海岛产权体系，试点探索无居民海岛使用权转让、出租等权能。完善水域滩涂养殖权利体系，依法明确权能，允许流转和抵押。理顺水域滩涂养殖的权利与海域使用权、土地承包经营权，取水权与地下水、地热水、矿泉水采矿权的关系。

4. 产权是编制自然资源资产负债表的基础

自然资源产权制度有助于界定自然资源权利义务主体以及具体自然资源产权归属，是保证自然资源定价与生态补偿机制运行的关键，是自然资源资产负债表编制的先决条件。我国自然资源的产权属性与制度规范尤具中国特色。从所有权角度而论，我国自然资源归国家和集体所有，国家代表全民拥有自然资源的所有权。《中共中央关于全面深化改革若干重大问题的决定》提出，健全自然资源资产产权制度和用途管制制度，健全国家自然资源资产管理体制，统一行使全民所有自然资源资产所有者职责。从管理权角度而论，国务院及各级人民政府代表国家对自然资源行使管理权，是自然资源的管理者和责任者。各级政府下设的自然资源管理相关部门是管理权的具体实施者和行政监管者。以产权界定和产权交易机制为核心的自然资源产权制度改革是顺应自然资源资产化管理、编制自然资源资产负债表的必然要求。随着相关法律法规的不断出台与完善，自然资源产权制度将会从制约性层面逐渐转化为自然资源资产负债表编制的可行性层面的理论基础。

（二）我国自然资源资产确权现状

自然资源确权登记是指对水流、森林、山岭、草原、荒地、滩涂、海域、无居民海岛以及探明储量的矿产资源等自然资源的所有权和所有自然生态空间进行统一确权登记。从 2020 年开始，全国重点区域自然资源统一确权登记，省级层面自然保护地、江河湖泊、森林草原等自然资源生态空间确权登记等相关工作稳步有序推进，已完成浙江钱江源、湖北神农架、海南热带雨林、云南普达措等国家公园和长江干流、太湖等重点区域自然资源确权登记。在省级层面，自然保护地、江河湖泊、森林草原等自然资源生态空间确权登记等相关工作也全面铺开。截至 2020 年 5 月，已有 27 个省（自治区、直辖市）人民政府印发了自然资源确权登记总体工作方案。2023 年，29 个省（自治区、直辖市）有序推进江河湖泊水库自然资源确权登记，江苏南通遥望港和苏州春申湖、山东烟台五龙河等已完成自然资源登记。确权登记明晰了产权主体，解决了权属模糊、产权不清、权责不明等问题，为水利基础设施投资多元化及水市场化改革奠定产权基础。

1. 我国自然资源产权制度已经基本成形

随着《宪法》《中华人民共和国民法通则》《中华人民共和国物权法》

《民法典》的颁布，我国自然资源产权制度逐步完善。根据《宪法》第 9 条和第 10 条规定，我国自然资源分别属于国家和集体所有。《民法典》物权编对国家所有权的功能、主体和客体范围、内容都做了系统规定，其中第 247 条、第 248 条、第 249 条、第 250 条、第 251 条、第 260 条、第 262 条、第 324 条、第 325 条、第 326 条、第 328 条和第 329 条专门针对自然资源做出了规定，对自然资源的所有权、使用权、管理权进行了规范，拉通了"公法"和"私法"的通道。《生态文明体制改革总体方案》第 5 条、第 6 条、第 7 条、第 8 条建立了统一的确权登记系统、建立了权责明确的自然资源产权体系、建立了分级行使所有权的体制做出了规定。第 9 条对水资源确权试点和湿地产权确权试点进行了规范。目前，该方案已在甘肃、宁夏等地开展湿地产权确权试点工作。

除《宪法》《民法典》《生态文明体制改革总体方案》对自然资源产权规范之外，人大和国务院各部门还颁布了不同种类自然资源的相关法律法规，包括《中华人民共和国土地管理法》《中华人民共和国土地管理法实施条例》《中华人民共和国矿产资源法》《中华人民共和国矿产资源法实施细则》《中华人民共和国森林法》《中华人民共和国草原法》《中华人民共和国海域使用管理法》《中华人民共和国海岛保护法》《中华人民共和国海洋环境保护法》《海域使用权登记办法》《取水许可管理办法》等。

（1）土地资源法律法规

1979 年，国家首次尝试对中外合营企业的用地征收土地使用费。到了 1982 年，深圳开始征收土地使用费，随后其他城市也开始借鉴深圳的做法，使得我国城市土地使用制度实现了从无偿使用向有偿使用的重大转变。1988 年，《城镇土地使用税暂行条例》发布，使城市土地在法律上迈入了有偿使用的轨道。《中华人民共和国宪法》（2018 年 3 月 11 日修正）第十条规定，城市的土地属于国家所有；农村和城市郊区的土地，除由法律规定属于国家所有的以外，属于集体所有；宅基地和自留地、自留山，也属于集体所有。《中华人民共和国民法典》（2021 年 1 月 1 日起施行）第 249 条规定，城市的土地，属于国家所有；法律规定属于国家所有的农村和城市郊区的土地，属于国家所有。土地的使用权可以依照法律的规定转让。该法第 344 条规定，建设用地使用权人依法对国家所有的土地享有占有、使用和收益的权利，有权利用该土地建造建筑物、构筑物及其附属设施，并可以采取出让或者划拨等方式设立建设用地使用权。工业、商业、旅游、娱乐和商品住宅等经营性用地以及同一土地有两个以上意向用地者的，应当采取招标、拍卖等公开竞价的方式出让。严格限制以划拨方式设立建设用地使用权。《中华人民共和国土地管理法》（2019 年 8 月 26 日修正）第 9 条规定，城市市区的土地属于国家所有。农村和城市郊区的土地，除由法律规定属于国家所有的以外，属于农民集体所有；宅基地和自留地、自留山，属于农民集体所有。该法第 10 条规定，国有土地和农民集体所有的土地，可以依法确定给单位或者个人使用。使用土地的单位和个人，有保护、管理和合理利用土地的义务。土地的所有权和使用权的登记，依照有关不动产登记的法律、行政法规执行。《中华人民共和国土地管理法实施条例》（2021 年 9 月 1 日）第 17 条规定，建设单位使用国有土地，应当以有偿使用方式取得，国有土地有偿使用的方式包括国有土地使用权出让、国有土地租赁、国有土地使用权作价出资或者入股。第 18 条规定，国有土地使用权出让、国有土地租赁等应当依照国家有关规定通过公开的交易平台进行交易，并纳入统一的公共资源交易平台体系。除依法可以采取协议方式外，还可采取招标、拍卖、挂牌等竞争性方式确定土地使用者。

（2）矿产资源法律法规

自 1984 年起，国家逐步开展了国有矿产资源法律法规的改革。同年 9 月发布的《资源税条例（草案）》规定了"资源税纳税义务人"，并要求义务人必须按规定缴纳资源税。这意味着国有矿产资源开始以征税的形式踏入有偿使用的轨道。此后，1986 年 3 月发布的《矿产资源法》规定，开采矿产资源，必须依法申请取得采矿权，国家对矿产资源实行有偿开采，自此国有矿产资源的有偿使用有了法律规定。1996 年 8 月通过修正的《矿产资源法》对前述规定进行了进一步完善，并且对探矿权、采矿权可转让的具体情形做出了规定。这一法律的发布，正式提出了探矿权和采矿权的有偿使用制度，并且允许了探矿权、采矿权的转让。2000 年 10 月发布的《矿业权出让转让管理暂行规定》将探矿权与采矿权统称为矿业权，并对矿业权的出让和转让做了详细规定，实现了国有矿产资源使用的"有偿有期限有流动"。《宪法》第 9 条规定，矿藏资源属于国家所有，即全民所有。《民法典》第 247 条也规定，矿藏属于国家所有。《民法典》第 329 条规定，依法取得的探矿权、采矿权受法律保护。《中华人民共和国矿产资源法》（2009 年 8 月 27 日修订）规定，

矿产资源属于国家所有，由国务院行使国家对矿产资源的所有权。地表或者
地下的矿产资源的国家所有权，不因其所依附的土地的所有权或者使用权的
不同而改变。勘查、开采矿产资源，必须依法分别申请、取得探矿权、采矿
权，并办理登记。对于探矿权、采矿权，国家实行有偿取得的制度。

（3）森林资源法律法规

相较于土地和矿藏，国有森林资源的市场化改革起步较晚，且目前仍未
成体系。《宪法》第9条规定，森林等自然资源属于国家所有，即全民所有。
《民法典》第250条规定，森林等自然资源属于国家所有。2019年修订、2020
年7月1日施行的《中华人民共和国森林法》规定了森林的权属，即森林资
源属于国家所有，由法律规定属于集体所有的除外。国家所有的森林资源的
所有权由国务院代表国家行使。国务院可以授权国务院自然资源主管部门统
一履行国有森林资源所有者职责。林地和林地上的森林、林木的所有权、使
用权，由不动产登记机构统一登记造册，并核发证书。国务院确定的国家重
点林区（以下简称"重点林区"）的森林、林木和林地，由国务院自然资源
主管部门负责登记。《林业经济体制改革总体纲要》（以下简称《纲要》）要
求实现森林资源资产化经营，提出依法推进不同地区、不同产业、不同行业、
不同单位之间的人工商品林产权交易，遵照林木所有权与林地使用权一致的
原则，进行林木所有权及林地使用权的有偿流转，开辟人工林活立木市场，
允许通过招标、拍卖、租赁、抵押、委托经营等形式，使森林资源资产变现，
实现林木商品化经营。

（4）草原资源法律法规

草原是指天然草原和人工草地。2021年修正的《中华人民共和国草原
法》规定了草原的权属，即草原属于国家所有，由法律规定属于集体所有的
除外。国家所有的草原，由国务院代表国家行使所有权。任何单位或者个人
不得侵占、买卖或者以其他形式非法转让草原。国家所有的草原，可以依法
确定给全民所有制单位、集体经济组织等使用。依法确定给全民所有制单位、
集体经济组织等使用的国家所有的草原，由县级以上人民政府登记，并核发
使用权证，确认草原使用权。未确定使用权的国家所有的草原，由县级以上
人民政府登记造册，并负责对其进行保护和管理。集体所有的草原，由县级
人民政府登记，核发所有权证，确认草原所有权。依法改变草原权属的，应
当办理草原权属变更登记手续。自该法发布之后，新疆、内蒙古、青海、黑

龙江等省份相继发布了草原管理条例。

（5）海洋资源法律法规

《中华人民共和国物权法》（2007年颁布，目前已废止）第46条增加了"海域"自然资源属于国家所有的规定。《国家海域使用管理暂行规定》（1993年5月）提出了海域的有偿使用制度，规定"转移海域使用权的行为，包括海域使用权的出让、转让和出租"，"有偿转移海域使用权的，必须向国家缴纳海域使用金。"这一规定构建了海域有偿使用制度，提出了海域使用权和海域使用金的概念，并对海域使用权的取得、转让作了明确的规定，使国家海域的使用进入市场化轨道。《中华人民共和国海域使用管理法》（2001年10月）将海域有偿使用制度写入法律，国家海域使用呈现出"有偿有期限有流动"的特征。2002年1月1日起正式施行的《中华人民共和国海域使用管理法》，加强了海域使用管理，维护了国家海域所有权和海域使用权人的合法权益，促进了海域的合理开发和可持续利用。2010年3月1日起施行的《中华人民共和国海岛保护法》对合理开发利用海岛自然资源、维护国家海洋权益、促进经济社会可持续发展具有重要作用。2017年11月4日第三次修正《中华人民共和国海洋环境保护法》的目的是，保护海洋资源，维护生态平衡，促进经济和社会的可持续发展。为了规范海域使用权登记工作，完善海域使用权登记制度，维护国家海域所有权和海域使用权人的合法权益，国家海洋局于2006年10月13日制定了《海域使用权登记办法》，但该办法于2019年6月26日失效。

（6）水资源法律法规

《宪法》第9条、《民法典》第247条、《中华人民共和国水法》（以下简称《水法》）第3条均规定，水流等自然资源属于国家所有，即全民所有。农业集体经济组织所有的水塘、水库中的水，属于集体所有。《水法》第9条规定，国家保护水资源，采取有效措施，保护自然植被，种树种草，涵养水源，防治水土流失，改善生态环境。《水法》第12条规定，国务院水行政主管部门负责全国水资源的统一管理工作。《水法》第11条规定，开发利用水资源和防治水害，应当按流域或者进行统一规划。《水法》第48条规定，国家对直接从地下或者江河、湖泊取水的，实行取水许可制度，但是，为家庭生活、畜禽饮用取水和其他少量取水的除外。国务院水行政主管部门负责全国取水许可制度和水资源有偿使用制度的组织实施。《取水许可和水资源费征收管理条例》（2017 年 3 月 1 日修订）第 2 条规定，取用水资源的单位和个人，除本条例第 4 条规定的情形外，都应当申请领取取水许可证，并缴纳水资源费。该条例第 3 条规定，县级以上人民政府水行政主管部门按照分级管理权限，负责取水许可制度的组织实施和监督管理。《取水许可管理办法》（2017 年再次修正）第 3 条规定，水利部负责全国取水许可制度的组织实施和监督管理。该法第 6 条规定，流域内批准取水的总耗水量不得超过国家批准的本流域水资源可利用量。行政区域内批准取水的总水量，不得超过流域管理机构或者上一级水行政主管部门下达的可供本行政区域取用的水量。

（7）湿地资源法律法规

湿地是具有巨大经济、文化、科学及娱乐价值的资源。1971 年 2 月 2 日订立的《关于特别是作为水禽栖息地的国际重要湿地公约》是湿地保护及其资源合理利用的国家行动和国际合作框架。我国《宪法》第 9 条规定，滩涂等自然资源属于国家所有，即全民所有。《民法典》第 250 条规定，滩涂等自然资源，属于国家所有，但是法律规定属于集体所有的除外。《中华人民共和国湿地保护法》于 2021 年 12 月 24 日通过，并于 2022 年 6 月 1 日起正式实施。其目的是加强湿地保护，维护湿地生态功能及生物多样性，保障生态安全，推进生态文明建设，实现人与自然和谐共生。国家对湿地实行分级管理及名录制度。

2. 自然资源产权流转制度逐步建构

（1）土地交易

截至 2024 年 1 月，全国累计已交易土地 14 287 万亩，累计已发布土地63 274 万亩，自然资源产权流转制度逐步建构。涉及土地产权流转的制度有《中华人民共和国城镇国有土地使用权出让和转让暂行条例》《土地管理法》《农村土地承包经营权流转管理办法》《中华人民共和国农村土地承包法》等。

（2）矿业权交易

2014 年 7 月 29 日修订发布《探矿权采矿权转让管理办法》，2017 年发布《矿业权交易规则》（国土资规〔2017〕7 号）和《矿产资源权益金制度改革方案》（国发〔2017〕29 号），2019 年 3 月发布《矿业权出让管理办法》，2020 年 6 月 16 日颁布《矿业权登记信息管理办法》，2017 年 6 月发布《矿业权出让收益征收管理暂行办法》（2023 年 5 月废止），2023 年 1 月审议通过《矿业权出让交易规则》。目前，我国省级矿业权交易机构全部建成，储量评审机构 37 家，矿业权评估机构 113 家。

（3）林权交易

我国的法律法规对林权或土地承包经营权流转做出了详细规定。《中华人民共和国森林法》第 17 条规定，集体所有和国家所有依法由农民集体使用的林地实行承包经营的，承包方享有林地承包经营权和承包林地上的林木所有权，合同另有约定的从其约定。承包方可以依法采取出租（转包）、入股、转让等方式流转林地经营权、林木所有权和使用权。该法第 18 条规定，未实行承包经营的集体林地以及林地上的林木，由农村集体经济组织统一经营。该法第 19 条规定，集体林地经营权流转应当签订书面合同。林地经营权流转合同一般包括流转双方的权利义务、流转期限、流转价款及支付方式、流转期限届满林地上的林木和固定生产设施的处置、违约责任等内容。各省市还相继出台了相关的林权交易规则，如《湖南省公共资源交易平台集体林权流转交易规则（试行）》《贺兰县集体林权流转管理办法（试行）》《宣城市集体林权流转交易规则（试行）》等。

（4）草原资源交易

《中华人民共和国草原法》（2021 年 4 月 29 日修订）中指出，草场流转包括多种形式，其中草场租赁是当前草场流转的最重要的形式。草原承包经营权受法律保护，承包方可以依法按照自愿、有偿的原则，采取转包、出租、互换、转让方式流转，并由双方当事人依法签订书面合同。采取转让方式流转的，应当经发包方同意；采取转包、出租、互换方式流转的，应当书面通知发包方。各省份相继出台了相关的草原流转办法，如《青海省草原承包经营权流转办法》《内蒙古自治区草原承包经营权流转办法》等。

（5）海洋资源交易

近年来，我国海洋经济得到快速发展，已成为国民经济的重要组成部分，全国海洋生产总值从 2013 年的 54 313 亿元增长到 2023 年的 99 097 亿元，年均增长约 7%。海域资源以产权让渡的各种形式进入市场交易、流通已是大势所趋。

1993 年，《国家海域使用管理暂行规定》实施，标志着海域有偿使用制度在我国确立。2002 年 1 月 1 日起施行的《海域使用管理法》第 19 条规定，海域使用申请经依法批准后，国务院批准用海的，由国务院海洋行政主管部门登记造册，向海域使用申请人颁发海域使用权证书；地方人民政府批准用海

的，由地方人民政府登记造册，向海域使用申请人颁发海域使用权证书。第
20 条规定，海域使用权也可以通过招标或者拍卖的方式取得。该法第 27 条规
定，因企业合并、分立或者与他人合资、合作经营，变更海域使用权人的，
须经原批准用海的人民政府批准。海域使用权可以依法转让。该法第 33 条规
定，国家实行海域有偿使用制度，单位和个人使用海域，应当按照国务院的
规定缴纳海域使用金。2007 年 1 月 1 日出台《海域使用权管理规定》第 2 条
规定，海域使用权的申请审批、招标、拍卖、转让、出租和抵押适用该规定，
由有审批权的人民政府的海洋行政主管部门组织实施海域使用权的招标拍卖。
《海域使用权管理规定》第 29 条规定，海域使用权招标、拍卖应当遵循公开、
公平、公正和诚实信用的原则，有计划地进行。《海域使用权管理规定》第
30 条规定，同一海域有两个或者两个以上用海意向人的，应当采用招标、拍
卖方式出让海域使用权。《海域使用权管理规定》第 37 条规定，海域使用权
有出售、赠与、作价入股、交换等情形的，可以依法转让。

（6）水权交易

2016 年 4 月 19 日水利部发布《水权交易管理暂行办法》，目的是完善水
权制度、推行水权交易、培育水权交易市场、指导水权交易实践。水权交易
主要包括区域水权交易、取水权交易和灌溉用水户水权交易。为鼓励和规范
用水权交易，保护用水权交易市场各参与方的合法权益，维护用水权交易市
场秩序，水利部于 2024 年 1 月 10 日印发了《用水权交易管理规则（试行）》，
其中，第 4 条规定，国务院水行政主管部门负责组织指导全国统一的用水权
交易市场建设，对用水权交易重大事项及交易平台建设运营进行监督管理。
第 5 条规定，用水权交易应通过全国水权交易系统进行。

（7）湿地交易

目前我国主要是对湿地资源进行保护。一是政府从宏观引导方面完善湿
地保护规划。按照我国主体功能区规划的要求，进一步修订完善 2002—2030
年全国湿地保护工程规划，制订更有针对性的、分阶段实施的工程实施规划，
并认真抓好落实。二是强化依法"治湿"。2021 年 12 月 24 日，第十三届全国
人民代表大会常务委员会第三十二次会议通过了《中华人民共和国湿地保护
法》，旨在加强湿地保护，维护湿地生态功能及生物多样性，保障生态安全，
促进生态文明建设。2021 年 8 月以来，江西在万年、进贤、都昌、资溪、南
丰、上栗、崇义等 7 个县开展"湿地银行"建设试点，江西万年县实现首个

湿地指标交易，交易面积 270 亩，交易金额 1 890 万元。目前，江西全省"湿地银行"湿地后备资源储值已接近 800 亩，促成湿地指标交易额近 3 000 万元。

二、我国自然资源产权制度存在的问题

我国自然资源产权制度的发展与经济体制紧密相关，从中华人民共和国成立初期到改革开放前期，受计划经济体制因素的影响，自然资源产权制度建设相对滞后。改革开放以来，随着市场经济体制的发展，我国自然资源产权制度逐步完善，国家自然资源所有权制度在取得了一系列重大进展，但依然存在着一些问题。

（一）自然资源资产产权主体不明确

国家所有是我国自然资源法律制度的基础，是我国公有制经济基础的重要组成部分，我国历来重视自然资源的国家所有。1954 年之后，在多部法律当中不断重申这一原则，并且不断扩大国有自然资源的范围。虽然《中华人民共和国土地管理法》《中华人民共和国水法》《中华人民共和国森林法》和《中华人民共和国矿产资源法》等规定中华人民共和国国务院代表国家行使国家所有土地、水资源、森林资源、矿产资源的所有权，但是国务院无法全面行使这些所有权，因此需授权各级地方政府代为行使这些所有权，但具体由哪级政府行使这些所有权却没有做出明确规定，而且对于如何协调各级政府之间的关系也未做出详细规定，造成管理上的混乱。

（二）自然资源资产产权客体不明确

《宪法》第 9 条在列举国家所有权的自然资源时，用了"等"，如何确定这个"等"是一个难题。像清洁的空气、干净的土壤、良好的生态系统和优质的资源环境是人们所期望的，但这些是否归属于自然资源尚不明确。即使是宪法第 9 条明确规定的矿藏、水、森林等资源也存在客体不明确的问题。矿藏深埋于地下，很难完全弄清楚它的探明资源量、推断资源量、控制资源量、证实储量及可信储量。例如，水资源因其时刻在流动，清晰地界定其产权存在困难。将森林资源划分为用材林、经济林、能源林、防护林及特种用途林也不甚恰当，用材林、经济林也对生态环境有一定的贡献。自然资源资

产产权客体不明确制约了自然资源资产平衡表的编制。

（三）所有权与监管权模糊，监管无力

《宪法》明确规定自然资源属于国家所有，由国务院行使国家对资源的所有权。但从实际的管理和运行情况来看，国家自然资源所有权与自然资源监管权存在界限模糊、混同行使等现象，难以区分所有者职能和监管者职能，易导致监管不力从而产生资源枯竭、生态失衡、环境污染等问题。

（四）自然资源确权实践难

2016 年 12 月，七部委发布了《自然资源统一确权登记办法（试行）》，开启了水流、森林、草原、矿产资源的统一确权登记工作。2019 年 7 月五部委联合印发《自然资源统一确权登记暂行办法》，利用 5 年时间基本完成全国重点区域自然资源统一确权登记，2023 年以后，逐步实现全覆盖目标，分阶段推进自然资源确权登记工作。G 省首个自然资源确权登记工作是 2020 年在 A 市开展的红树林自然保护区确权登记。实践中虽然各省份都在积极进行确权登记试点，但仍存在产权界定不清，确权登记范围存在争议，以及国有自然资源空间范围与自然生态空间范围存在差异等问题。在大自然中，资源种类千千万万，法律不可能一一列举所有的自然资源种类，对《宪法》第 9 条中"等"的不同理解也会影响确权登记的范围。

三、我国现行自然资源产权制度存在问题的原因分析

（一）公有制下的自然资源所有权人主体虚位

根据现行法律，我国大部分的自然资源归国家所有，"国家所有"和"全民所有"系同一概念。但是，"国家"和"全民"却有不同的内涵，二者不能简单替代；且不论是"国家"还是"全民"，对自然资源享有的所有权都难以摆脱主体虚位的"魔咒"。自然资源名义上是国家所有，但其不能真正实现国家或全民的利益，要使"国家所有"实至名归，还需要重新构建自然资源的配置体制。

（二）公益性和经营性自然资源没有有效区分

国有自然资源作为公有财产的重要部分，与其他国有财产一样，担负着

实现全民利益的重任。国有财产服务全民主要有两种途径，一是直接用于公共事业，二是进入市场参与经营活动，为全民创造经济收入。这就有必要从理论上区分自然资源的公益性和经营性。在我国现行自然资源制度中，没有对经营性和公益性自然资源进行有效区分，许多公益性的自然资源进入市场，从而造成资源不当开发和破坏；而许多经营性自然资源却低价出让，致使资源浪费严重。

第二节 自然资源资产产权改革及确权登记

一、自然资源国家所有权的功能定位

（一）落实社会主义公有制，实现社会公平

社会主义经济制度的基础是生产资料的社会主义公有制，即全民所有制和劳动群众集体所有制。其中，落实劳动群众集体所有制的法律表达形式为农民集体所有权与城镇集体所有权两种；全民所有制法律上的表达形式为国家所有。由于全民作为权利主体在法律上缺乏明确界定，要在宪法层面上寻找一个替代"全民"概念的主体，主权意义上的国家无疑是最合适的（彭诚信，2013）[143]。土地、矿藏、水流、森林、山岭、草原、荒地、滩涂等重要的自然资源都属于最为重要的生产资料，因此均被《宪法》纳入公有制的范畴，或者属于集体所有或者属于国家所有。故《宪法》第9条则明确规定"国家所有即全民所有"。

（二）实现自然资源有效利用，促进国民经济发展

党的二十大报告指出，全面建成社会主义现代化强国，总的战略安排是分两步走：从2020年到2035年基本实现社会主义现代化；从2035年到本世纪中叶把我国建成富强民主文明和谐美丽的社会主义现代化强国。经济学的研究成果显示，经济增长有赖于两个途径，一是有更多的生产要素投入，二是提高既有要素的利用率（柯武刚，史曼飞，2002）[144]。土地、矿藏、水流、森林、山岭、草原、荒地、滩涂等自然资源是其中重要的生产要素，促进经

济增长必须经由科学技术、管理和制度的创新与变更等方式提高其利用率来实现。国家作为自然资源所有人必须致力于不断提高自然资源的利用率进而促进国家经济健康发展。

（三）加强自然资源与环境保护实现生态文明与可持续发展

生态文明建设重要地位在我国的确立，是由我国社会发展所处的历史阶段特点、经济发展与资源环境关系的现状、全社会对"天、地、人"和谐关系重要性认识的深化、执政党对中国未来发展的战略选择与定位决定的（王灿发，2014）[145]。习近平总书记在《全面贯彻落实党的十八大精神要突出抓好六个方面工作》中指出，我们要把生态文明建设放在突出位置，融入经济建设、政治建设、文化建设、社会建设各方面和全过程，从根本上扭转生态环境恶化趋势。我国现在已经进入新的历史时期，我国社会主要矛盾发生很大变化，广大人民群众对美好环境的需要和生态环境状况之间存在很大的矛盾。我国现在还是最大的发展中国家，生态环境问题还很严重，生态环境危机还远远没有化解，生态文明建设还有很多的工作要做（陈建明，2020）[146]。

二、自然资源国家所有权的权利属性分析

（一）明确自然资源产权主体

"公地悲剧"就是产权主体不清所造成的，要处理好所有权和使用权的关系，完善国有自然资源国务院代理的规定，建立具体、完整的国有和集体自然资源资产代理或托管及其经营管理的制度体系，明确规定各类自然资源资产由哪一级或哪些机构代理，明确市域范围内国土空间各类自然资源资产的产权主体。具体而言，中央直接行使所有权由自然资源部负责管理，委托或法律授权省级政府代理行使所有权由各省（自治区、直辖市）自然资源厅负责管理，委托或法律授权市（地）级政府代理行使所有权由各市自然资源局负责管理，法律授权县级政府代理行使所有权则由各县自然资源局负责管理。任何单位和个人，包括境外的企事业单位和个人，符合依法使用中国国有土地条件的，都可以成为国有土地使用主体。要清晰界定国土空间各类自然资源资产产权主体，划清各类自然资源资产所有权、使用权的边界。通过自然资源资产平衡表分别反映全民所有自然资源资产家底和委托代理行使所有权

主体的权益情况、承担自然资源资产保护和修复责任义务的履行情况，体现"主张所有、行使权利、承担责任、履行义务、落实权益"。

（二）明确自然资源产权客体

依据民法理论，"物"是民事权利的客体，自然资源的客体包括国土空间资源量、干草资源、林木资源蓄积量、矿产资源储量、地下水、地表水总量。但因为水资源具有流动性、矿产资源储量探测难度大、海洋资源很广袤，自然资源产权客体界定存在难度。大部分自然资源都是有限的，随着人类的开发和利用会变得越来越少，甚至枯竭，如矿产资源。而有些资源虽然可以再生，如海洋生态、湿地生态资源，但在有限的科技水平下，人类能利用的资源也有限。因此，要不断提高人类科技水平，开发利用自然资源，使自然资源的客体范围不断扩大。

（三）界定自然资源的使用权

自然资源使用权属于用益物权。公民、法人或其他组织想要占有、使用、收益和处置国家或集体所有的自然资源，必须获取自然资源的使用权，如土地使用权、采矿权、林权、水权的持有者必须获得相应的权证，这些权证由各级地方人民政府根据自然资源的现实使用状况进行登记核发确认。土地使用证的持有者可以使用土地，但不得改变该土地用途范围，可以转让、抵押和出租土地使用权，获取土地收益。林木、林地使用权的形式也是多种多样，公民、法人或者其他组织以承包、租赁、转让等形式依法取得林地的使用权后，可以进行出租、联营。因此，清晰界定各类自然资源的使用权，有利于合理、高效地利用自然资源，保证自然资源的可持续利用。

三、自然资源产权改革的方向路径

（一）明确自然资源部的职责和功能定位

2018年4月，中华人民共和国自然资源部（以下简称"自然资源部"）正式挂牌成立，精简了机构并且明确了职责。自然资源部的主要职责有：履行自然资源资产所有者职责和所有国土空间用途管制职责；制定自然资源调查监测评价体系和评价制度，发布评价成果信息；制定自然资源统一确权登

记工作相关制度，建立信息管理基础平台，负责资料收集、整理和汇交管理
等；建立自然资源资产统计制度，编制自然资源资产负债表；制定自然资源
开发利用标准，建立自然资源价格体系，负责市场监管；建立空间规划体系
并监督实施；负责综合整治、复垦、环境恢复、海岸线修复等工作。自然资
源部的成立有力推动了我国生态文明建设进程，显著加快了自然资源资产统
一确权登记工作的推进速度。

（二）自然资源国家所有权的重新构建

1. 实现产权制度与监管制度的相互分离

党的十八届三中全会提出，要对自然资源产权制度和监管体制进行改革，
并本着"自然资源产权所有者与自然资源监管者分离"的原则进行改革。国
家作为自然资源的所有者，其职责主要是对自然资源进行监管，自然资源部
作为自然资源的管理机构，责无旁贷承担自然资源监管责任。《民法典》中规
定的国家所有权是典型的财产权，确切地说是与私人所有权相对的法人所
有权。

2. 明确自然资源的权利属性

第一，要明确自然资源的占有权。占有权是指占有自然资源资产的权利，
能够对自然资源实施控制和掌握的权能，是所有权结构中各项权能的基础。
第二，要明确自然资源的使用权。土地使用权以占有权为基础，法人、个人
和其他组织可依法取得土地使用权证。第三，要明确自然资源的收益权。收
益权是在使用自然资源过程中获取收益的权利，是实施各项权能的最终目的。
第四，要明确自然资源的处分权。处分权是对自然资源资产进行处置的权利，
持有土地使用权、林权、矿业权的法人、个人或组织可以通过转让、出租、
出借、赠予等方式对自然资源进行处置。第五，要明确自然资源的监管权。
监管权是基于行政监督而进行管理权力，带有强制性。所有权源于资产管理
体制，监管权源于资源监督体制。

3. 区分自然资源的所有者和代理者

国有自然资源的所有者由《宪法》和《民法典》规定。国家作为所有权
主体，体现了自然资源的公权性质。但自然资源的全民所有容易导致主体虚
位，需要自然资源的代表者代为行使自然资源的权利。我国自然资源的代理
者是全国人民代表大会和地方各级人民代表大会。我国国有自然资源代表制

度的设计应符合《宪法》的规定，应确保国有自然资源真正属于全民所有。无论是基于我国《宪法》的规定，还是基于限制国家所有权的滥用以最大限度地体现国有资源全民所有的基本属性，实行国有自然资源的人大代表制都是当下适宜的制度选择。

4. 国家所有权的自然资源支配方式

国家所有权的自然资源支配方式有划拨、出让和持有。①划拨。国有自然资源划拨以国有土地划拨制度最为成熟，划拨用地主要涉及党政机关及人民团体、军事用地、城市基础设施用地、公益性科研机构、教育、能源、交通等方面用地。2001 年我国发布了《划拨用地目录》，目前暂时还没有修订新的划拨用地目录。②出让。出让自然资源的主要方式有招标、拍卖、挂牌和协议四种。土地使用权出让可采用拍卖、招标、挂牌和协议等方式；矿业权出让可采取招标、拍卖、挂牌、协议、申请等方式；海域使用权出让可采用招标、拍卖等方式。出让这一自然资源支配方式主要适用于经营性的自然资源。③持有。国家可以持有国家公园、自然保护区和自然公园三类资源的所有权，并对其进行管理。

四、自然资源统一确权登记

（一）自然资源统一确权登记的工作范围

依据《中华人民共和国宪法》《中华人民共和国物权法》《中华人民共和国土地管理法》《不动产登记暂行条例》等相关法律法规，以及中共中央、国务院印发的《生态文明体制改革总体方案》，中共中央办公厅、国务院办公厅印发的《关于统筹推进自然资源资产产权制度改革的指导意见》《关于建立以国家公园为主体的自然保护地体系的指导意见》和《自然资源统一确权登记暂行办法》等相关政策，对水流、森林、山岭、草原、荒地、滩涂、海域、无居民海岛以及探明储量的矿产资源等自然资源的所有权和所有自然生态空间进行确权登记。具体包括：

（1）自然保护地：以自然保护地审批成果确定自然保护地的空间分布；

（2）水流：以"三调"成果确定的河流水面、湖泊水面、水库水面，结合水利部门相关资料，确定水资源的空间分布；

（3）湿地：以"三调"成果确定的湿地范围确定湿地资源的空间分布；

（4）其他国有森林、草原、荒地等自然资源：采用"三调"成果确定的林地、草地、荒地，集体土地所有权和国有土地使用权确权成果等图层相叠加的方式，获取国有土地所有权范围，并以此为基础确定除自然保护地、水流、湿地以外其他国有森林、草原、荒地等自然资源的空间分布；

（5）矿产资源：以储量数据库的矿区范围、矿产资源储量估算范围等确定矿产资源的空间分布。

（二）自然资源统一确权登记工作组织和工作流程

1. 登记管辖

（1）自然资源主管部门作为承担自然资源确权登记工作的机构，按照分级和属地相结合的方式进行自然资源登记管辖。自然资源部会同省级人民政府负责组织开展由中央政府直接行使所有权的国家公园、自然保护区、自然公园等各类自然保护地，以及大江大河大湖和跨境河流、生态功能重要的湿地和草原、国务院确定的重点国有林区、中央政府直接行使所有权的海域、无居民海岛、石油天然气、贵重稀有矿产资源等自然资源和生态空间的确权登记工作。具体登记工作由自然资源部负责办理。

（2）各省人民政府负责组织开展本行政区域内由中央委托地方政府代理行使所有权的自然资源和生态空间的确权登记工作，包括除自然资源部直接开展确权登记之外的各类自然保护地、水流、森林、湿地、草原、荒地、探明储量的矿产资源等。具体登记工作由省级及省级以下登记机构负责办理。

（3）跨行政区域的自然资源确权登记由各行政区共同的上一级登记机构或者指定登记机构办理。为保持水流登记单元的完整性，除自然资源部负责登记的大江大河大湖和跨境河流外，省域内跨县市的主要河流及省管河流应由省级登记机构按省级行政区范围办理。

（4）市县级人民政府应按照要求，组织相关部门做好本行政区域范围内自然资源确权登记工作。

2. 工作组织

（1）自然资源部负责指导、监督全国自然资源确权登记工作，编制全国自然资源确权登记工作方案，制定相关技术规范及标准；统一开发建设自然资源确权登记信息系统；负责国家层面自然资源确权登记工作。

（2）省（自治区、直辖市）人民政府对本省（自治区、直辖市）自然资源确权登记工作负总责，组织省级自然资源主管部门会同相关部门编制本省（自治区、直辖市）工作总体方案和年度工作计划，并指导监督省级及省级以下自然资源主管部门制定本级自然资源确权登记实施方案，协调解决省级职责、机构、编制及资金等重大问题。总体工作方案报自然资源部审核后，以省（自治区、直辖市）人民政府名义印发。省级自然资源主管部门具体负责本省（自治区、直辖市）自然资源确权登记业务指导工作，制定地方技术规范及标准，组织开展全省（自治区、直辖市）自然资源确权登记信息化工作，具体负责省级层面自然资源确权登记工作。

（3）市县级人民政府按照国家和省（自治区、直辖市）的要求，组织市县级自然资源主管部门会同相关部门，配合做好国家和省级层面自然资源确权登记实施中的资料收集、通告和公告发布、地籍调查、界线核实、权属争议调处等具体工作，协调解决本级职责、机构、编制及资金等问题。

（4）市县级自然资源主管部门负责市县级层面自然资源确权登记工作。

3. 工作流程

（1）前期准备。前期准备包括组织准备、技术准备和资料准备。在一定时期内对行政辖区内全部或者大部分自然资源统一组织开展首次登记的，应当建立"政府统一领导、自然资源部门牵头、相关部门参与配合"的工作机制，并收集、整理自然资源、生态环境、水利、林草等相关部门已有的相关资料。

（2）编制工作底图。对收集的资料进行整理、分析和技术处理，以最新的全国国土调查或年度变更调查成果为基础编制工作底图，如有现势性更强、分辨率更高的正射影像图，也可以采用。

（3）预划登记单元。按照各类自然资源登记单元的划分要求预划登记单元。

（4）发布通告。自然资源所在地县级以上地方人民政府发布首次登记通告。

（5）内业调查。在工作底图的基础上，通过内业采集和信息提取分析，调查获取登记单元范围内的自然资源自然状况、权属状况，形成初步调查成果。

（6）关联信息。在登记单元调查的初步成果上关联不动产登记信息、生态保护红线和国土空间规划用途等特殊保护信息、取水许可和排污许可信息以及矿业权信息等内容。

（7）调查核实。由县级地方人民政府组织，对初步调查成果中的登记单元界线、自然状况、权属状况及关联信息等情况进行核实。

（8）实地补充调查。对经进一步核实仍有缺失、不清晰、不一致或者存在争议的调查核实成果，采取解析和图解相结合的方式，开展实地补充调查，并进行权属争议调处。经调处，权属争议仍无法解决的，那么应划分权属争议区域。

（9）调查成果上图。将调查核实和外业补充调查形成的调查成果，按照统一的规格和要求，进行整理上图。

（10）数据库建设。按照国家标准建立自然资源地籍调查数据库。

（11）审核。登记机构会同相关部门对登记内容进行审核。

（12）公告。登记机构对拟登记的自然资源的自然状况、权属状况、关联信息等进行公告。

（13）登簿。登记机构将自然资源的权属状况、自然状况等内容记载于自然资源登记簿，并关联国土空间规划明确的用途、划定的生态保护红线等管制要求及其他特殊保护规定等信息，登簿后可以发放证书。

（三）自然资源统一确权登记工作的内容

1. 建立部门协同机制

按照《生态文明体制改革总体方案》的要求，各地要提请建立政府主导、自然资源、财政、生态环境、水利、农业农村、林业等多部门协同联动的常态化工作机制，协调解决工作中的重大问题。

2. 收集并处理各类基础资料

需要收集并处理的基础资料的主要内容如下：

（1）基础数据，包括正射影像图、高分辨率遥感影像、数字线划图数据（DLG）、数字高程模型数据（DEM）等基础测绘成果；

（2）各类资源调查成果，包括国土调查、湿地资源调查、草地资源调查、森林资源调查、水利普查、水资源调查、海域和无居民海岛调查等；

（3）各类资源的所有权和使用权等不动产登记成果资料，主要包括不动产的位置、面积、界址、单元号等自然状况信息；

（4）各部门的公共管制要求和特殊保护规定等资料；

（5）国家公园、自然保护区、自然公园等自然保护地的管理或保护审批资料，河流、湖泊等水流的堤防、水域岸线和管理范围资料，矿产资源储量估算范围等。

需收集的基础资料具体如表 3-1 所示。

表 3-1　需收集的基础资料

部门	资料	用途
自然资源	1. 全国国土调查，水、林、草、湿等自然资源专项调查及年度变更成果数据	主要用于制作工作底图、图层叠加分析、资源数量统计、登记单元划分等
	2. 农村集体土地所有权确权登记成果	主要用于制作工作底图、图层叠加分析、分析集体土地所有权相关情况
	3. 国有土地使用权确权登记发证数据	主要用于制作工作底图、图层叠加分析、分析国有土地所有权和用益物权相关情况
	4. 土地、房屋、林地、海域、无居民海岛等不动产登记资料	主要用于关联登记单元内的不动产权利登记信息
	5. 永久基本农田划定成果	主要用于分析保护和管制情况
	6. 土地利用总体规划数据库、国土空间规划成果、海洋功能区划成果、海岛保护规划成果	主要用于分析保护和管制情况
	7. 正射影像图、高分辨率卫星遥感影像、数字线划图数据（DLG）、数字高程模型数据（DEM）等基础测绘成果	主要用于制作工作底图
	8. 全国海岸线修测成果	主要用于海域登记单元划分和海岸线资源情况的提取
	9. 全国海域勘界成果	
	10. 领海基点及领海外部界限	
	11. 全国海域海岛地名普查成果	主要用于无居民海岛调查信息的获取
	12. 中国海域海岛标准名录	
	13. 海域、无居民海岛使用金征收标准	主要用于确定海域和无居民海岛等别，分析海域和无居民海岛的等别情况
	14. 海域分等定级成果	
	15. 矿产资源储量数据库、储量利用现状调查数据库；探矿权登记数据库、采矿权登记数据库、国家矿产地储量空间数据库	主要用于探明储量的矿产资源登记单元划定、调查、统计、建库及关联登记单元相关信息等
	16. 矿产资源储量审批认定和备案文件、矿产资源储量评审文件、审查合格的历年的矿山储量年度报告及其审核意见	
	17. 主体功能区规划成果	主要用于分析保护和管制情况

表3-1(续)

部门	资料	用途
自然资源、生态环境	18. 生态保护红线成果	主要用于分析保护和管制情况
生态环境	19. 水质监测成果、排污许可资料	主要用于分析水资源质量及关联登记单元相关信息
水利	20. 水流、湖泊等统计资料	主要用于登记单元划分
	21. 水利普查、水资源调查评价等历史资料	主要用于登记单元划分、登记单元内资源数量质量的统计
	22. 河流、湖泊堤防、水域岸线和管理范围资料	主要用于登记单元划分和关联登记单元相关信息
	23. 取水许可资料	用于关联登记单元相关信息
林草	24. 全国森林资源清查、森林资源现状调查的历史资料,国家公益林区划落界成果,林地"一张图"	主要用于汇总资源数量、质量
	25. 林地保护等级评定报告及图件成果	主要用于林地保护和管制
	26. 国家公园等自然保护地审批范围及功能区划成果	主要用于登记单元划分
	27. 国务院确定的重点国有林区的审批范围	主要用于登记单元划分
	28. 全国湿地资源调查的历史资料	主要用于资源数量质量的统计等
	29. 全国草地资源保护、规划等成果	主要用于登记单元划分,资源数量质量的统计

资料来源:《自然资源确权登记操作指南(试行)》。

3. 制作工作底图,摸清自然资源底数

以自然保护地审批成果确定自然保护地的空间分布;以"三调"成果确定的河流水面、湖泊水面、水库水面,结合水利部门相关资料,确定水资源的空间分布;以"三调"成果确定的湿地范围确定湿地资源的空间分布;采用"三调"、集体土地所有权和国有土地使用权确权成果等图层相叠加的方式,获取国有土地所有权范围,并以此为基础确定除自然保护地、水流、湿地以外其他国有森林、草原、荒地等自然资源的空间分布;以储量数据库的矿区范围、矿产资源储量估算范围等确定矿产资源的空间分布。

（1）自然保护地工作底图

工作底图以不低于1∶10 000 的最新正射影像图为基础，可以将以下空间数据进行叠加：①国土调查成果和自然资源专项调查成果；②农村集体土地所有权确权登记成果中的集体土地所有权权属界线、国有土地使用权登记成果中的国有土地使用权权属界线；③自然保护地管理或保护审批范围界线。

（2）水流工作底图

工作底图以不低于1∶10 000 的最新正射影像图为基础，可以将以下空间数据进行叠加：①国土调查成果和自然资源专项调查成果；②农村集体土地所有权确权登记成果中的集体土地所有权权属界线、国有土地使用权登记成果中的国有土地使用权权属界线；③管理范围线、堤防线、征地范围线，水库正常蓄水位线和洪水位线等。

（3）国务院确定的重点国有林区工作底图

工作底图以不低于1∶10 000 的最新正射影像图为基础，可以将以下空间数据进行叠加：①国土调查成果和自然资源专项调查成果数据，全国林地一张图林地界线成果数据；②国家批准的重点国有林区界线；③重点国有林区不动产登记成果中国有林地使用权界线。

（4）森林、草原、湿地、荒地工作底图

工作底图以不低于1∶10 000 的最新正射影像图为基础，可以将以下空间数据进行叠加：①国土调查成果和自然资源专项调查成果数据，全国林地一张图林地界线成果数据；②农村集体土地所有权确权登记成果中的集体土地所有权权属界线、国有土地使用权登记成果中的国有土地使用权权属界线。

（5）海域工作底图

工作底图以不低于1∶10 000 的最新正射影像图为基础，可以将以下空间数据进行叠加：①领海外部界限；②全国海域勘界成果中的省县两级海域行政区域界线；③全国海岸线修测成果岸线；④自然保护地范围界线；⑤全国国土调查成果中，位于海岸线向海一侧的各类图斑界线；⑥海域使用权权属界线；⑦无居民海岛岸线。

（6）无居民海岛工作底图

工作底图以不低于1∶10 000 的最新正射影像图为基础，可以将以下空间数据进行叠加：①无居民海岛岸线；②领海基线及领海外部界限；③海域行政管理界线；④自然保护地范围界线；⑤无居民海岛的使用权属边界线。

（7）探明储量的矿产资源工作底图

工作底图以不低于 1∶10 000 的最新正射影像图为基础，可以将以下空间数据进行叠加：①国土调查成果和自然资源专项调查成果；②储量数据库导出的矿区范围；③储量评审备案文件确定的矿产资源储量估算范围；④国家出资探明矿产地清理结果认定的矿产地范围；⑤已设探矿权、采矿权的范围；⑥自然保护地范围界线。

4. 预划自然资源登记单元

基于工作底图，预划自然资源登记单元，确定登记范围。自然资源登记单元类型分为：

（1）海域登记单元

登记机构对我国内水和领海划定登记单元，登记单元内的海域全部为国家所有。①海域登记单元依据沿海县（市）行政管辖界线，自海岸线起至领海外部界限划定登记单元。②海域登记单元范围内的自然保护地、湿地、探明储量的矿产资源等，不再单独划定登记单元，需在自然资源登记簿记载自然保护地、湿地、探明储量的矿产资源的范围、类型、数量等内容。③登记单元划定要充分利用海域勘界成果，原则上由海岸线、省县两级海域行政区域界线、领海外部界限划定，并扣除位于其中的海岛。对于利用现有成果需延长部分界线才能形成封闭单元的，延长线可根据海域管理实际和传统习惯临时确定。待海域勘界完成后，对于界线不一致的海域，开展变更登记。④省（自治区、直辖市）管辖海域以外的其他海域登记单元，依据各省（自治区、直辖市）管辖海域界线、领海外部界限划定，并扣除位于其中的海岛。渤海中部海域单独划定登记单元。⑤海岸线依据省级人民政府批准的最新海岸线修测成果进行调整。

（2）无居民海岛登记单元

登记机构对我国无居民海岛划分登记单元，登记单元内自然资源全部为国家所有。①无居民海岛按照"一岛一登"的原则，单独划定自然资源登记单元，进行整岛登记。无居民海岛登记单元内的各类自然资源不再单独划定登记单元，按照资源类型在登记簿中进行记载。②无居民海岛登记单元依据海岛岸线封闭的空间范围划定。③位于自然保护区、自然公园自然保护地内的无居民海岛，应单独划定为无居民海岛登记单元，同时在自然资源登记簿中备注所属自然保护地的信息。

（3）自然保护地登记单元

登记机构依据自然保护地管理或保护审批部门提供的管理或保护审批范围界线划定自然保护地登记单元。①国家批准的国家公园、自然保护区、自然公园等各类自然保护地优先作为独立登记单元划定，但位于国务院确定的重点国有林区内的自然保护区、自然公园除外，要确保国务院确定的重点国有林区登记单元的完整性，但数据库中仍需保留自然保护地的管理或保护审批界线。②多个独立不相连的自然保护地，宜分别划定自然保护地登记单元。③同一区域内存在管理或保护审批范围界线交叉或重叠时，按照整合优化后的自然保护地审批范围界线划定登记单元；无整合优化审批范围界线的，将其合并后取最大的管理或保护范围界线划定登记单元，但在数据库中保留原审批的各相关范围线。④登记范围内存在集体所有自然资源的，应当一并划入登记单元，并在登记簿上对集体所有自然资源的主体、范围、面积等情况予以记载。

（4）水流登记单元

登记单元内可能会包括多种所有权形式，其中以国家所有为主。以河流、湖泊管理范围为基础，结合堤防、水域岸线划分登记单元。①水流登记单元依据全国国土调查成果和水资源专项调查成果，以河流、湖泊管理范围为基础，结合堤防、水域岸线划定。②有堤防的河流、湖泊、水库，原则上在堤防和护堤地一定范围内划定登记单元界线；无堤防的，原则上在设计洪水位范围内、以地方政府确认的水域岸线划定登记单元界线。但登记单元界线原则上要避免与城镇开发边界红线、永久基本农田保护红线交叉。③河流的干流、支流，可以分别划定登记单元，也可以整体划定登记单元。④大江、大河、大湖应当单独划分水流登记单元；湖泊与其相连的河流、水库与其相连的河流可以分别划分登记单元。⑤跨境河流、湖泊应以国境线为依据，划分水流登记单元。⑥河流干流与支流、支流与支流的交界处，宜以高一级水系的堤防走向或水流方向，将交界处划入高一级水流登记单元。⑦当水流穿过国家批准的自然保护地登记单元时，应保持自然保护地登记单元的完整性；穿过非国家批准的自然保护地登记单元时，应结合实际保护情况，尽量保持重要河流生态空间的完整性；当水流穿过其他类型登记单元时，应保持水流登记单元的完整性。⑧跨行政区域的湖泊或水库，应当整体划分为一个登记

单元。⑨河流与海水的交界处，以海岸线作为登记单元界线。⑩冰川及永久
性积雪可以单独划定登记单元。

（5）国务院确定的重点国有林区登记单元

登记单元内可能包括多种类型的自然资源或包含自然保护区、自然公园
等自然保护地的，全部森林资源均由中央政府直接行使所有权。国务院确定
的重点国有林区以国家批准的范围界线为依据单独划定自然资源登记单元。
登记单元与自然保护地发生重叠的，登记簿记载层级最高的所有权行使主体。

（6）湿地、森林、草原、荒地等自然资源登记单元

登记单元内自然资源以国家所有为主，以国家土地所有权权属界线封闭
的空间划定。①以湿地作为独立自然资源登记单元的，依据全国国土调查成
果和湿地专项调查成果，按照自然资源边界划定登记单元。②滩涂资源不单
独划定登记单元，全国国土调查已经调查为沿海滩涂和内陆滩涂的，沿海滩
涂并入滨海湿地登记单元（已纳入海域登记单元和无居民海岛登记单元的除
外），内陆滩涂并入内陆湿地登记单元。③森林登记单元、草原登记单元、荒
地登记单元原则上应当以土地所有权为基础，按照国家土地所有权权属界线
封闭的空间划定。④已纳入自然保护地、水流、国务院确定的重点国有林区
等自然资源登记单元的湿地、森林、草原、荒地，不再单独划定登记单元。

湿地、森林、草原、荒地集中连片的，可以在保持生态功能完整性的基
础上，整体划分登记单元。登记单元类型以单元内主要自然资源类型确定，
登记簿中记载单元内各类自然资源状况。为保持生态功能完整性，将湿地、
森林、草原、荒地整体划为一个登记单元的，其中的森林、草原、荒地资源
原则上以国家所有为主；划分时确因客观条件无法避开集体所有资源时，也
可将集体所有部分纳入登记单元。

（7）探明储量的矿产资源登记单元

探明储量的矿产资源登记单元包括固体矿产的推断资源量、控制资源量、
探明资源量和油气（含石油、天然气、页岩气、煤层气）的探明地质储量。
登记单元内矿产资源全部为国家所有。①探明储量的矿产资源，固体矿产以
矿区划分登记单元，油气以油气田划分登记单元。若矿业权整合包含或跨越
多个矿区的，以矿业权整合后的区域为一个登记单元。②登记单元的边界，
以矿产资源储量数据库导出的矿区范围，储量评审备案文件确定的矿产资源

储量估算范围，以及国家出资探明矿产地清理结果认定的矿产地范围在空间上套合确定。存在有不同阶段、不同时期、不同区域的多个储量估算范围并都已经过有关储量机关审批（认定）、备案的，以包含多个储量估算范围的相对规整的范围作为登记单元的边界。③国家公园、自然保护区、自然公园等各类自然保护地登记单元内的矿产资源，与自然保护地代表或代理行使主体一致的，不再单独划定登记单元，通过分层标注的方式在登记簿上记载探明储量矿产资源的范围、类型、储量等内容。

同一个登记单元内的国有自然资源，只能包含一个所有权直接行使主体或代理行使主体。在登记单元内，仍然保留各类所有权权属界线、地类图斑线、行政界线。

对于自然资源的所有权权属状况，继续沿用集体土地所有权确权登记等已有成果，对其中发生变化的、确有错误的、暂未明确的，或者因多种资料叠加等原因产生问题的进行外业补充调查。

对于自然资源的数量、质量等自然状况，其空间分布和面积直接采用"三调"成果，其数量信息、质量信息直接采用水资源、森林资源、湿地资源、草原资源等各类专项调查成果。

对于与自然资源登记单元相关的国土空间规划中明确的用途、生态保护红线、特殊保护规定等管制要求，以及设置的矿业权和取水排污许可、已登记的不动产权利信息等关联信息，采用相关部门已有成果，通过数据处理进行关联，一般无须进行外业调查。

5. 开展日常性变更、更正、注销等登记工作

（1）变更登记

完成了首次登记的自然资源，按照相关业务规范要求，开展日常性变更、更正、注销等登记工作。

变更登记可依职权变更，登记单元内自然资源类型、面积等自然状况发生变化的，以全国国土调查和水资源专项调查、湿地资源专项调查、森林资源专项调查、草原专项调查、海域和无居民海岛调查等自然资源专项调查成果为依据，由登记机构依职权办理变更登记。在变更时，在自然资源登记信息系统平台上，通过数据库关联的方式，对发生变化的自然资源类型、面积等自然状况信息进行自动提取，实现登记簿的定期变更。

变更登记也可依嘱托变更。自然保护地范围线、水流范围线变化导致登记单元边界变化，以及登记单元内的国家所有权界线、所有权代表（代理）行使主体、行使内容等自然资源登记簿主要内容发生变化的，登记机构依据嘱托办理变更登记。嘱托主体为登记簿上记载的所有权代表行使主体或者代理行使主体。涉及登记单元界线、权属界线等变更的，登记机构应当配合提供登记结果信息及相关地籍调查成果资料，以便于嘱托主体开展变更登记的资料准备工作。

（2）更正登记

自然资源所有权代表（代理）行使主体发现自然资源登记簿记载的事项存在错误的，应当嘱托登记机构办理更正登记。登记机构发现自然资源登记簿记载的事项存在错误的，应当书面通知自然资源所有权代表（代理）行使主体 30 个工作日内嘱托办理更正登记，逾期不嘱托的，登记机构依职权办理更正登记。人民法院、仲裁委员会生效的法律文书确定自然资源权利归属、内容与自然资源登记簿记载的内容不一致的，登记机构依据生效的法律文书直接办理更正登记。集体土地所有权存在错误的，按照《不动产登记暂行条例》的规定办理更正登记。登记机构依据更正后的不动产登记成果依职权办理更正登记。依职权办理的程序包括：启动、审核、公告、登簿。

（3）注销登记

已经登记的自然资源，因不可抗力等因素导致自然资源所有权灭失，登记机构依嘱托办理注销登记。嘱托主体为登记簿上记载的所有权代表主体或者代理行使主体。

6. 做好登记结果公开和档案管理

自然资源统一确权登记结果通过其所在地的市县级人民政府网站或登记机构网站依法向社会公开，涉及国家秘密的、已登记的不动产权利信息除外。

要加强自然资源统一确权登记档案资料管理，统筹考虑自然资源统一确权登记和不动产登记档案资料的存放场地，确保档案资料安全。自然资源登记簿应当采用电子介质，登记机构认为确有必要的，可以将电子介质转化出唯一的、确定的纸质介质。纸质介质与电子介质内容不一致时，以电子介质为准。

7. 加强信息化建设

各级登记机构应按照国家制定的自然资源登记数据库标准建设自然资源
确权登记电子数据库。全国各级登记机构应统一采用由国家组织开发的自然
资源登记信息系统。各地相关部门在开展工作时，应保证自然资源确权登记
信息与现有不动产登记信息的有效衔接和融合。例如，湖南省规定由自然资
源厅统一部署自然资源确权登记信息系统，市县不再单独建设自然资源确权
登记信息系统。按照国家技术标准，建立全省自然资源统一确权登记数据库。
湖南省不动产登记中心依据全省自然资源统一确权登记成果，建立全省自然
资源统一确权登记信息的统计分析机制，服务于全省自然资源的开发利用和
有效监管。

第四章
自然资源资产价值的构成与评估

第一节　自然资源资产价值的构成与评估方法

一、自然资源资产价值的构成

国内外关于自然资源资产价值的研究有很多。第一种观点认为，自然资源是没有价值的。他们依据马克思的劳动价值论，认为自然资源是大自然赋予我们人类的，资源本身没有凝结人类的劳动，因而是无价值的。第二种观点认为，自然资源虽然本身没有凝结人类的劳动，但是按照西方的效用价值论，自然资源资产具有效用性，是有价值的。第三种观点认为，自然资源是有价值的，片面考虑劳动价值论或效用价值论，都是不妥的，应将劳动价值与效用价值统一起来对自然资源的价值进行研究。自然资源在其形成过程中，与人类的生产活动是息息相关的。自然资源财富的形成是由人类和大自然共同创造的，是人类劳动和其效用相结合的结果。

虽然劳动价值论和效用价值论相统一能比较真实地反映自然资源的价值，但劳动价值论和效用价值论还不足以完全反映自然资源的价值内涵，劳动价值只是自然资源价值的一部分，效用性是自然资源具有价值的前提和必要条件，要实现自然资源价值的有偿使用，还需考虑自然资源的稀缺性、垄断性、产权，以及开发自然资源对生态环境的影响。自然资源的价值理论主要有马克思劳动价值理论、效用价值理论、现代产权理论等。马克思首创了劳动二重性学说，阐明了价值是由抽象劳动创造的这一基本原理。价值量的大小由社会必要劳动时间决定。自然资源的开发利用，伴随着人类劳动的大量投入，因而在自然资源的价值中也凝结了人类的劳动。随着社会的进步、经济的发展，资源体中凝结的人类劳动的价值会不断增加。按照效用价值理论，无论自然资源是否凝结了人类的劳动，其有用性就赋予它价值。当人类未对自然资源进行开发，自然资源处于自然赋存状态，它的价值表现为潜在的社会价值，可为社会提供水土保持、涵养水源、防风固沙、消除噪声等间接使用价值（薛霞，2019）[148]。学者对自然资源价值进行了丰富的研究，少部分学者认为自然资源的价值内涵包括经济价值、生命支撑价值、消遣价值、科学价值、审美价值、生命价值、多样性与统一性价值、稳定性与自发性价值、辩

证的价值、宗教象征价值、历史价值等，而多数学者将自然资源价值分为三
类：经济价值、生态价值和社会价值。但本书将从自然资源内在价值和外在
价值两个角度进行阐释。

（一）自然资源的外在价值

从劳动价值论角度来看，自然资源的价值体现的是人类对自然的投入程
度，可以称作自然资源的外在价值。自然资源的外在价值是为了补偿劳动耗
费、开发替代资源、补偿环境破坏的价值，即人们通常所说的有偿使用价值。
自然资源既要满足人类对物质生活的需求，也要补偿人类开发使用自然资源
所付出的成本费用，还要对生态毁损做出的赔偿。如开发土地、开采矿产资
源都要付出人类的劳动，并对环境损坏进行赔偿。因此，矿产资源的外在成
本包括矿权取得成本、环境补偿费、矿物资源补偿费、勘探耗损补偿费等。
再如，草原资源既能养育牛羊，为人类提供物质基础，也能提供美丽的风光
供人们欣赏，更重要的是其具有生态保护功能，其凝结了世世代代牧民的辛
勤劳动，因此草原流转也是需要对这部分劳动进行补偿的。

（二）自然资源的内在价值

内在价值具有自然资源的本质属性。如矿产资源的内在价值即自然赋存
其的价值，其大小由矿藏的特性决定，富近浅易的矿藏和贫远深难的矿藏的
经济效益不同，因而其价值也不同。矿产资源赋存价值与劳动量的投入没有
太大的关系，其主要由矿藏的丰度和品位决定。自然资源分为不可再生资源
和可再生资源。其中矿产资源是不可再生资源的典型代表。在我国，东北地
区石油资源丰富，四川天然气资源丰富，山西煤炭资源较多，但这些矿产资
源的储量是有限的，会随着人类不断开采而消耗殆尽。因此，矿产资源的稀
缺性体现了内在价值。土地资源、水资源、海洋资源，以及部分森林资源、
草原资源和湿地资源，即使人类没有投入劳动去开发它们，它们自身也具有
水源涵养、土壤保持、防风固沙和固碳释氧等生态系统服务功能，因而能产
生生态效益。但如果过度开发利用这类资源，也会导致其枯竭甚至消失，严
重时将威胁人类的生存和安全。所以，在开发利用自然资源的过程中，需要
对自然资源进行价值补偿，合理使用。

自然资源资产价值评估是编制资产平衡表的基础，也是自然资源价值实现的依据。自然资源资产价值评估方法有成本法、收益法、市场法和期权法等。

（一）成本法

成本法是根据自然资源的生成成本、自然资源的开采开发成本、自然资源环境的维护成本、开采自然资源导致的环境毁损而产生赔偿资金等对自然资源资产进行价值和价格核算。一般来说，自然资源的取得成本越高，自然资源的价值就越高。相应地，自然资源的取得成本越低，自然资源的价值也越低。成本法有历史成本法、重置成本法、旅行成本（费用）法等。

1. 历史成本法

历史成本法是根据取得自然资源资产时，所付出的自然资源代价来评估其价值的方法。取得成本包括自然资源资产的生成成本、开发开采成本及维护成本等。历史成本法主要是根据自然资源价格构成因素和表现形式来确定其价格，可用于矿产资源、土地资源、水资源、森林资源、海洋生物资源和野生生物资源的估价。如采用历史成本法评估矿产资源价值，需要考虑矿区取得成本、勘探成本、开发成本及开采成本等因素。

2. 重置成本法

重置成本法是根据当下重新购置或取得一个技术、经济条件相同或类似的自然资源资产所需付出的成本来评估自然资源的价值。但评估一个非全新对象的成本时，需要考虑自然资源资产是否发生贬值或毁损等因素。重置成本法可用于自然资源市场比较成熟且能够在市场上找到可参照物的自然资源资产。

3. 旅行成本（费用）法

当自然资源的市场价格无法获取或没有市场价格时，可以采用旅行成本（费用）法。旅行成本（费用）法是根据旅行者对旅游景点如国家森林公园、湿地公园、红树林公园等具有生态景观价值的环境资源资产所支付的门票等费用来评估自然资源资产的价值。

（二）收益法

收益法是根据预期收益原则和贡献原则评估自然资产价值。自然资源资产之所以有价值，是因为它能够为资源的所有者或占有者带来未来收益，未来收益的大小决定了自然资源资产价值的高低。收益法有收益还原法、收益分成法和收益倍数法等。

1. 收益还原法

收益还原法是运用折现的原理，通过将自然资源资产预期产生的收益进行折现的方式来评估自然资源资产的价值。其基本公式为

$$V = \frac{\alpha}{r}\left[1 - \frac{1}{(1+r)n}\right] \tag{4-1}$$

式中，V 表示自然资源资产价值；a 和 r 分别代表净收益和折现率；n 代表剩余收益年期。

2. 收益分成法

收益分成法也称为利润分割法。就是从某个项目或某项活动的总收益中分离出自然资源资产的收益贡献或收益分成，作为资源资产价值或价格。

3. 收益倍数法

收益倍数法是把价值看成收益的倍数，用收益乘以倍数来评估自然资源资产价值。收益倍数法是较为简单的评估方法，比较常用的收益倍数法是荷兰经济学家詹恩·丁伯根于 20 世纪 30 年代提出的影子价格法。该方法以边际效用价值论为基础，运用数学线性规划来确定自然资源资本的最优配置价格。但是，影子价格法只能静态反映自然资源的最优配置价格且无法表现资源本身的价值。

（三）市场法

市场法又称市场比较法，通过比较相近情况下自然资源的交易价格来确定本地区的自然资源价格，可分为直接比较法和间接比较法。这种方法最简单有效，但是需要有较为成熟、活跃的资源市场和可比较的参照物及评估指标。

（四）期权定价法

自 1973 年布莱克（Fischer Black）和舒尔斯（Myron Scholes）提出了基本的期权定价模型（著名的 Black-Scholes 公式，简称"B-S 公式"）以来，期权定价方法有了突飞猛进的发展。B-S 公式一般表现为

$$\text{看涨期权的价值} = SN(d_1) - ke^{-rt}N(d_2) \tag{4-2}$$

其中：

$$d_1 = \frac{\ln\left(\dfrac{S}{K}\right) - \left(r + \dfrac{\sigma^2}{2}\right)t}{\sigma\sqrt{t}} \qquad (4-3)$$

$$d_2 = d_1 - \sigma\sqrt{t} \qquad (4-4)$$

式中，S 为标的资产的当前价值；K 为期权的执行价格；t 为距期权到期日的时间；r 为期权有效期间的无风险利率；σ^2 为标的资产价格的自然对数的方差。

由于每一种评估方法都有其合理之处和自身缺陷，因此，在评估实践中，大多数评估师至少同时选用两种方法进行评估，从而得到被评估自然资源资产价值的范围。如果评估师想要得到一个确切的数值，则评估师需要根据自己的职业判断从这个范围内选择某个值作为结果。

第二节　土地资源资产价值的估算

土地资源是在一定技术条件下、一定的时间内可以被人类利用，并在一定条件下能够产生经济价值的土地。从社会经济属性的角度出发，土地资源具有供给稀缺性、用途多样性、用途变更困难性和资产性。供给稀缺性是指特定区域内用于某种用途的土地面积是一定的；用途多样性指对某块土地而言，不仅能够为第一产业、第二产业和第三产业所用，也可以用作公共用地、居住用地等；用途变更的困难性指大多数情况下土地用途不易进行更改，有时用途的变更需要付出较大的代价；资产性是指土地具有经济价值和交换价值。土地资源作为生产要素和生态要素，人们对土地用途的选择不断增多与需求不断增长，土地资源数量的有限性和人们对土地需求的增长构成了土地资源可持续利用的特殊矛盾，这一矛盾又深化了土地资源的资产特性。

一、国有建设用地价值估算

国有建设用地具体包括商业服务业用地中的商业服务业设施用地、物流仓储用地；工矿用地中的工业用地、采矿用地；湿地中的盐田；住宅用地中

的城镇住宅用地、农村宅基地①；公共管理与公共服务用地中的机关团体新闻
出版用地、科教文卫用地、公用设施用地、公园与绿地；特殊用地；交通运
输用地中的铁路用地、轨道交通用地、公路用地、城镇村道路用地、交通服
务站场用地、机场用地、港口码头用地、管道运输用地；水域及水利设施用
地中的水工建筑用地；其他土地中的空闲地。具体如表4-1所示。

表4-1 国有建设用地资产清查地类范围

"国土三调"工作分类（一级类）		"国土三调"工作分类（二级类）		三大类
编码	名称	编码	名称	
05	商业服务业用地	05H1	商业服务业设施用地	建设用地
		0508	物流仓储用地	
06	工矿用地	0601	工业用地	
		0602	采矿用地	
00	湿地	0603	盐田	
07	住宅用地	0701	城镇住宅用地	
		0702	农村宅基地	
08	公共管理与公共服务用地	08H1	机关团体新闻出版用地	
		08H2	科教文卫用地	
		0809	公用设施用地	
		0810	公园与绿地	
09	特殊用地	09	特殊用地	
10	交通运输用地	1001	铁路用地	
		1002	轨道交通用地	
		1003	公路用地	
		1004	城镇村道路用地	
		1005	交通服务站场用地	
		1007	机场用地	
		1008	港口码头用地	
		1009	管道运输用地	
11	水域及水利设施用地	1109	水工建筑用地	
12	其他土地	1201	空闲地	

数据来源：《全民所有自然资源资产清查技术指南（试行稿）》。

---

① 指权属标注为国有的农村宅基地。

（一）基础资料准备

1. 第三次全国国土调查成果

第三次全国国土调查于 2017 年 10 月 8 日启动，以 2019 年 12 月 31 日为标准时点，2020 年全面完成。其目的是，全面细化和完善全国土地利用基础数据，掌握翔实准确的全国国土利用现状和自然资源变化情况，进一步完善国土调查、监测和统计制度，实现成果信息化管理与共享，满足生态文明建设、空间规划编制、供给侧结构性改革、宏观调控、自然资源管理体制改革和统一确权登记、国土空间用途管制、国土空间生态修复、空间治理能力现代化和国土空间规划体系建设等各项工作的需要，是自然资源资产平衡表编制的数据来源。通过实地调查土地的地类、面积和权属，全面掌握全国耕地、种植园用地、林地、草地、湿地、商业服务业、工矿、住宅、公共管理与公共服务、交通运输、水域及水利设施用地等地类分布及利用状况；细化耕地调查，全面掌握耕地数量、质量、分布和构成；开展低效闲置土地调查，全面摸清城镇及开发区范围内的土地利用状况；同步推进相关自然资源专业调查，整合相关自然资源专业信息；建立互联共享的覆盖国家、省、地、县四级的集影像、地类、范围、面积、权属和相关自然资源信息于一体的国土调查数据库，完善各级互联共享的网络化管理系统；健全国土及森林、草原、水、湿地等自然资源变化信息的调查、统计和全天候、全覆盖遥感监测与快速更新机制。

2. 政府最新公布的公示地价体系及地价监测成果

《关于构建更加完善的要素市场化配置体制机制的意见》提出，要完善城乡基准地价、标定地价的制定与发布制度，逐步形成与市场价格挂钩动态调整机制。1994 年，《中华人民共和国城市房地产管理法》规定，基准地价、标定地价和各类房屋的重置价格应当定期确定并公布。1998 年组建的国土资源部将建立基准地价、标定地价等政府公示地价制度纳入其工作职能。2018 年组建的自然资源部将此领域的职能拓展为建立政府公示自然资源价格体系，公示地价的核心理念和思想也正在逐步被借鉴、融入"公示自然资源价格"之中。

（二）经济价值估算

1. 估价原则

评估建设用地价格时，要遵循如下基本原则：

（1）与自然资源资产清查体系相衔接

建设用地资产清查是自然资源资产清查的重要组成部分，在清查范围、对象、周期的确定，清查统计规则、方法与精度的选取，清查资产量具体内涵的界定，以及成果表达方式的设计等方面均应与自然资源资产清查体系相衔接。

（2）以土地资源调查体系为基础

应以现行土地资源调查体系为基础，充分利用国土资源调查、土地利用现状变更调查、地籍调查、公示地价体系建设和市场调查监测等专项工作的成果，实现社会经济统计数据、地价体系与土地资源数据的有机结合。

（3）以相对稳定的均衡价值为主导

价值量清查宜反映在正常利用的条件下，建设用地内在稳定、均衡的价值；通过选用适当的地价信号，经评估核定后予以其量化表征；经营性土地资产宜以正常市场价值为主导，非经营性土地资产可结合其功能效用、贡献等，显化其合理价值。

（4）兼顾估算精度与工程效率

建设用地清查工作具有规模化、批量化开展的特征，应兼顾精度与效率要求，根据清查工作目的，合理确定清查方法，统筹考虑应用需求、成果精度、工作实施效率的平衡。

（5）谨慎估算经济价值量

在统一标准和内涵的基础上，基于估算国有建设用地的经济价值及所有者权益的定位，按照客观谨慎的原则估算国有建设用地资产的经济价值，暂不考虑其生态价值和社会价值。

2. 工作实施模式

以现行基准地价体系为基础，采用"国家与地方相结合，查漏补缺，统筹平衡"的方式，建立基于清查时点的、基本内涵统一的、全域覆盖的国有建设用地清查价格体系。在县级国有建设用地经济价格体系建设的基础上，逐级开展地市级、省级和国家级汇总，以及检查平衡工作。

（三）建设用地清查价格体系建设

1. 建设用地价格内涵的界定

清查价格的统一内涵是清查时点的各类土地用途法定最高年期的完整国

有建设用地出让土地使用权价值。容积率、开发程度等土地利用条件按所在区域现状平均水平统一设定。

应从以下几个方面进一步明确其内涵，并进行必要的修正处理：

（1）地价构成：包括与土地要素直接相关的项目，如土地取得成本、开发成本、相关税费的客观值及正常的利息、利润与土地增值。

（2）权利特征：具有完整的出让土地使用权。对于地方现有基准地价内涵中可能存在的特殊限制性条件（例如：只能自持经营），当其对土地价格产生显著影响时，应将其修正到清查价格的统一内涵。

（3）年期特征：法定最高出让年期。对于地方现有基准地价内涵中可能存在的政策性年期设定（例如：工业用地按30年而非50年设定），应测算其年期修正系数，并将其修正到清查价格的统一内涵。

（4）时点特征：当地方现有基准地价的期日与清查时点不同时，可参照当地的地价监测指标（首选）或土地交易价格测算期日修正系数，将基准地价修正到清查价格的统一内涵。对于土地市场发育程度较低、交易稀少，或近年土地市场运行平稳，地价波动微弱的地区，以及清查时点距基准地价未超过3年的，可不进行期日修正。

（5）地价表现形式：地面地价（元/平方米）。

（6）其他：关于容积率和开发程度等土地利用条件，以当地基准地价内涵为准，除非其与区域客观情况明显不符，不具区域表征性，否则无须进行统一修正；若现行基准地价的容积率、开发程度与区域客观情况明显不符，则需重新设定统一内涵，并依据此因素在当地的影响规律进行整体修正（例如，统一增加或减少开发中某一项目的开发费用）。

（7）各类修正后的清查价格水平应遵循底线控制原则，即采矿用地、管道运输用地、水工建筑用地、盐田和国有的农村宅基地等类型的国有建设用地，地价水平不低于其所在区域集体土地征收中的土地补偿费、安置补助费和地上附着物拆迁费用；其他类型的建设用地，价值水平不低于其所在行政单元的工业用地出让最低价格标准。

2. 分级实施清查价格体系建设

（1）县级行政区建设用地资产清查价值体系建设

县级行政区需采集现行基准地价体系以及用于全民所有建设用地资源资产价值体系建设的其他相关数据等基础资料。县级行政区建设用地资产清查体系建设工作的第一步就是数据和资料搜集，需搜集的数据和资料包括：第三次国土调查数据、现行城镇基准地价成果（或正在进行的城镇基准地价主要数据资料）、主要经济数据（城镇土地等别、GDP 总量、工业生产总值、社会消费品零售总额、人口状况、人均可支配收入等）、征地区片综合地价、相关建设用地地价政策等相关数据与政策资料等。

（2）市级行政区建设用地资产清查价值体系建设

同时，市级行政区进行成果汇总的时候，应针对所辖县（市、区）建设用地价值体系完整性、规范性、逻辑性和图数一致性进行检查；重点统筹平衡不同县（市、区）之间各类建设用地价值，开展全市所辖县（市、区）建设用地横向对比分析，进行市域平衡。对平衡区域内所有县级行政单元进行分层后筛选出清查价值密切相关的社会经济影响因子，进而选择回归模型对其进行整体协调性分析，并针对突变差异较大的区域，进行价值平衡。

（3）省级行政区建设用地资产清查价值体系建设

在省级行政区汇总市域价值体系时，同样需要通过分析全民所有建设用地清查价值体系与城镇土地等级、社会经济指标、土地市场状况等相关因素的匹配程度，来调节汇总结果的合理性、协调性。当汇总结果存在明显异常的情况时，应进一步分析原因，根据需要进行调整和完善。

目前，行业内采用的地价修正方法众多，价值修正需进行数据整合与清查时点价值调整，即对原始地价的资料进行修正。地价修正时需考量城镇土地等级、基准地价覆盖与否、地价日期、地价构成、权限特征、年期特征等参数，结合待清查区域的实际用地情况对其进行修正。在地价修正过程中，实施者需结合宗地的权属性质和实际使用情况选择修正方法。

完成区域内的价值体系建设后，需要对价值体系建设成果所用基础资料的适用性、数据的权威性、相关技术的规范性、价值的现势性、多源数据匹配性进行自检，并对清查价值进行处理、补充和完善，以确保所选方法科学合理，价值结果符合实际。

3. 工作实施模式

以现行基准地价体系为基础，采用"国家与地方相结合，查漏补缺，统筹平衡"的方式，建立基于清查时点的、基本内涵统一的、全域覆盖的国有建设用地清查价格体系。在县级国有建设用地经济价格体系建设的基础上，逐级开展地市级、省级和国家级汇总，以及检查平衡工作。

（四）土地资源经济价值估算

1. 基于基准地价的宏观角度

（1）基本公式

$$A_h = \sum_{i=1}^{n} \overline{P_i} \times S_i \tag{4-5}$$

式中，A_h 为基本核算单元（即某一层级的行政单元）中的土地资产价值总量（宏观）；$\overline{P_i}$ 为基本核算单元中第 i 类用途土地的平均地价水平值；S_i 为基本核算单元中第 i 类用途土地的实物量核算值。

（2）实施程序

①收集有关基准地价资料，比较已界定的资产量内涵与基准地价内涵的异同，对基准地价水平值进行期日、年期等必要的修正调整，以调整后的地价水平值参与后续测算；②依据基准地价体系的覆盖范围，确定基本核算单元（即某一层级的行政单元）；③分别测算基本核算单元中，各用途土地基准地价的平均水平值，作为公式（4-5）中的 $\overline{P_i}$；一般可以对核算单元内某用途的各级别土地面积设置权重，取各级别基准地价的加权平均值作为其平均水平值；也可取核算单元内，某用途土地各级别基准地价的中位数作为其平均水平值；④与相应用途的土地资源实物量核算值匹配，分用途测算基本核算单元的土地资产价值量；⑤逐层级、逐地类汇总，形成核算范围内的土地资产价值总量。

（3）所需资料

①最为接近核算期日的核算单元的土地利用数据汇总成果；②完整、规范的基准地价成果，至少应包括级别基准地价表（含各级别土地面积）和基准地价内涵说明。

2. 基于公示地价的中观角度

（1）基本公式

$$A_z = \sum_{\substack{i=1 \\ j=1}}^{n,\ m} P_{ij} \times S_{ij} \tag{4-6}$$

式中，A_z 为行政单元（通常为市县级行政单元）中各用途土地资产价值总量（中观）；P_{ij} 为行政单元中，第 i 类用途土地在第 j 均质区域内的地价水平值；S_{ij} 为行政单元中与 P_{ij} 对应的第 i 类用途的第 j 均质区域中，该用途土地的实物量核算值。

（2）实施程序

①收集基准地价、标定地价等公示地价资料，分析基准地价级别、标定区域划分的适宜性，以级别或标定区域界线为基础，经过确认或调整后形成基本核算单元，即公式（4-6）中的均质区域；②比较已界定的资产量内涵与公示地价内涵的异同，对各均质区域内的公示地价水平值的期日、年期等进行必要的修正和调整，以调整后的地价水平值作为公式（4-6）中的 P_{ij}，参与后续测算；③将不同用途、不同均质区域内的公示地价与该用途在该均质区域内的土地实物量核算值匹配，测算土地资产价值量；④逐层级、逐地类汇总，形成核算范围内的土地资产价值总量。

（3）所需资料

①时间最为贴近核算期日的地籍数据库、土地利用现状数据库或其他能够获取各用途土地实物数量和空间位置信息的数据库；②完整、规范的基准地价、标定地价等公示地价体系成果，至少应包括公示地价表及公示地价空间分布矢量图。

3. 微观角度

（1）基本公式

以宗地（地块）为基本核算单元的微观核算方法，通常以基准地价、标定地价、监测地价等相对成熟、具有客观表征性的地价体系为基础，借助批量评估模型，对主要区位因素及容积率、期日等个别因素进行修正，测算各宗地地价水平。基于基准地价数修正法的微观核算公式为：

$$A_w = \sum_{j=1}^{n} P_j \times S_j \qquad (4-7)$$

式中，A_w 为市县行政单元各宗地土地资产价值总量（微观）；P_j 为第 j 宗土地的价格；S_j 为第 j 宗土地的面积。

上式中，P_j 是利用基准地价系数修正法，通过批量评估得到的宗地价格，其参考公式如下：

$$P_j = P_{1b} \times (1 \pm \sum K_i) \times K_j + D \qquad (4-8)$$

式中，P_{1b} 为某一用途、某级别的基准地价；$\sum K_i$ 为宗地地价修正系数；K_j 为估价期日、容积率、土地年期等其他修正系数；D 为土地开发程度修正值。

基准地价系数修正法的原理、过程及具体适用公式参见 GB/T 18508 及各地的基准地价体系成果。

在具有完备的标定地价体系的地区，可利用标定地价及其修正体系建立用于宗地价格测算的批量评估模型。

（2）实施程序

①收集具有现势性的基准地价、标定地价、监测地价等地价体系成果资料、交易样点资料、地价影响因素资料；②根据已界定的资产量内涵，对现行地价指标进行必要的调整修正，以修正的地价水平值参与后续测算；③依据基准地价修正体系，选择资料相对完备的地价影响因素，建立批量评估模型，评估确定各宗地单元的价格；当以标定地价或监测点的监测地价为基础，对同一均质区段（标定区域）内的宗地价格进行测算时，可主要对容积率、期日等个别因素进行修正；④将宗地单元的价格与土地实物量核算值匹配，测算宗地单元的土地资产价值量；⑤逐宗地汇总，形成核算范围内的土地资产价值总量。

（3）所需资料

①时间最为贴近核算期日的地籍数据库、土地利用现状数据库或其他能够获取各宗地（地块）实物数量和空间位置信息的数据库；②时间最为贴近核算期日的地价体系的矢量图、地价表、完备的地价修正体系等；③与地价修正体系相关的各地价影响因素的空间信息和属性信息数据库。

4. 参照替代方法

该类方法仅适用于无可直接取用的地价指标，需要依据相关因素或信息推定局部、零星地区或个别地类的地价水平值。在具体核算工作中，该类方法仅可作为其他方法的补充。

（1）地价体系未覆盖区域的价值量核算

①依据区位特征与替代原则，选择土地质量等别一致、空间毗邻、社会经济发展水平相近，且地价体系完整（或具备适用地价指标）的空间区域（或县级以下行政单元）作为可参照单元。②直接使用可参照单元的地价水平值，或选取若干核心影响因素（例如：距末级地边界的距离、土地取得成本的差异、GDP 等相关经济指标的差异、同类用地市场交易价格的差异等）测算修正系数，对可参照单元的地价指标进行修正后使用。修正后的地价水平值不宜低于法律政策规定的最低限价标准或相关土地权利的客观取得成本。

（2）地价体系未覆盖地类的价值量核算

①查询区域地价管理政策，当有政策明确约定该类用地的价格参照标准的，可根据政策确定可参照的地类。②基于区位特征和贡献原则，位于城区内的各类公服设施用地，核算其价值量时可参照所在区域的各类经营性用地地价的平均水平；位于城区外的道路交通用地，核算其价值量时可参照所在区域的工业地价水平；对于取得成本已摊入周边经营性用地供应价格的市政道路用地，应避免重复核算其经济价值量。③在特殊用地中，当具体地类不适用于前述两种情况时，可依据其具体利用方式，经合理性分析后，参照所在区域内相应地类的价格进行核算，通常以工业用地等价格相对较低的地类作为可参照地类。④对于储备土地或空闲土地，对其中近期规划用途不明确或规划实施风险较高的土地，宜遵循谨慎原则，以土地客观成本价格或参照工业用地等价格相对较低的地类计价。⑤对于农用地，宜根据核算区域内的农用地经营的客观收益（或产值）、农用地承包经营权流转的租金收益等要素，通过收益还原法确定地价水平；不宜直接使用集体土地征收补偿标准代替农用地价格，但可以征地补偿标准为基础，区分财产补偿和社会保障类补偿，通过必要的内涵修正，评估确定农用地价值。

二、农用地（不含林地、草地）价值估算

（一）农用地基准地价及估价试点工作情况

1. 国有、集体农用地基准地价评估情况

通过前期数据搜集发现，有部分地区还未开展国有和集体农用地基准地价的评估工作，部分地区已开展国有农用地基准地价制定工作但还未形成评估成果，仅有少部分省市已完成国有农用地基准地价验收工作并公布了评估成果，如广东省各地市，以及辽宁省、安徽省等省份的部分地市。

对部分省市国有农用地基准地价成果进行统计可以发现，目前各地国有农用地基准地价成果存在价格内涵不统一、估价期日不同、受估价目的影响导致价格水平偏高等问题。各地基准地价的评估期日，最早的广东省为2017年11月1日，江西省南昌湾里区估价期日为2019年7月1日。

2. 农用地估价试点工作情况

2001—2006 年，原国土资源部在全国部署开展了农用地分等与县级定级估价试点工作，共有 22 个省（自治区、直辖市）完成了 133 个县的定级估价试点工作。2007—2010 年，原国土资源部进一步扩大了定级估价试点范围。2011 年前后，一些省份在进行农地分等后又开展了全省的农用地定级估价工作，如河北省在省级分等之后全部完成了第一轮县级农用地定级估价工作。2016 年，原国土资源部又在全国部署开展了耕地定级估价试点工作；2017 年，要求按照三年全覆盖的目标，逐步完成耕地定级工作。2017 年至 2018 年，29 个省（区、市）以及新疆生产建设兵团完成了 646 个县区的定级估价工作。

（二）价格内涵界定

在清查期日所对应的既定用途情形下，根据农用地自然因素、社会经济因素和特殊因素等因素，按照规定的最高使用年期使用权价值或收益现值界定价格内涵。价格内涵包括：权利类型（农用地使用权）、权利年期（50 年）、用地类型（耕地、种植园用地、设施农用地、养殖水面）、耕作制度（耕地采用当地标准耕作制度）、设施条件（各用地类型各均质区域农用地基本设施平均状况）及基准日等。

（三）农用地价格影响因素分析

农用地价格通常由其实际收益能力和现实收益水平决定，农用地收益能力或现实收益越高，则其价格就越高。农用地资产清查价格反映了农用地相对于估价期日的资产现值，而土地价格是土地租金的资本化。农用地价值的特殊性决定了农用地价格形态的多元性，但在不涉及农用地途转变的市场中，决定农用地价格的关键因素就是农用地产出水平，即农用地现实收益能力。

1. 级差地租 I

从农用地内部因素来看，其产出水平受自然条件影响较大，这些影响因素包括气候、土壤质量、地形、降水量等。因此，农用地产出水平具有很强的时空变异性，而这种内部因素对农用地价格的影响机制就是马克思地租理论中的级差地租 I。

2. 级差地租 II

从农用地外部环境来看，农田的灌溉设施乃至生产投入等因素从外部提高了农产品的价值量，进而大幅提高了农用地产出水平。这种外部环境对于农用地价格的影响机制就是马克思地租理论中的级差地租 II。

（四）农用地价格体系建设

1. 整体思路

土地资产经济价值估算由国家整体控制，省级细化控制，县级具体估算。其具体流程如下：

（1）基于自然、经济、社会条件基本一致的原则，划分国家级均质区域；

（2）以县为单位进行样点调查，收集整理地价相关资料；

（3）按照资产清查价格内涵，通过年租金或净收益还原、交易单价直接修正等方法计算样点地价，通过算术平均法确定各均质区域农用地的平均价格；

（4）通过严谨的比较、验证、分析和统筹平衡工作，建立国家级价格体系，将其作为各省级价格体系建设的指导性标准；

（5）各省（自治区、直辖市）在国家级价格体系基础上，根据本省情况建立省级价格体系，用于指导各县（区）开展经济价值估算工作；

（6）各县（区）以"国土三调"成果为底图，套合耕地质量等别年度更新评价成果，获得实物量数据，并根据各县情况，选用合适的经济价值估算方法，确定用于经济价值估算的资产清查价格，分类估算经济价值。

2. 国家级价格体系

国家级价格体系是为指导与控制全国开展农用地经济价值估算而建立的分区域价格控制标准。建立农用地国家价格体系时，首先，在全国范围内按照农用地质量与经济价值水平的区域差异，划分国家级均质区域；其次，抽样调查与采集各均质区域的农用地交易样点价格信息和经营样点价格信息，采用农用地价格评估方法评估确定各均质区域的指导价格标准，以此作为各地估算农用地经济价值的指导标准。

3. 省级价格体系

省级价格体系是为指导与控制各县（市、区）开展农用地经济价值估算而建立的分区域不同类型农用地价格指导标准。其工作内容包括确定省级均质区域与价格、确定县级平均价格两个部分。

（1）省级价格体系构建思路

方案一：基于国家级均质区域细化形成省级均质区域，评估确定省级均质区域的价格。

方案二：对于经论证认为国家级均质区域价格标准能够满足指导和控制各县（市、区）估算农用地经济价值需求的，可直接采用国家级均质区域与价格作为省级均质区域与价格。

（2）测算流程

①划分省级均质区域。在国家级均质区域的基础上，综合考虑地形地貌、耕地利用等别、经济发展水平等的差异性和相似性，划分确定省级均质区域。省级均质区域一般不应打破县级行政区界限。②以省级均质区域为单位，在国家样点县的基础上，增加不少于 30% 的县（市、区）作为样点采集县（市、区），样点县（市、区）抽取规则同国家级价格体系相关要求一致。对于均质区域确需打破县界的地区，可从乡镇为单位增选样点。③样点价格信息采集。样点要求同国家价格体系相关要求一致。④样点整理、地价计算和统计检验。相关要求同国家价格体系相关要求一致。⑤样点充足的均质区域地价测算。采用样点地价求取均质区域的平均价格。⑥样点不足均质区域地价测算。建立邻近均质区域农用地样点价格与单位面积产值的回归模型，估算样点不足的省级均质区域平均价格。⑦整理检验省级均质区域平均价格。从经济、区位、人均农用地、自然条件等方面对各均质区域的价格水平进行对比分析，确保省域内均质区域价格的平衡和协调。将省级均质区域的价格与国家级均质区域的价格进行对比，原则上不得超出相应地类国家平均价格的 ±30%。确有特殊原因超出的，应详细说明原因，并列入国家级核查范围。

（3）确定县级平均价格

在确定省级均质区域及其价格水平的基础上，修正测算得出县级各类农用地（耕地等别）平均价格。如果在划分省级均质区时，确需打破县界，对于一个县级行政区跨多省级均质区域的县（市、区），按照省级均质区域切割，分别形成县级各均质区域各地类（耕地等别）区域平均价格。具体可选用以下三种方法之一进行修正测算：

方法一：采集各县（市、区）样点价格信息，进行各类农用地县级平均价格估算。①样点价格信息充足的县，分地类（耕地等别）计算样点地价，进行统计检验，并将各地类（耕地等别）样点地价的平均值作为各地类（耕地等别）县级平均价格。样点价格信息数据采集、样点地价计算、统计检验、确定区域平均价格等要求，同国家级价格体系相关要求一致；②样点价格信息不足的县，可根据所在省级均质区域内采集的样点信息，探索建立邻近均

质区域农用地样点价格与单位面积产值的回归模型，估算样点不足县各地类
（耕地等别）县级平均价格。

方法二：探索建立省级修正体系，将省级均质区域平均价格修正到县级
平均价格。修正因素可选择经济水平、人均农用地、县域单位面积产值、区
位条件等。

方法三：对于县域内样点数量无法满足建立相关模型，且修正因素指标
难以获取的，可考虑直接在省级均质区域相应地类（耕地等别）价格的基础
上，采用单因素比拟法，根据县域与省级均质区域单位面积平均产值比较后
的变化幅度，修正得出相应地类（耕地等别）县级平均价格。经省级组织专
家进行论证，确认测算的县级平均价格基本符合各县（市、区）农用地价格
水平后，方可下发县级使用。将县级分地类（耕地等别）平均价格与所在省
级均质区域相应地类（耕地等别）的区域平均价格进行比较，原则上不得超
出相应地类（耕地等别）省级均质区域平均价格的±30%。确有特殊原因超出
的，应详细说明原因，并列入国家级核查范围。

4. 县级价格体系

县（区）级层面负责具体实施本县范围内全民所有农用地经济价值估算
工作。

（1）县（区）级层面负责具体实施本县范围内全民所有农用地经济价值
估算工作

方案一：采用农用地宗地评估方法估算。对于国有农用地地块较少的地
区，可依据 GB/T 28406—2012《农用地估价规程》直接进行宗地价格评估，
评估结果作为宗地（图斑）价格。

方案二：基于县级平均价格修正估算。对于省级确定的县级平均价格能
够满足本县（市、区）农用地经济价值估算实施要求的地区，经论证可在省
级价格体系确定的县级分地类（耕地等别）平均价格的基础上，建立县级修
正体系，修正估算宗地（图斑）价格。

方案三：直接采用县级平均价格估算。对于省级确定的县级平均价格能
够满足本县（市、区）农用地经济价值估算实施要求，且县级价格水平与省
级确定的县级平均价格相当的地区，经论证可直接采用省级确定的县级分地
类（耕地等别）平均价格作为宗地（图斑）价格。

方案四：建立县级价格体系估算。划分县级均质区域，建立县级价格体

系，将县级相应均质区域、相应地类的平均价格直接作为宗地（图斑）价格。对于已评定并发布农用地基准地价的地区，经论证也可采用价格内涵修正后的基准地价直接作为宗地（图斑）价格。

（2）县级图斑价格估算结果校核

原则上各图斑价格不得超出省级确定的相应地类县级平均价格（耕地平均价格为县级各等别面积加权平均值）±30%。确有特殊原因超出的，应详细说明原因，并列入省级核查范围。

（五）各地类经济价值估算方法

1. 耕地经济价值核算方法

以国家级价格体系成果确定的国家级均质区域为基础，根据国家级价格体系评估确定的国家级均质区域价格标准（耕地分类等别区域平均价格），确定各耕地等别的价格属性信息，填写平衡表时按耕地利用等别分列。

2. 种植园用地经济价值核算方法

以国家级价格体系成果确定的国家级均质区域为基础，根据国家级价格体系评估确定的国家级均质区域价格标准（种植园用地分地类区域平均价格），确定各类种植园用地的价格属性信息，填写平衡表时按种植园用地二级地类分列。

3. 设施农用地经济价值核算方法

以国家级价格体系成果确定的国家级均质区域为基础，根据国家级价格体系评估确定的国家级均质区域价格标准（设施农用地区域平均价格），确定设施农用地的价格属性信息，填写平衡表中设施农用地价格数据。

4. 水库水面、坑塘水面经济价值核算方法

以国家级价格体系成果确定的国家级均质区域为基础，根据国家级价格体系评估确定的国家级均质区域价格标准（养殖水面区域平均价格），确定水库水面、坑塘水面的价格属性信息，填写平衡表中水库水面、坑塘水面的价格数据。

5. 田坎、沟渠、农村道路经济价值核算方法

田坎、沟渠、农村道路等农用地附属设施，其经济价值已经体现在周边的农用地经济价值中，不再单独计价。

三、储备土地专项资产价值估算

（一）核算范围

储备土地专项资产包括以下几类：政府依法收回且原使用权人已注销的国有建设用地；政府通过收购、优先购买等方式取得的国有建设用地；其他无明确的使用权人、无权属争议的存量国有建设用地；城镇建设用地范围内，政府依法征收后，需要进行前期开发方可使用的国有建设用地。储备土地的清查核算工作由县级行政辖区负责。与此同时，国家级、省级、市级、县级的相关部门分别组织实施本级储备土地资源资产的清查工作。国家级相关部门制定清查技术标准和工作方案，为储备土地清查提供工作和技术指导，对全国省（自治区、直辖市）清查成果进行核查，形成国家层面的规范标准、数据成果、图件成果、文字成果和数据库成果等。省级相关部门统筹本省（自治区、直辖市）储备土地资源资产清查工作，对市县储备土地清查提供技术指导，跟进其工作进度，加强过程控制，监督清查质量，并对市县清查成果进行核查，形成省（自治区、直辖市）数据成果、图件成果、文字成果和数据库成果等。市级相关部门组织实施本级储备土地资源资产清查工作，为区县储备土地清查提供技术指导，完成本级储备土地资源资产实物和价值属性信息提取，估算其经济价值，完成自检自查，并对区县清查成果进行核查，形成地市级数据成果、图件成果、文字成果和数据库成果等。县级相关部门组织实施本级储备土地资源资产清查工作，完成储备土地资源资产实物和价值属性信息提取，估算其经济价值，完成自检自查，形成区县级数据成果、图件成果、文字成果和数据库成果等。

（二）经济价值估算

1. 基本原则

储备土地经济价值是指储备土地经济投入或者预期可实现的经济收入，其具体的价值表现形式与储备土地的规划条件和所处开发阶段相关。当储备土地规划用途、规划容积率等规划条件明确时，其表现形式为规划条件下的预期土地出让收入或者划拨地价款，即法定最高出让年期出让地价或者无年期限制划拨地价。当储备土地规划条件不明或者尚未有规划条件时，暂时无法形成可获得的预期土地出让收入或者划拨地价款，其表现形式为土地成本投入，具体又可分为土地收储成本、前期开发成本、资金成本和其他成本。

（1）储备土地的规划用途、规划容积率等规划条件明确，前期开发已完成且具备宗地地价评估客观条件的，按照规划条件采用基准地价系数修正法测算预期土地出让收入或划拨地价款，并估算其经济价值。规划条件明确，尚未进行土地前期开发，或正在进行土地前期开发的储备土地，先按照规划条件采用基准地价系数修正法测算预期土地出让收入或划拨地价款，再采用预算储备开发成本扣减已经发生的储备开发成本，得到预算继续投入成本，最后采用预期土地出让收入或划拨地价款减去预算继续投入成本，作为其经济价值。

（2）储备土地的规划用途、规划容积率等规划条件不明或者尚未有规划条件时，按照已经发生的收储成本、前期开发成本、资金成本和其他成本支出估算其经济价值。

2. 采用基准地价系数修正法估算经济价值

（1）适用情形

储备土地规划条件明确且具备地价评估客观条件的，采用基准地价系数修正法，分用途对储备地块估算经济价值。对于现有基准地价体系缺失或现势性严重不符合要求、未建立城镇基准地价体系、已建立城镇基准地价但无地价信号等情况的相关评估技术要点参照"国有建设用地资产清查"中的技术路径。

（2）计算公式

基准地价系数修正法适用于已制定城镇基准地价，具有完备的基准地价修正体系的区域。这类采用的基准地价应具有现势性，基准地价的基准日距清查估算基准日原则上不超 3 年，最长不超 6 年。其计算公式如下：

$$P = P_{1b} \times (1 \pm \sum K_i) \times K_j + D \qquad (4-9)$$

式中，P 为待估宗地价格；P_{1b} 为某一用途、某级别或区片出让（划拨）基准地价；K_i 为宗地地价区域及个别因素修正系数；K_j 为期日、容积率等因素修正系数；D 为土地开发程度修正值。

3. 采用储备土地成本估算经济价值

（1）适用情形

当储备土地规划条件不明或者尚未有规划条件时，按照已经发生的收储成本、前期开发成本、资金成本和其他成本估算其经济价值。

（2）估算方法

以储备土地成本估算经济价值时，应结合土地储备项目的实施进度、前期开发完成程度等，合理确定储备土地已经发生的土地收储成本、前期开发成本、资金成本和其他成本。①取得完整产权、尚未进行前期开发，且未明确土地开发利用规划条件的储备土地，根据已经发生的收储成本等估算其经济价值；②已取得完整产权、正在进行前期开发或者前期开发已经完成，且未明确土地开发利用规划条件的储备土地，根据已经发生的收储成本、前期开发成本等估算其经济价值。

（3）相关技术要点

根据《土地储备项目预算管理办法（试行）》（财预〔2019〕89 号）和《土地储备资金财务管理办法》（财综〔2018〕8 号）等相关规定，土地储备成本包括以下内容：①征收、收购、优先购买或收回土地需要支付的土地价款或征地和拆迁补偿费用，包括土地补偿费和安置补助费、地上附着物和青苗补偿费、拆迁补偿费、新增建设用地有偿使用费、征地报批规费（如耕地开垦费）、耕地占用税，以及依法需要支付的与征收、收购、优先购买或收回土地有关的其他费用。②征收、收购、优先购买或收回土地后进行必要的前期土地开发费用，包括储备土地的前期开发中与储备土地相关的道路、供水、供气、供电、排水、通讯、照明、绿化、土地平整等基础设施建设支出。③按照财政部关于规范土地储备和资金管理的规定需要偿还的土地储备债券利息、存量贷款利息等。④经同级财政部门批准的与土地储备有关的其他费用支出，包括土地储备工作中发生的地籍调查、土地登记、地价评估以及管护中围栏、围墙等建设等支出。

道路、绿地等规划用地，在收储、前期开发中发生的成本支出，由产生经济收入的土地来分摊；教育、体育、文化、医疗卫生、社会福利、环境保护设施、安全设施、地面公交设施用地，以及供水、供气、供热等供应设施用地，原则上按照经营性用地平均土地成本的一定比例分摊土地成本，具体比例由县（市、区）自行确定；若县（市、区）没有明确具体比例，可按30%~40%的比例进行核算。

（三）价值量核查

以《储备土地资源资产清查技术指南》（以下简称《技术指南》）为基本

技术依据，以储备土地资产清查价格为依托，结合实物量信息与价值属性信息开展经济价值核查。

1. 储备土地资源资产价值量核查方式

储备土地资源资产价值量核查与其实物量紧密相关，两者构成有机整体。实物量为价值量计算的必要因素，同时价值量估算工作中估算因子的确定亦与实物量高度相关。因此，储备土地资源资产价值量核查的总体技术方法为：依次确认储备土地实物量、价值属性，提取储备土地价格影响因子，设计计算公式与参数，估算储备土地经济价值并对协调性进行分析。因此，储备土地资源资产价值量核查采用的是结合实物量信息核查的一体化核查方式。

2. 储备土地资源资产价值量核查对清查成果数据的要求

清查成果应按《技术指南》的要求提供完善的储备土地资源资产清查统计表和汇总表、储备土地地块图形矢量数据，完整体现储备土地实物量、规划条件、资产信息、地块状态、成本投入、经济价值等方面的信息。核查工作的开展原则上以上述指标信息逐项开展核查。同时，储备土地资源资产清查单位应提供有效的参考数据资料，包括但不限于国土变更调查成果、地理国情、基准地价、市场地价、高清影像等用于核查实物量与确定地价影响因子的必要资料。

3. 储备土地经济价值估算方法正确性核查

当储备土地的规划用途、规划容积率等规划条件明确时，根据规划条件测算预期土地出让收入或划拨地价款，并估算其经济价值。在测算预期土地出让收入或划拨地价款时，优先采用基准地价系数修正法。当储备土地的规划用途、规划容积率等规划条件不明或者尚未有规划条件时，根据已经发生的收储成本、前期开发成本、资金成本和其他成本支出估算经济价值。

4. 储备土地经济价值核查方法

根据相关规范要求，储备土地经济价值估算复核方法主要采用基准地价系数修正法与储备土地成本法。但在核查过程中，还需收集其他经济价值估算资料，并在条件具备的情况下同时采用其他估算方法对储备土地地块的经济价值进行估算，同时对其协调性进行分析。

经济价值估算值核查主要采用逐地块的方式开展，具体方法为：①以地块为单位，采用空间分析、表格挂接与手工填写等方式设置估算参数；②根据设置的参数分别计算地块经济价值，对价值量进行统计与对比分析，确认价值量的正确性与协调性。

第三节　矿产资源资产价值的构成与评估

一、矿产资源资产价值构成

（一）矿产资源的种类

根据《自然资源部关于推进矿产资源管理改革若干事项的意见（试行）》（自然资规〔2019〕7号）和《矿产资源勘查区块登记管理办法》（国务院令〔第240号〕）可知，矿产资源资产清查的范围包括油气矿产、固体矿产和其他矿产三大类，共35种矿产资源。油气类包括：石油、烃类天然气、页岩气、天然气水合物。固体类包括：钨、锡、锑、钼、钴、锂、钾盐、晶质石墨、煤、金、银、铂、锰、铬、铁、铜、铅、锌、铝、镍、磷、锶、铌、钽、硫、金刚石、石棉、油页岩。其他类包括：二氧化碳气、地热、矿泉水等。

（二）矿产资源的实物量数据来源

固体矿产数据源于固体矿产储量数据库，包括探明资源量、控制资源量和推断资源量，其中探明资源量和控制资源量中可实现经济开采的部分即为储量。油气资源数据主要来自油气矿产储量数据库，包括控制技术可采储量、探明技术可采储量、探明经济可采储量和剩余探明经济可采储量。地热、矿泉水清查数据主要来自矿业权统一配号系统和矿山开发利用数据库管理系统。其余矿种清查数据主要来自矿产资源储量数据库。

（三）价值构成

1. 矿产资源的内在价值

矿产资源的内在价值即矿产资源由自然赋存的价值，其大小由矿藏的特性决定，"富近浅易"的矿藏和"贫远深难"的矿藏所产生的经济效益肯定不同，因而其价值也不同。矿产资源赋存价值与劳动量的投入关联较小，其主要由矿藏的丰度和品位决定。矿藏不是一时半会就可以马上开采出来的，它的开采是一个长期的过程，因而矿产资源的内在价值需要反映货币的时间价值。在具体计算时，可以估算矿藏开发每年可能获得的未来净现金流量，选

择企业特定的折现率折算为现值。其计算公式为

$$P_I = \sum_{t=1}^{n} \frac{(p \times q - c)}{(1 + r)^t} \qquad (4\text{-}10)$$

式中，P_I 代表矿产资源储量的内在价值；P 表示矿产资源的价格，P 可以从矿产资源市场获得，目前国际国内都在发展矿产资源市场，价格能够获取；q 表示每年的矿产资源开采量；c 表示每年的矿产资源的必要合理开采加工成本；r 表示贴现率；t 表示某年份；n 表示该矿区的生产年限。

2. 矿产资源的外在价值

矿产资源的外在价值是补偿劳动耗费、开发替代资源、补偿环境破坏的价值，包括矿业权取得成本、环境补偿费、矿产资源补偿费、勘探耗费补偿费等。

（1）矿业权取得成本

矿业权取得成本包括购买或租赁财产所支付的租赁定金和选择权支出，以及经纪人费用、记录费用、法律费用和其他获取财产时发生的费用。在西方国家，土地和矿物实行私有制，土地所有者往往亦是其地下和地面上矿物的所有者，因此，矿区租赁协议与矿物分享协议往往合二为一。在我国，矿产为国家所有，土地所有权归国家所有，但农村土地使用权归农村集体所有，且农民可对土地使用权进行自由转让。因此，要取得矿山勘探、开发及开采权，必须向农民支付地租，因而矿山地租也是矿产资源的价值的构成部分。马克思的地租理论为我们确定矿产资源资产价值提供了一种简单可行的理论方法。但是，简单利用马克思的地租理论来确定矿产资源的价值是不科学的，因为矿产资源资产价值具有自然属性和社会属性，这些属性决定了矿产资源资产价值的复杂性和多重性。矿业权取得成本用公式表示为

$$D = d + T + u \qquad (4\text{-}11)$$

其中，D 表示矿业权取得成本；d 表示地租；T 表示矿产资源税；u 表示其他费用。

（2）地勘补偿费

地质勘查、勘探是脑力劳动和体力劳动相结合的劳动过程，地勘工作者要运用勘探工具和勘探技术来判断矿产资源是否存在以及是否值得开采，因而其外在价值与马克思的劳动价值论相融合。地勘成本是在地勘过程中发生的各种支出，包括地貌、地质和地球物理调查费用，取得进入矿区进行这些

调查权利的费用，地质师和地球物理勘探队的工资和其他费用，进行这些调查的其他支出，干井贡献和井底贡献费用，探井的钻井成本和井的装备支出，以及勘探型地质测试井的钻井成本。地勘成本应该得到补偿。勘探成本一般采用分项工程累计求和的方式求得（于连生、孙达、王菊，2004）[149]。其计算公式为

$$K_t = W_f + J_f + Z_f + S_f + Q_f \tag{4-12}$$

式中，K_t 表示地勘补偿费；W_f 表示物探费用；J_f 表示探井费用；Z_f 表示勘探装备费用；S_f 表示试采费用；Q_f 表示其他费用。

（3）矿产资源补偿费

矿产资源属于不可再生资源。随着矿产资源的开采利用，地层中蕴藏的矿产资源储量会逐渐减少，直至耗尽。国家对矿产资源征收矿产资源补偿费，就是为了补偿矿产资源开采带来的损耗。矿产资源补偿费，是按照矿产品（这里的矿产品是指矿资源经过开采或者采选后，脱离自然赋存状态的产品）销售收入的一定比例计征。其计算公式为

$$B = q \times p \times f \times \varphi \tag{4-13}$$

式中，B 表示矿产资源补偿费；q 表示每年矿产产量；p 表示矿产资源的价格；f 表示补偿费费率，其中，石油、天然气、煤炭、煤成气等矿产资源补偿费费率均为1%；铜、铅、锌、铝土矿、镍、钴、钨、锡、铋、钼、汞、锑、镁等矿产资源补偿费费率为2%；金、银、铂、钯、钌、锇、铱、铑等矿产资源补偿费费率为4%；铌、钽、铍、锂、锆、锶、铷、铯等矿产资源补偿费费率为3%，其他矿产资源补偿费费率为2%；φ 表示开采回采率系数，开采回采率是指采矿过程中采出的矿石或金属量与该采区拥有的矿石或金属储量的百分比。开采回采率越高，说明采出的矿石越多，丢失在矿井里的矿石越少，矿山的资源开发利用效益越好。开采回采率系数=核定开采回采率/实际开采回采率。

矿产资源补偿费以矿产品销售时使用的货币结算；采矿权人对矿产品自行加工的，以其销售最终产品时使用的货币结算。矿产资源补偿费由采矿权人缴纳。

（4）生态环境补偿费用

开采矿产资源会对环境产生影响，这是由矿产资源的特殊性所决定的。在矿藏开采过程中，要排放出大量的污染物，造成周围地区空气、土壤、地下水严重污染，破坏了生态环境。还可能形成滑坡、泥石流、地面沉降、地

裂缝等地质灾害，破坏周边企业厂房和居民建筑。开采矿产品的收益一部分是以牺牲环境效用为代价的，为恢复环境所消耗的人力、物力的价值即为环境损失价值，这部分价值是矿产资源资产价值的一部分（Damigos，2006）[150]，在确定矿产资源的价值时应对其进行核算。生态补偿费用的多少取决于矿产开发过程中对周围环境的影响程度（Roach，Wade，2006）[151]。清晰界定的产权是矿产资源资产价值补偿的前提条件。我国的矿产资源为国家所有，一些矿产企业开采后不注重环境恢复，导致土地表层修复及污染治理由国家负责，污染成本被外部化。但产权理论遵循谁污染谁负责的原则，强调矿产资源的开采所造成的环境污染和生态破坏理应由开采企业负责。目前，我国的生态环境补偿费先由企业交给国家，再由国家利用此经费代其治理和保护生态环境。对生态补偿费用的计算有市场价值法、资产价值法、人力资本法、旅行费用法、防护费用法、恢复费用法及调查评估法等（于连生、孙达、王菊，2004）[149]。

二、矿产资源资产价值估算

（一）标准矿山资产价值测算

1. 净现值法

先估算标准矿山未来一定时期预计可获得的资源租金，然后将资源租金折现至基准时点，再测算其资产价值。其适用条件如下：矿山生产企业具有完整的生产经营数据和基础资料。

（1）标准矿山的资源租金

资源租金=营业收入-营业成本-营业费用-管理费用-税金及附加-开采专项补贴+矿业权出让收益（价款）摊销+矿业权占用费（使用费）+矿产资源补偿费+资源税-生产资产回报

式中：

①营业收入=标准矿山年产品产量×标准矿山销售价格（不含税）。

标准矿山产品年产量数据为集中区内各矿山企业数据的平均值，标准矿山销售价格（不含税）为集中区内各矿山企业数据的平均值，数据源于矿山企业的主营业务收入明细表。

②营业成本+管理费用+营业费用＝总成本费用-财务费用。

总成本费用指矿产资源生产销售过程中必须发生的成本费用，为集中区内各矿山企业数据的平均值，包括生产成本（制造成本、制造费用）、期间费用（管理费用、营业费用、财务费用）。数据源于矿山企业的财务会计报表、主营业务收支明细表、主营业务成本明细表、销售费用明细表、固定资产折旧明细表、无形资产摊销明细表、管理费用明细表、财务费用明细表等会计报表。总成本费用包含矿业权占用费（使用费）、矿产资源补偿费。

③税金及附加的数额为集中区内各矿山企业数据的平均值，数据源于矿山企业的税金及附加明细表》。

④开采专项补贴取集中区内各矿山企业数据的平均值，包括矿山企业享有的资源类奖励资金、增值税先征后返、价格补贴等，数据源于企业现金流量表。

⑤生产资产回报取集中区内各矿山企业数据的平均值。

生产资产回报＝（固定资产投资+土地出让金）×投资回报率

式中，固定资产投资从项目可研报告中获取；投资回报率＝无风险报酬率+风险报酬率；投资回报率取值范围为 5.8%～7.47%，其中，无风险报酬率一般采用当期国债利率；风险报酬率可采用"风险累加法"进行估算。其计算公式为

风险报酬率＝行业风险报酬率+财务经营风险报酬率

其中，行业风险是由行业的市场特点、投资特点、开发特点等因素造成的不确定性带来的风险；财务经营风险包括产生于企业外部但影响企业财务状况的财务风险和产生于企业内部的经营风险两种。财务风险是企业资金融通、流动以及收益分配方面的风险，包括利息风险、汇率风险、购买力风险和税率风险。经营风险是企业内部风险，是指在企业经营过程中，由市场需求、要素供给、综合开发、企业管理等方面的不确定性所造成的风险。

（2）标准矿山资产价值

标准矿山资产价值的计算公式为

$$V_{t1} = \sum_{\tau=1}^{N_t} \frac{R R_{t+\tau}}{(1+r_t)^{\tau}} \qquad (4-14)$$

$$V_{t2} = \sum_{\tau=1}^{N_t} \frac{R R_{t+\tau} - RT}{(1+r_t)^{\tau}} \qquad (4-15)$$

式中，V_{t1}为基准时点的标准矿山资产价值（含资源税）；V_{t2}为基准时点的标准矿山资产价值（不含资源税）；N_t为 t 年期末起的标准矿山服务年限，为矿产资源集中区所选矿山剩余可采资源储量除以年采出量的商（资料来源于矿山生产报表）；r_t为时期 t 年折现率，参考截止基准时点前五年国债平均收益率确定；$RR_{t+\tau}$（$\tau=1, 2, \cdots, N_t$）为标准矿山第 τ 年资源租金；RT 为资源税。

2. 折现现金流量法

折现现金流量法的计算公式为：

$$V_{t3} = \sum_{t=1}^{n} (CI - CO)_t \cdot \frac{1}{(1+i)^t} \qquad (4\text{-}16)$$

式中，V_{t3}为 t 年期末标准矿山资产价值；CI 为标准矿山年现金流入量，为集中区内各矿山企业数据的平均值；CO 为标准矿山年现金流出量，为集中区内各矿山企业数据的平均值；$(CI\text{-}CO)_t$ 为标准矿山年净现金流量，为集中区内各矿山企业数据的平均值；i 为折现率，按《矿业权评估指南》取8%；t 为年序号（$t=1, 2, \cdots, n$）；n 为标准矿山服务年限，其值为矿产资源集中区所选矿山剩余可采资源储量除以年采出量的商（资料来源于矿山生产报表）。

（1）标准矿山年现金流入量（CI）

标准矿山年现金流入量＝营业收入＋回收流动资金＋回收固定资产净残（余）值＋回收抵扣进项增值税＋开采专项补贴

①营业收入＝产品年产量×销售价格（不含税），其中产品年产量、销售价格（不含税）为集中区内各矿山企业数据的平均值，数据源于企业的主营业务收入明细表。

②回收流动资金、回收固定资产净残（余）值、回收抵扣进项增值税和开采专项补贴等数据源于企业的现金流量表。

（2）标准矿山年现金流出量（CO）

标准矿山年现金流出量＝经营成本＋固定资产投资＋无形资产投资（含土地使用权）＋其他资产投资＋更新改造资金＋其他费用＋税金及附加＋企业所得税

①年现金流出量中不包括年摊销的出让矿业权出让收益（价款）、矿业权占用费（使用费）。

②经营成本＝总成本费用－固定资产折旧（含维简费）－摊销－财务费用。

经营成本等数据为集中区内各矿山企业数据的平均值。其中，总成本费用由生产成本（制造成本、制造费用）与期间费用（管理费用、营业费用、财务费用）构成。这些数据源于矿山企业的财务会计报表，以及主营业务收支明细表、产品成本计算表、生产成本明细表、制造费用明细表、管理费用明细表、财务费用明细表等会计辅报表。其中，矿业权占用费包括在管理费用中，矿山地质环境恢复治理基金包括在生产成本中。

③固定资产投资、无形资产投资、其他资产投资、更新改造资金数额为集中区内各矿山企业数据的平均值，数据源于矿山企业的财务会计报表。

④其他费用为集中区内各矿山企业数据的平均值，包括投放流动资金等，数据源于矿山企业的财务费用明细表。

⑤税金及附加不包括资源税，数额为集中区内各矿山企业数据的平均值，数据源于矿山企业税金及明细附加表。

（二）标准矿山剩余可采储量测算

在选定的矿产资源生产集中区内，对所有矿山的剩余可采储量采用算术平均法测算，得出标准矿山剩余可采储量，各矿山剩余可采储量数据源于矿山储量核查报告。

（三）标准矿山资产清查价格测算

标准矿山资产清查价格测算的计算公式为

$$P_s = \frac{v_{t2}}{s_t} \tag{4-17}$$

式中，P_s 为 t 年期末标准矿山资产清查价格；v_{t2} 为 t 年期末即基准时点的标准矿山资产价值（不含资源税）；s_t 为标准矿山剩余可采储量。

（四）矿种清查价格测算

标准矿山资产清查价格的算术平均值为该矿种各类型矿产资源清查价格标准。

1. 单一矿种

单一矿种的计算公式为

$$\overline{P_t} = \frac{\sum_{i=1}^{n} P_{si}}{n} \tag{4-18}$$

式中为，$\overline{P_t}$ 为单矿种分类型清查价格；P_{si} 为第 i 个标准矿山资产清查价格；n

为选定的集中区数量（1~5）。

2. 共伴生矿

共伴生矿各矿种的清查价格根据共伴生组分占矿产品销售比例进行计算。其计算公式为

$$\overline{P}_t = \sum_{i=1}^{n} P_{si}(\frac{Q_t}{Q_a})_i / n \tag{4-19}$$

式中，$\overline{P}_t$ 为单矿种分类型清查价格；P_{si} 为第 i 个标准矿山资产清查价格；Q_t 为单矿种销售额；Q_a 为所有矿种销售额；n 为选定的集中区数量（1~5）。

（五）价值估算

1. 油气资源资产

油气资源资产价值估算的计算公式为

$$V_1 = Q_1 \times P_1 \tag{4-20}$$

式中，V_1 为资产价值；Q_1 为剩余探明经济可采储量；P_1 为油气矿产清查价格。

2. 固体矿产资源资产

固体矿产资源资产价值估算的计算公式为

$$V_2 = Q_2 \times P_2 \tag{4-21}$$

式中，V_2 为资产价值；Q_2 为固体矿产资源经济价值估算的储量；P_2 为固体矿产清查价格。

3. 其他矿产资源资产

其他矿产资源资产价值估算的计算公式为

$$V_3 = Q_3 \times P_3 \times T \tag{4-22}$$

式中，V_3 为资产价值；Q_3 为年资源动用量，为已取得采矿许可证的生产规模，尚未取得的最大允许开采量；P_3 为其他矿产清查价格；T 为已取得采矿许可证为出让年限，尚未取得的出让年限统一为 10 年。

4. 价值汇总

矿产资源资产清查经济价值汇总的计算公式为

$$V_a = \sum_{i=1}^{n} V_n \tag{4-23}$$

式中，V_a 为所有矿产资源资产清查价值（不含资源税）；n 为估算涉及的矿种的数量；V_n 为第 n 种矿种的经济价值。

第四节 森林资源资产价值的构成与评估

森林是以乔木为主体的特殊生态系统，其要具有一定密度和面积的木本植物。从以第九次森林资源清查期末（2018 年）为节点来看，全国林地林木资源总价值达到了 25.05 万亿元，其中林地资产 9.54 万亿元，林木资产 15.52 万亿元。全国森林生态系统提供生态服务总价值为 15.88 万亿元，全国森林提供森林文化价值约为 3.10 万亿元，我国人均拥有森林财富 1.79 万元。天然林资源逐步恢复，人工林资产快速增长，"两山"转化的根基更加稳固。中东部地区林地林木资产价值快速增加，地方绿色发展的生态资本更加扎实。西部地区林地林木资产实物量、价值量比重最大，蕴含着巨大的生态发展潜力。

一、森林资源资产价值的构成

（一）森林资源的概念

根据《中华人民共和国森林法实施条例》的定义，森林是由乔木为主体所构成的地表生物群落，包括乔木林和竹林，全民所有林木资源资产表中还包括灌木林。森林资源细分为林地资源和林木资源。林木，包括树木和竹子；林地，包括郁闭度 0.2 以上的乔木林地以及竹林地、灌木林地、疏林地、采伐迹地、火烧迹地、未成林造林地、苗圃地和县级以上人民政府规划的宜林地。

根据林木的用途来划分，森林可以分为用材林、经济林、能源林、防护林、特种用途林五种。

1. 用材林

用材林是指以生产木材、竹材为主要目的的森林，是我国最普遍的林种。用材林可分为一般用材林、纤维用材林（造纸、人工纤维原料等）、矿柱林等。

2. 经济林

经济林是指主要以生产果品、食用油料、工业原料和药材为主要目的的林木。根据其利用部位不同，大致分为以下五种：①利用种子作为榨油原料的木本油料林，如油茶、油桐、油橄榄、核桃等；②利用树叶的茶树林、桑树林等；③利用树皮的纤维林和木栓林，如构树、栓皮栎等；④利用枝条作编织原料的采条林，如荆条、怪柳等；⑤利用树液的橡胶林、漆树林等。一般而言，经济林中的林木不会被当作林木产品进行砍伐。

3. 能源林

能源林主要行使森林林木燃烧功能的森林，是以生产生物质能源为主要培育目的的林木。以利用林木所含油脂为主，将其转化为生物柴油或其他化工替代产品的能源林称为"油料能源林"；以利用林木木质为主，将其转化为固体、液体、气体燃料或直接发电的能源林称为"木质能源林"。

4. 防护林

防护林是为了保持水土、防风固沙、涵养水源、调节气候、保持水土、净化空气、减少污染等生态方面功能的森林，防护林中的林木一般不作为林木产品砍伐。防护林是以防御自然灾害、维护基础设施、保护生产、改善环境和维持生态平衡等为主要目的的森林群落，它是中国林种分类中的一个主要林种。防护林包括水源涵养林、水土保持林、防止土沙崩坏林、防止飞沙林、防风林、防止水害林、防止潮害林、防止干害林、防雾林、防止雪崩林、防止落石林、防火林、护渔林、航行目标防护林、保健防护林、风景防护林等。

5. 特种用途林

特种用途林是指主要用于国防、科学实验等用途的森林，特种用途林中的林木一般不会被当作林木产品进行砍伐。

森林资源属于自然资源的一部分，但又有别于一般的自然资源。森林资源具有可再生性，既可以通过人为因素种植使其再生，也可以通过自然繁衍再生。人类可以通过一定的途径认识、开发、利用森林资源来提高其生存能力和生活水平。森林资源包括森林、林木、林地以及依托其生存的野生动植物和微生物，因此森林资源的经济价值评估与一般自然资源的评估方式有所区别。

森林的分类详见表4-2。

表 4-2　森林的分类

森林类别	林种	龄组 （生产阶段）	"国土变更调查"林地地类
商品林	用材林	幼龄林	乔木林地、竹林地、灌木林地、其他林地
		中龄林	
		近熟林	
		成熟林	
		过熟林	
	经济林	产前期	乔木林地、竹林地、灌木林地、其他林地
		初产期	
		盛产期	
		衰产期	
	能源林	——	乔木林地、竹林地、灌木林地、其他林地
公益林	防护林	——	乔木林地、竹林地、灌木林地
	特种用途林	——	乔木林地、竹林地、灌木林地

数据来源：《全民所有自然资源资产清查技术指南（试行稿）》。

（二）森林资源资产价值与分类

森林资源的价值主要体现在为人民提供生活所需的林木产品、水果原料，以及生态环境、社会服务功能上。其中，其为人民提供生活所需的林木产品、水果原料等可以通过市场交易获取经济利益，并以货币的形式体现；而其生态环境、社会服务功能却是无形的，是全人类共同享有的，难以通过市场交易来体现其巨大的经济价值。

1. 经济价值

森林的经济价值主要体现在其为人类提供一些社会发展所需的物质产品，主要包括以下五种产品。

木材：木材是森林最主要的经济价值来源，提供的木材产品可用于房屋、家具、船舶等方面的建造。

能源：林木具有可燃性，能为人类发展提供大量能源。据统计，每立方米木材可产生约 1 670 万千焦热量，是发展中国家最主要的能量来源。

食物：林木的种子，如核桃、油茶等可用作油料资源，板栗、松子等可作为食品；林木的果实，如柑橘、苹果等含有大量人体所需元素；林木的枝干中还可提炼出食用淀粉，这些都是人类常用的食物。

化工原料：林木的树脂可以为人类提供生产所需的原料，如橡胶、紫胶、单宁等。

医药资源：林木及林下产品，例如人参、灵芝等，都是中药常用药材。近年来，科学家发现三尖杉等林木中含有抗癌物质，这些物质具有巨大的医学价值。林业作为第一产业的重要组成部分，对农业总产值有着较大的贡献。据统计，2023 年，我国林业产业总产值超 9.2 万亿元，为国民经济的发展做出了巨大的贡献。

2. 景观资产

随着社会的不断发展和进步，社会生产力不断提高，人们的劳动力得到解放，人们有更多的时间和精力出游，而森林的景观资源丰富，生态环境优美，空气清新，令人心旷神怡，能够很好地释放现代人的生活压力，同时满足其在探知、探美方面的需求。因此，回归自然，走向森林已成为人们现在生活的一个重要休闲方式。为了更好地鼓励世界各国利用和保护森林生态资源，促进森林可持续发展，联合国把 2002 年确定为生态旅游年。我国积极响应联合国的号召，积极推进森林公园的建设，开展森林旅游相关业务，从而有效保护生态环境。截至 2023 年年末，中国森林公园数量达到 7 000 多个，"十三五"时期，我国森林旅游游客总量达到 75 亿人次，创造社会综合产值6.8 万亿元。2021 年，中国生态旅游游客量为 20.93 亿人次。到 2025 年，我国森林覆盖率将达到 24.1%，森林蓄积量达到 190 亿立方米，草原综合植被盖度将达到 57%，湿地保护率达到 55%，以国家公园为主体的自然保护地面积占陆域国土面积的比例将超过 18%。到 2035 年，全国森林、草原、湿地、荒漠生态系统质量和稳定性全面提升，并建成以国家公园为主体的自然保护地体系，生态系统碳汇增量明显增加，国家生态安全屏障坚实牢固。

3. 生态价值

森林可以通过其光合作用和吸收二氧化硫等物质达到调节气候、净化空气的作用；可以通过其茂密的枝叶截留降水，防止水土流失；可以通过其发达的根系固持土壤，调节地表径流。这些都是森林在生态效益方面的体现。

（1）涵养水源的价值：森林通过其茂密的枝叶对降水进行截留，通过其根系对降水进行吸收和贮存，从而将地表水转为地表径流汇入地下水，既可以增加可利用水的资源，又可以净化水质、调节径流，在贮存水量和净化水质方面存在巨大的价值。

（2）保育土壤的价值：森林通过其茂密的枝叶以及深厚的落叶层对降水进行截留，很大程度地降低了雨水对土壤的直接冲击，其强大的根系及其周围的微生物群体能有效地固持土壤，减缓地表径流的冲蚀，大大地减少了水土流失，其深厚的落叶层也是土壤养分的重要来源，因此森林在保固和保肥土壤方面都有着巨大的价值。

（3）固碳释氧的价值：森林通过其光合作用和呼吸作用实现与大气间氧气和二氧化碳的物质交换，大量吸收人类排放的二氧化碳，并释放出氧气，维持大气中二氧化碳和氧气的平衡。这既能减少温室效应，又能为人类生存提供大量的氧气，在固碳和释氧方面存在着巨大的价值，具有无可替代的作用。

（4）净化大气价值：人类的生产活动排放出了大量诸如二氧化硫、氟化物、氮氧化物等有害气体和粉尘。这些有害气体在空气中的过量积聚会诱发人体呼吸系统疾病、导致人体中毒，以及形成光化学雾和酸雨，损害人体健康与环境。森林既能产生对人类有益的负离子，又能吸收二氧化硫、氟化物、氮氧化物等有害气体，还能有效地减少空气中灰尘，在净化大气方面存在着巨大价值。

森林资源除其存在的经济价值、景观价值、社会价值和生态价值之外，还有着其选择价值和存在价值等非使用价值，这些无形的价值难以估量。

二、森林资源资产价格体系建设

（一）国家级价格体系建设

国家级价格体系是为指导全国开展森林资源经济价值估算而建立的分区域价格控制标准。国家价格体系均质区域平均价格是各地估算森林资源经济价值的参考标准。国家层面负责价格体系建设及省级修正体系制定，地方层面负责相关数据搜集工作。

1. 总体思路

（1）根据清查要求在全国范围划分均质区域。

（2）近 5 年已公布森林资源基准价或政府指导价的区域，直接采用基准价或政府指导价确定本均质区域林地和林木平均价格。

（3）近 5 年无森林资源基准价或政府指导价的区域，以国家级均质区域为单位，抽取 30% 的样点采集县（市、区）。

（4）优先收集样点采集县（市、区）林地流转价格和林木交易价格，剔除异常值数据并修正期日和年期后，测算均质区域林地和林木平均价格。样点采集县（市、区）有效交易样本不足 5 个时，收集样点采集县（市、区）技术参数和经济指标数据，测算均质区域林地和林木平均价格。

（5）对邻近均质区域平均价格进行统筹平衡，确保邻近均质区域价格不冲突。

（6）制定省级价格修正体系，指导地方开展省级价格体系建设工作。

2. 测算均质区域平均价格

（1）近 5 年已公布森林资源基准价或政府指导价的区域，直接采用基准价或政府指导价，通过加权平均或算术平均得出本均质区域林地和林木平均价格。

（2）无森林资源基准价或政府指导价的区域，根据采集到的清查技术参数、经济指标数据、林地流转价格及林木交易价格，对采集的技术参数和经济指标进行筛选，数据不全或不准确的，需进行补充调查；剔除异常值数据后以优势树种样本数据为主，参考其他树种样本数据，确定技术参数和经济指标，测算本均质区域的清查技术参数与经济指标数据平均数值。

（3）若每个样点采集县（市、区）林地流转价格及林木交易价格样本量充足（有效交易样本不少于 5 个），剔除异常值数据后直接用样本交易数修正年期和期日，并测算均质区域平均价格；交易样本点数量不足时，根据提取的清查技术参数与经济指标数据平均值及森林资源管理"一张图"实物量数据，将森林资源面积和蓄积按地类、森林类别、林种、优势树种组、起源、龄组等进行统计汇总分类，然后选取对应的评估方法进行总体计算，测算样点采集县（市、区）林地单位面积平均价格，以及用材林、经济林、能源林林木单位面积平均价格，并以此作为本均质区域林地、林木单位面积平均价格。

（4）若均质区域范围内获取不到近 5 年价格信息，可参照周边林地质量等级和地理区位相近的均质区域，利用调整系数对该均质区域的林地和林木平均价格进行修正，得出本均质区域的林地和林木平均价格。

（5）均质区域平均价格包括林地单位面积平均价格和林木单位面积平均价格。

①林地单位面积平均价格：乔木林地、竹林地、灌木林地、其他林地的林地平均价格。

②林木单位面积平均价格：不同优势树种用材林分幼龄林、中龄林（近熟林）、成熟林（过熟林）3个龄组的单位面积林木平均价格；竹林单位面积平均价格；不同优势树种经济林分产前期和初产期以上2个生产阶段单位面积平均价格；能源林单位面积平均价格。

（6）公益林价格参照商品林的价格进行测算。

（7）地类为种植园用地的国有林木的价格参照地类为林地的林木价格。

（8）对邻近均质区域平均价格进行统筹平衡。

3. 制定省级价格修正体系

为提高清查精度，将均质区域林地平均价格修正到县（市、区）林地平均价格，将均质区域优势树种林木平均价格扩展到均质区域内主要树种林木平均价格，设置如下修正办法：

（1）设置省级林地价格调整系数。林地主要调整因素为木材平均价格调整系数（W_S）、成熟林单位面积蓄积量调整系数（M_S）和成熟林平均树高调整系数（H_S）。主要树种木材平均价格要能体现区域林木经济市场水平，林地的生产力水平；成熟林单位面积蓄积量要能体现林木的产量水平；成熟林平均树高能体现林木收获时的林地生产力水平。因此，根据以上因素确定省级林地价格调整系数（E_S）。

$$E_S = W_S \times M_S \times H_S \tag{4-24}$$

式中，E_S为省级林地价格调整系数；W_S为省级木材平均价格调整系数；M_S为省级成熟林单位面积蓄积量调整系数；H_S为省级成熟林平均树高调整系数。

$$W_S = W_{S1} / W_{Y1} \tag{4-25}$$

式中，W_{S1}为县级主要树种木材平均价格（县级主要树种木材平均价格通过市场数据采集剔除异常值数据后加权平均得到）；W_{Y1}为均质区域主要树种木材平均价格（均质区域主要树种木材平均价格通过样点采集县的市场数据采集剔除异常值数据后加权平均得到）。

$$M_S = M_{S1} / M_{Y1} \tag{4-26}$$

式中，M_{S1}为县级成熟林单位面积蓄积量（县级成熟林单位面积蓄积量通过县级成熟林图斑面积与图斑单位面积蓄积量加权平均得到）；M_{Y1} 为均质区域成熟林单位面积蓄积量（均质区域成熟林单位面积蓄积量通过均质区域成熟林图斑面积与图斑单位面积蓄积量加权平均得到）。

$$H_S = H_{S1} / H_{Y1} \tag{4-27}$$

式中，H_{S1} 为县级成熟林平均树高（县级成熟林平均树高通过县级成熟林图斑面积与成熟林树高加权平均得到）；H_{Y1} 为均质区域成熟林平均树高（均质区域成熟林平均树高通过均质区域成熟林图斑面积与成熟林树高加权平均得到）。

（2）设置省级林木调整系数。设置省级林木调整系数的目的是通过已有价格的某种优势树种，求算未知的某一种目标树种的价格。各类林木具体的调整系数计算过程如下：

①用材林林木

a. 幼龄林林木目标树种调整系数测算

幼龄林林木调整因素为主要树种的造林成本、平均树高和单位面积株数。因此省级幼龄林林木目标树种调整系数（L_S）由目标树种造林成本调整系数（C_S）、平均树高调整系数（H_S）、单位面积株数调整系数（N_S）综合确定。

$$L_S = C_S \times H_S \times N_S \tag{4-28}$$

式中，L_S 为省级幼龄林林木目标树种调整系数；C_S 为省级目标树种造林成本调整系数；H_S 为省级目标树种平均树高调整系数；N_S 为省级目标树种单位面积株数调整系数（造林株数达到或者大于合格标准株数时，调整系数取最高值1）。

$$C_S = C_{S1} / C_{Y1} \tag{4-29}$$

式中，C_{S1} 为县级目标树种造林成本（县级目标树种造林成本通过市场数据采集获得）；C_{Y1} 为均质区域目标树种造林成本（均质区域目标树种造林成本通过样点采集县市场数据采集获得）。

$$H_S = H_{S1} / H_{Y1} \tag{4-30}$$

式中，H_{S1} 为县级幼龄林平均树高（县级幼龄林平均树高通过县级幼龄林图斑面积与幼龄林树高加权平均得到）；H_{Y1} 为均质区域幼龄林平均树高（均质区域幼龄林平均树高通过均质区域幼龄林图斑面积与幼龄林树高加权平均得到）。

$$N_S = N_{S1} / N_{Y1} \tag{4-31}$$

式中，N_{S1} 为县级目标树种单位面积株数（县级目标树种单位面积株数通过县

级目标树种图斑面积与目标树种单位面积株数加权平均得到）；N_{Y1}为均质区域
目标树种单位面积株数（均质区域目标树种单位面积株数通过均质区域目标
树种图斑面积与目标树种单位面积株数加权平均得到）。

b. 中龄林以上林木目标树种调整因素为目标树种木材平均价格调整系数
（W_S）、单位面积蓄积量（M_S）和平均胸径调整系数（D_S）。木材平均价格越
高，林木的收益和产值越高；单位面积蓄积量越高林木质量越好；平均胸径
越大，林木质量越好。因此，省级林木调整系数（Fs）由以上三个因素确定。

$$F_S = W_S \times M_S \times D_S \tag{4-32}$$

式中，F_S为省级林木目标树种调整系数；W_S为省级目标树种木材平均价格调
整系数；M_S为省级单位面积蓄积量调整系数；D_S为省级目标树种平均胸径调整
系数。

$$W_S = W_{S1} / W_{Y1} \tag{4-33}$$

式中，W_{S1}为县级目标树种木材平均价格（县级主要树种木材平均价格通过市
场数据采集得到）；W_{Y1}为均质区域目标树种木材平均价格（均质区域主要树
种木材平均价格通过样点采集县的市场数据采集剔除不合理因素加权平均
得到）。

$$M_S = M_{S1} / M_{Y1} \tag{4-34}$$

式中，M_{S1}为县级成熟林单位面积蓄积量（县级成熟林单位面积蓄积量通过县
级成熟林图斑面积与成熟林蓄积量加权平均得到）；M_{Y1}为均质区域成熟林单
位面积蓄积量（均质区域成熟林单位面积蓄积量通过均质区域成熟林图斑面
积与成熟林蓄积量加权平均得到）。

$$D_S = D_{S1} / D_{Y1} \tag{4-35}$$

式中，D_{S1}为县级目标树种平均胸径（县级目标树种平均胸径通过县级目标树
种图斑面积与目标树种胸径加权平方平均得到）；D_{Y1}为均质区域目标树种平均
胸径（均质区域目标树种平均胸径通过均质区域目标树种图斑面积与目标树
种平均胸径加权平均得到）。

②经济林林木

a. 产前期经济林林木，主要调整因素为主要经济树种的造林成本、单位
面积株数和平均树高，因此省级产前期经济林林木调整系数（J_S）由目标树
种造林成本调整系数（C_S）、平均树高（冠幅）调整系数（H_S）、单位面积株
数调整系数（N_S）综合确定。

$$J_S = C_S \times H_S \times N_S \tag{4-36}$$

式中，J_S 为省级产前期经济林林木调整系数；C_S 为省级目标树种造林成本调整系数；H_S 为省级目标树种平均树高调整系数；N_S 为省级单位面积株数调整系数。

$$C_S = C_{S1} / C_{Y1} \tag{4-37}$$

式中，C_{S1} 为县级目标树种造林成本（县级目标树种造林成本通过市场数据采集获得）；C_{Y1} 为均质区域目标树种造林成本（均质区域目标树种造林成本通过样点采集县市场数据采集获得）。

$$H_S = H_{S1} / H_{Y1} \tag{4-38}$$

式中，H_{S1} 为县级目标树种平均树高（冠幅）（县级目标树种平均树高是通过县级目标树种图斑面积与图斑平均树高（冠幅）加权平均得到）；H_{Y1} 为均质区域目标树种平均树高（冠幅）（均质区域目标树种平均树高是通过均质区域目标树种图斑面积与图斑平均树高（冠幅）加权平均得到）。

$$N_S = N_{S1} / N_{Y1} \tag{4-39}$$

式中，N_{S1} 为县级目标树种单位面积株数（县级目标树种单位面积株数通过县级目标树种图斑面积与目标树种单位面积株数加权平均得到）；N_{Y1} 为均质区域目标树种单位面积株数（均质区域目标树种单位面积株数通过均质区域主要树种图斑面积与目标树种单位面积株数加权平均得到）。

b. 初产期以上经济林林木主要调整因素为目标树种经济林产品平均价格和单位面积产量，因此初产期以上省级经济林林木调整系数（K_S）由目标树种经济林产品平均价格调整系数（W_S）、单位面积产量调整系数（V_S）综合确定。

$$K_S = W_S \times V_S \tag{4-40}$$

式中，K_S 为初产期以上省级经济林林木调整系数；W_S 为省级目标树种经济林产品平均价格调整系数；V_S 为省级单位面积产量调整系数。

$$W_S = W_{S1} / W_{Y1} \tag{4-41}$$

式中，W_{S1} 为县级目标树种经济林产品平均价格（县级目标树种经济林产品平均价格通过市场数据采集获得）；W_{Y1} 为均质区域目标树种经济林产品平均价格（均质区域目标树种经济林产品平均价格通过样点采集县的市场数据采集剔除不合理因素加权平均得到）。

$$V_S = B_{S1} / B_{Y1} \tag{4-42}$$

式中，B_{S1} 为县级目标树种经济林产品单位面积产量（县级目标树种经济林产品单位面积产量通过县级目标树种图斑面积与图斑单位面积产量加权平均得到）；B_{Y1} 为均质区域目标树种经济林产品单位面积产量（均质区域目标树种单位面积产量通过均质区域目标树种图斑面积与图斑单位面积产量加权平均得到）。

③竹林林木

竹林林木主要调整因素为竹子平均价格和单位面积株数。竹子平均价格越高，竹林收益越高，竹林产值也越高；单位面积株数越多，可采伐的竹子株数越多，竹林产量越高。因此省级竹林林木调整系数（Q_S）由主要竹子平均价格调整系数（Q_{S1}）、单位面积株数调整系数（Q_{S2}）综合确定。

$$Q_S = Q_{S1} \times Q_{S2} \tag{4-43}$$

式中，Q_S 为省级竹林林木调整系数；Q_{S1} 为省级主要竹子平均价格调整系数；Q_{S2} 为省级单位面积株数调整系数。

$$Q_{S1} = W_{S2} / W_{Y2} \tag{4-44}$$

式中，W_{S2} 为县级竹子平均价格（县级竹子平均价格通过市场数据采集获得）；W_{Y2} 为均质区域竹子平均价格（均质区域竹子平均价格通过样点采集县市场数据采集获得）。

$$Q_{S2} = N_{S2} / N_{Y2} \tag{4-45}$$

式中，N_{S2} 为县级竹林单位面积株数（县级竹子单位面积株数通过县级竹子图斑面积与竹子单位面积株数加权平均得到）；N_{Y2} 为均质区域竹林单位面积株数（均质区域竹子单位面积株数通过均质区域竹子图斑面积与竹子单位面积株数加权平均得到）。

④能源林

能源林主要调整因素为能源林产品平均价格和单位面积产量，因此省级能源林调整系数（R_S）由主要能源林产品平均价格调整系数（R_{S1}）、单位面积产量调整系数（R_{S2}）综合确定。

$$R_S = R_{S1} \times R_{S2} \tag{4-46}$$

式中，R_S 为能源林调整系数；R_{S1} 为省级主要能源林产品平均价格调整系数；R_{S2} 为省级单位面积产量调整系数。

$$R_{S1} = W_{S3} / W_{Y3} \tag{4-47}$$

式中，W_{S3} 为县级目标树种产品平均价格（县级目标树种产品平均价格通过市场数据采集获得）；W_{Y3} 为均质区域目标树种产品平均价格（均质区域目标树种产品平均价格通过样点采集县市场数据采集获得）。

$$R_{S2} = B_{S2} / B_{Y2} \qquad (4-48)$$

式中，B_{S2} 为县级目标能源林树种产品单位面积产量（县级主要能源林树种产品单位面积产量通过县级目标能源林树种图斑面积与图斑单位面积产量加权平均得到）；B_{Y2} 为均质区域目标能源林树种产品单位面积产量（均质区域目标能源林树种单位面积产量通过均质区域目标能源林树种图斑面积与图斑单位面积产量加权平均得到）。

（3）省级调整系数区间

根据资产评估行业经验，可比案例单项调整幅度不应超过20%，林地综合调整幅度不应超过30%，同林种、同林龄林木价格修正不超过30%。依据上述经验值，可确定省级林地价格调整系数和省级林木调整系数的区间为0.7~1.3。

（二）省级价格体系建设

1. 总体思路

（1）根据国家级价格体系中各均质区域林地、林木平均价格，以及省级修正体系对均质区域平均价格进行修正。林地地价修正为区域范围内每个县（市、区）的乔木林地、灌木林地、竹林地、其他林地的平均价。林木按林种细化为用材林（5~10种主要树种）、经济林（3~5种主要树种）、竹林（1~2种主要树种）、能源林（2~3种主要树种）的林木平均价。

（2）制定县级修正体系，指导地方开展县级单位图斑价格测算。

2. 技术流程

（1）根据均质区域林地平均价格和林地省级调整系数，修正均质区域内各县（市、区）林地平均价；

（2）根据均质区域用材林林木、经济林、竹林、能源林单位面积平均价格和林木省级调整系数，修正均质区域内用材林（5~10种主要树种）、经济林（3~5种主要树种）、竹林（1~2种主要树种）、能源林（2~3种主要树种）的林木平均价；

（3）制定县级修正体系，将县（市、区）林地平均价修正到图斑林地平均价格。其修正办法设置如下：

①设置县级林地价格调整系数。林地主要调整因素为成熟林单位面积蓄积量调整系数（E_{X2}）和成熟林平均树高调整系数（E_{X3}），成熟林单位面积蓄积量越高，林地生产力越高；成熟林平均树高越高，林地质量越好。根据以上两个调整系数，确定县级林地价格调整系数（E_X）的数值。

$$E_X = E_{X2} \times E_{X3} \tag{4-49}$$

式中，E_X 为县级林地价格调整系数；E_{X2} 为县级成熟林单位面积蓄积量调整系数；E_{X3} 为县级成熟林平均树高调整系数。

$$E_{X2} = M_{T1} / M_{X1} \tag{4-50}$$

式中，M_{T1} 为图斑单位面积蓄积量（通过森林资源管理"一张图"获取）；M_{X1} 为县级成熟林单位面积蓄积量（通过县级成熟林图斑面积与图斑单位面积蓄积量加权平均得到）。

$$E_{X3} = H_{T1} / H_{X1} \tag{4-51}$$

式中，H_{T1} 为图斑成熟林平均树高（通过森林资源管理"一张图"获取）；H_{X1} 为县级成熟林平均树高（通过县级成熟林图斑面积与成熟林树高加权平均得到）。

②将图斑树种按特性类似、价值相近、利用方式相近的原则归并至省级主要树种。

③根据资产价格测算总修正系数不超过30%的原则，确定图斑林地价格调整系数的区间为0.7~1.3。

（三）县级单位子图斑价格测算

1. 总体思路

根据省级价格体系的林地价格调整系数及树种归并原则，将林地、林木平均价格修正到子图斑价格水平。省级单位负责价格体系建设和县级修正体系制定，县级单位负责测算各子图斑价格。

2. 技术路径

（1）根据县级林地价格调整系数和县级林地平均价，确定子图斑单位面积林地价格；

（2）将图斑树种根据归并原则，归并为主要树种，确定子图斑的单位面积林木价格。树种归并原则详见《国家森林资源连续清查技术规定》（2014）中树种（组）分类。

3. 县级经济价值估算

在省级价格体系控制下，各县根据自身具体情况，选择以下三种方式之一进行县级清查经济价值估算。

方法一：已完成县级单位子图斑价格测算的地区，可根据实物量清查数据及树种归并原则将图斑内除主要树种外的其他树种，调整归并至主要树种，用图斑林地、林木价格分别乘以对应图斑面积，加总计算结果后得到县域森林资源资产价值量，再逐级汇总得到省级和全国森林资源资产的经济价值总量。

县域林地经济价值=∑各图斑林地平均价格×县域清查范围图斑面积

县域林木经济价值=∑各图斑林木平均价格×县域清查范围图斑面积

县级森林资源资产经济价值=县域林地经济价值+县域林木经济价值

方法二：已完成省级价格体系建设，但未完成县级图斑价格测算的地区，可根据实物量清查数据，将县内除主要树种外的其他树种，调整归并至主要树种，用县林地、林木平均价格分别乘以对应面积，加总计算结果后得到县域森林资源资产价值量，再逐级汇总得到省级和全国森林资源资产的经济价值总量。

县域林地经济价值=县域林地平均价格×县域清查范围面积

县域林木经济价值=县域林木平均价格×县域清查范围面积

县级森林资源资产经济价值=县域林地经济价值+县域林木经济价值

方法三：未完成省级价格系统建设的地区，可根据实物量清查数据，将县域范围内除均质区域优势树种外的其他树种，调整归并至优势树种，用均质区域林地、林木平均价格乘以对应面积，加总计算结果后得到县域森林资源资产价值量，再逐级汇总得到省级和全国森林资源资产的经济价值总量。

县域林地经济价值=均质区域林地平均价×县域清查范围面积

县域林木经济价值=均质区域林木平均价×县域清查范围面积

县级森林资源资产经济价值=县域林地经济价值+县域林木经济价值

三、林地、林木平均价格计算方法

（一）林地平均价格计算方法

1. 林地基准价或指导价法

近 5 年已公布林地基准价或政府指导价的区域，直接采用基准价或政府指导价确定本均质区域林地平均价格。

2. 林地流转价修正法

林地流转价修正法是将林地流转交易时的价格剔除异常值数据后，通过期日修正、年期修正从而测算林地价格的方法。

（1）适用范围

林地流转价修正法适用于市场交易数据样本充足的区域。

（2）计算公式

$$E_n = E_0 \times K_t \times K_y \tag{4-52}$$

$$K_t = R_t / R_0 \tag{4-53}$$

$$K_y = \left[1 - 1/(1+p)^n\right]/\left[1 - 1/(1+p)^m\right] \tag{4-54}$$

式中，E_n 为林地使用权为 n 年的评估值；E_0 为交易时点林地价格；K_t 为期日修正系数；K_y 为年期修正系数；R_t 为清查时点平均流转价格；R_0 为样点时点平均流转价格；m 为交易案例的剩余使用年期；n 为最长林地使用年期；p 为林地收益还原率。

3. 收益还原法

收益还原法是将待估林地未来各期正常年地租，以适当的还原率还原，从而测算林地价格的方法。

（1）适用范围

收益还原法适用于有客观收益且纯收益容易获取的林地价格的测算。

（2）计算公式

$$E_n = \frac{A}{p}\left[1 - \frac{1}{(1+p)^n}\right] \tag{4-55}$$

式中，E_n 为林地使用权为 n 年的评估值；A 为年地租；n 为林地使用权期限；p 为收益还原率。

4. 林地期望价法

林地期望价法是以实现森林永续利用为前提，从无林地造林开始进行计算将多个生产经营周期（轮伐期）末的净收益（已扣除林产品生产成本、税费、合理的经营利润）全部折为现值累加求和，作为林地评估值的方法。

（1）适用范围

林地期望价法适用于无客观收益（年租金）的林地价格的测算。

（2）计算公式

$$E = \left[\frac{A_u - \sum_{i=1}^{u} C_i \times (1+p)^{u-i+1}}{(1+p)^u - 1} - \frac{V}{p} \right] \times \left[1 - \frac{1}{(1+p)^n} \right] \quad (4\text{-}56)$$

式中，E 为林地评估值；A_u 为林产品收获时的纯收入；C_i 为各年度营林直接投资；V 为平均营林生产间接费用；u 为轮伐期；n 为林地使用权期限；p 为收益还原率。

（二）林木平均价格计算方法

1. 林木基准价或指导价法

近 5 年已公布林木基准价或政府指导价的区域，直接采用基准价或政府指导价确定本均质区域林木平均价格。

适用范围：已公布（制定）的林木基准价或政府指导价的区域。

2. 林木交易价修正法

林木交易价修正法是将林木交易时的价格，剔除异常值数据后，通过期日修正、林木修正从而测算林木价格的一种方法。

（1）适用范围

林木流转价修正法适用于市场交易数据样本充足且具有可比性的区域。

（2）计算公式

$$E_n = E_0 \times K_t \times K_d \quad (4\text{-}57)$$

式中，E_n 为林木所有权价值；E_0 为交易时点林木流转价格；K_t 为期日修正系数，是指清查时点木材平均价格与案例时点木材平均价格比较值；K_d 为林木修正系数，是指能够影响林木价值的主要特性因子，例如用材林、竹林的林木平均胸径，经济林的平均产量等。

3. 市场价倒算法

市场价倒算法是将被评估的林木皆伐后所得木材的市场销售收入，扣除木材生产经营所耗费的成本（含税、费等）、应得的利润及木材价格包含的林地地租后，剩余的部分作为林木价格的一种方法。

（1）适用范围

市场价倒算法一般适用于用材林成熟林和过熟林林木价格测算。

（2）计算公式

$$E = W - C - F - D \tag{4-58}$$

式中，E 为林木评估值；W 为木材销售总收入；C 为木材生产经营成本；F 为木材生产经营利润；D 为木材价格包含的林地地租。

4. 收获现值法

（1）用材林

预测林木主伐时所得到的纯收入终值（已扣除木材生产成本、税费、合理的经营利润及木材价格包含的林地地租），将其折为现值，再扣除从现在到主伐之间的年管护费用（未扣除林地地租）现值合计，将其剩余值作为林木资产价格。

①适用范围

收获现值法一般适用于幼龄林（年龄>10 年）、中龄林和近熟林等林龄的用材林林木价格测算。

②计算公式

$$E = \frac{A_u}{(1+p)^{(u-n)}} - \frac{V}{p} \times \left[1 - \frac{1}{(1+p)^{u-n}} \right] \tag{4-59}$$

式中，E 为木评估值；A_u 为林分主伐时的净收益；u 为用材林主伐年龄；n 为估算对象现实林分年龄；V 为年管护费；p 为收益还原率。

（2）竹林、经济林

竹林、经济林（茶叶、果树等经济作物）在正常的生产经营过程中，以其整体为估算对象，每年均有收益。故将其未来经营期内各年度的预期纯收益，按一定的折现率折算成为现值，并累计求和作为被估算森林资源资产的估算经济价值。采用总体估算模式时，以年均纯收益（已扣除生产经营成本、税费、合理的经营利润及林地地租）作为竹林、经济林林木价格测算的依据。

①适用范围

收获现值法适用于初产期以上竹林和经济林林木价格测算。

②计算公式

$$E_u = \frac{A}{p} \times \left[1 - \frac{1}{(1+p)^u} \right] \tag{4-60}$$

式中，E_u 为林木评估值；A 为年均纯收益；p 为收益还原率；u 为经济寿命期。

（3）能源林

能源林通常每隔一定间隔期（3~5 年）采割一次，将每次采割的纯收益（已扣除生产经营成本、税费、合理的经营利润及林地地租），按一定的收益还原率折算成为现值，并累计求和作为能源林林木价格。其计算公式为

$$E_n = \left[\frac{A_u}{(1+p)^t - 1} - \frac{V}{p} \right] \times \left[1 - \frac{1}{(1+p)^n} \right] \qquad (4-61)$$

式中，E_n 为能源林评估值；A_u 为能源林每次采割的纯收益；t 为间隔期；p 为收益还原率；n 为林地使用期限；V 为年管护费。

5. 重置成本法

重置成本法是按现在的技术标准和工价、物价水平，将重新营造一片与被估算资产同样的林分所需的资金成本和资金的投资收入（利息）作为林木价格的方法。

（1）适用范围

适用于用材林幼龄林（年龄≤10 年），以及经济林产前期、竹林产前期林木价格测算。此外，景观林木也适用本方法。

（2）计算公式

$$E_n = K \times \sum_{i=1}^{n} C_i \times (1+p)^{n-i+1} \qquad (4-62)$$

式中，E_n 为林木评估值；K 为综合调整系数；C_i 为第 i 年以现时工价和生产水平为标准的营林生产成本(不含林地地租)；n 为估算对象现实林分年龄；p 为收益还原率。

第五节　草原资源资产价值的构成与评估

一、草原资源资产价值构成

草原资源包括草地资源和干草资源。草地可分为天然牧草地、人工牧草地和其他草地。其中，天然牧草地包括低地草甸类、高寒草甸草原类、高寒草甸类、高寒草原类、高寒荒漠草原类、高寒荒漠类、山地草甸类、温性草

甸草原类、温性草原化荒漠类、温性草原类、温性荒漠草原类和温性荒漠类草地；其他草地又分为干热稀树灌草丛类、暖性草丛类、暖性灌草丛类、热性草丛类、热性灌草丛类草地。

草地生态系统中的植物群落，既是草地生态系统的多种功能正常发挥的基础，也是其进行次级物质生产的基础。草地生态系统中的动物资源提供的畜牧业产品，为人类生产生活提供了重要的物质基础，也为农牧民提供了重要的经济来源。草原的价值包括草原的交换价值、草原的个别价值与社会价值。

（一）草原的使用价值和交换价值

草原与其他生产要素一样有使用价值，它既能满足人们需要，也具有同其他商品相交换的属性，即交换价值。商品的交换价值并不由效用决定，因为效用是使用价值，是交换价值的物质承担者。交换价值也不由供求关系决定，因为供求理论不能解答供求平衡时交换价值的决定难题。不同的使用价值之所以按一定的比例进行交换，是因为它们之间有着某种共同的、同质的东西。一切商品，无论使用价值如何千差万别，不管生产商品的具体劳动怎样不同，它们都是一般人类劳动的产品。凝结在商品中的无差别的一般人类劳动，就是价值。牧民为开发利用草原投入了物化劳动和活劳动，他们在草原的勘探设计、四季轮牧、防火灭火、病虫害防治、防治鼠害、人工降雨、打井引水、开发水源、打草储草、分群放牧、适度利用、按时移动、围栏保护、种植灌溉、围封转移、基本草场建设、保持畜草平衡、维护人和自然和谐等方面投入的劳动，构成了草原的价值。尽管这种劳动与工业劳动、农业劳动不同，但正是这种特殊形态的劳动的投入，草原才成为牧民赖以生存的物质基础和生态环境的绿色屏障。

（二）草原的个别价值与社会价值

在科学技术高速发展的今天，人类对草原等稀缺自然资源的需求日趋增大。因而，人类的活动使得草原的各个层面都打上了人类劳动的烙印，并使其有了价值。虽然人类对天然草原投入的劳动比起对耕地投入的劳动要少得多，但这并不意味着天然草原没有价值。依据马克思劳动价值论，任何一个劳动产品的价值，不是由个别劳动时间决定的，而是由社会必要劳动时间决定的社会价值来决定的。一般而言，天然草原畜产品个别价值低于人工草地

畜产品价值，但前者的价值是由后者来决定的。天然草原生产畜产品相比耕
地、人工草地生产畜产品，具有成本低、收益高等优势。正如马克思指出，
在大规模畜牧业中，和作为牲畜本质的不变资本相比，所用的劳动力的总量
是非常微小的。一块土地既可用作畜牧业的人工草地，也可以变成有一定质
量的耕地，必须提高这块土地的产品的价格，以使这块土地和一块质量相同
的耕地具有相等的地租。这样一来，通过提高地租，通过土地所有权的经济
表现，牲畜的价格被人为地提高了。尽管耕地和草地的个别价值有异，但社
会价值却一样。因为二者都是主要生产资料。因此，承认耕地有价，也就是
承认草地有价。

（三）草原的文化娱乐价值

1. 休闲游憩价值

草原旅游主要包括草原风光观赏、民族风情纵览、大漠豪情体验、历史
文化探秘、休闲度假养身和民族文化传承等主题，其中草原风光观赏、民族
风情纵览、休闲度假养生和民族文化传承等休闲游憩项目都是基于草地生态
系统或以草原文化为背景开展的。草地生态系统的休闲游憩功能价值由草地
风光旅游收入和草地生态系统旅游收益比例构成，主要通过旅行费用支出法
来评估。

2. 文化传承价值

草原文化包括文化遗址、古代墓葬、宗教、音乐、饮食、服饰、节庆、
民俗等多个方面，对文化传承价值的评估主要通过调查问卷法和专家评分法
进行。可结合草地资源的实际情况，用草地资源的消费者剩余价值（消费者
愿意为某一物品支付的价格与他实际支付的价格的差额称为消费者剩余）代
替草原的文化传承价值进行核算。

（四）草原的价值量

我国草地占我国土地资源总量的1/3，且我国的草地以天然草地为主，无
论是东部农区的荒山草坡还是西部牧区的草原，都在大面积地退化和沙化，
这会危及人们赖以生存的根基。为应对这一生态危机，不得不改良天然草地
和建设人工草地。这时，天然草地的价值，是由建设人工草地所耗费的社会
必要劳动时间来决定的。保护动植物、微生物及水资源、空气资源需要投入
劳动，保护生物多样性需要投入劳动，为治理水污染需要投入劳动，为保持

空气新鲜需要投入劳动，为运输生产出来的使用价值需要投入运输成本，等等。所有这些投入的劳动，共同构成草原资源的价值总量。

草原资源具有以下生态功能：覆盖地表、防止风蚀、降低沙尘；拦截径流、减少淤积、降低水患；调节空气，促进降水；改良土壤，提高土壤肥力；净化空气，美化环境；保证生物多样，促进人地和谐。这些功能构成草原的生态价值。一般说来，草原的生态价值大于其经济价值，但不能仅强调草原的生态价值而忽视其经济价值。

草原价值的计量目前仍是悬而未决的难点，还没有一个被广泛认可的计算方法。从理论上来说，草原价值的货币表现就是其价格，它包括经济价值和生态价值两个方面。草原经济价值的计价，可以用以下三种方法。一是马克思提出的土地价格公式，即土地价格＝地租/利息率。二是计价时在单纯土地价格的基础上叠加上人类所投入的劳动创造的价值。三是根据市场供求关系进行计价。工业的扩张，农业的渗透，能提高土地的需求弹性，因此价格走高是目前草原经济价值的基本趋势。关于草原的生态价值，一般认为，应将草原生态链的整个功能分解成各个单项功能，再将其价值相加，得到其生态价值最大值。单项功能价值可以采用市场价格替代法和机会成本法进行确定。

二、草原资源资产经济价值估算

草原资源的实物量数据源于卫星遥感影像数据、"国土变更调查"成果数据、草原调查监测成果数据以及生态保护红线与自然保护地边界范围矢量成果。以"国土变更调查"草地图斑为基础，叠加草原调查监测成果数据，形成以县级行政辖区为单位的全民所有草原资源资产权属、数量、种类等实物属性信息，具体包括行政区、空间位置、地类、面积、资源状况、保护情况等。

价值量数据是指草地使用权价格，草地权利年期一般为 30 年。获取价值量数据首先要进行草地价格体系建设。

（一）价格体系建设

1. 总体思路

根据清查要求在全国范围划分均质区域，以国家级均质区域为单位，抽取 30%的样点采集县（市、区）。收集样点采集县（市、区）技术参数、经济指标数据及草地流转交易案例，测算均质区域草地平均价格，同时制定修正体系。建立省级价格体系，将均质区域草地平均价进行修正，测算县级区域草地平均价格，并对邻近均质区域平均价格进行统筹平衡。

2. 技术流程

（1）划分国家级均质区域

参考《全国草原保护建设利用"十三五"规划》及草原综合分类一级分类标准划分均质区域，根据清查工作对于精度的要求，在保证县级行政区划完整性的原则下，将全国分为51个均质区域。

（2）选取样点采集县（市、区）

以国家级均质区域为单位，抽取30%的样点采集县（市、区）。

（3）搜集国家级均质区域指标数据

收集样点采集县（市、区）近5年草地出租及流转价格、干草平均交易价格等经济指标数据。主要指标数据包括：草地流转价格、草地承包价格、干草平均价格、主要畜产品价格、草原管护费用、收割费用、运输费用、储存费用等。

（4）测算国家级均质区域平均价格

①优先收集近5年草地流转交易价格，剔除其中的异常数据值，修正期日和年期后，确定均质区域草地平均价格。

②对采集的技术参数和经济指标进行筛选，剔除其中的异常数据值，并对保留数据进行处理，确定最终的经济指标平均值。根据经济指标平均值，通过评估得到均质区域草地平均价格，并对邻近均质区域平均价格进行统筹平衡。

③获取不到近5年价格信息的均质区域，应根据设定的修正系数，参照周边均质区域平均价格，细化到县测算该地区的清查平均价格。修正系数的确定方法参照省级草地调整系数的设置。

④草地价格主要测算方法为流转价修正法和收益还原法。

（5）制定省级草原资产清查价格修正体系

（6）测算草原资产清查价格

按照省级草原资产清查价格修正体系，修正国家级均质区域平均价格，得到县级草原资产清查价格。

3. 设置省级草地价格调整系数

草地主要调整因素为草地面积调整系数（A_s）、草原植被覆盖度调整系数

（G_s）和干草产量系数（M_s）。草地面积占比情况能体现该区域草地集中连片情况以及其是否便于经营管理；草原植被覆盖度能体现草地的质量水平；干草产量能体现草地的生产力水平。因此根据以上因素可确定省级草地价格调整系数（E_s）。

$$E_s = A_s \times G_s \times M_s \tag{4-63}$$

式中，E_s 为省级草地价格调整系数；A_s 为省级草地面积调整系数；G_s 为省级草原植被覆盖度调整系数；M_s 为省级干草产量调整系数。

$$A_s = A_{S1} / A_{Y1} \tag{4-64}$$

式中，A_{S1} 为县级草地面积（县级草地面积通过"国土变更调查"数据获得）；A_{Y1} 为均质区域草地面积（均质区域草地面积通过"国土变更调查"数据获得）。

$$G_s = G_{S1} / G_{Y1} \tag{4-65}$$

式中，G_{S1} 为县级草原植被覆盖度（县级草原植被覆盖度是通过草原调查监测数据获得）；G_{Y1} 为均质区域草原植被覆盖度（均质区域草原植被覆盖度是通过草原调查监测数据获得）。

$$M_s = M_{S1} / M_{Y1} \tag{4-66}$$

式中，M_{S1} 为县级干草产量（县级干草产量通过草原调查监测数据获得）；M_{Y1} 为均质区域干草产量（均质区域干草产量通过草原调查监测数据获得）。

（二）草地资源资产清查平均价格计算方法

1. 草地流转价格修正法

草地流转价格修正法是将草地流转交易时的价格，剔除异常值数据后，通过期日修正、年期修正从而测算草地价格的一种方法。

（1）适用范围

草地流转价修正法适用于市场交易数据样本充足的区域。

（2）计算公式

$$E_n = E_0 \times K_t \times K_y \tag{4-67}$$

$$K_t = R_t / R_0 \tag{4-68}$$

$$K_y = \left[1 - 1/(1+p)^n\right] / \left[1 - 1/(1+p)^m\right] \tag{4-69}$$

式中，E_n 为草地使用权为 n 年的评估值；E_0 为交易时点草地价格；K_t 为期日修正系数；K_y 为年期修正系数；R_t 为清查时点平均流转价格；R_0 为样点时点平均流转价格；m 为交易案例的使用年期；n 为最长草地使用年期；p 为草地收益还原率。

2. 收益还原法

收益还原法是将待估草地未来年期正常年纯收益，按适当的土地还原率还原，估算出该待估草地价格的方法。其中，还原率是指将草地及其生产产品的未来收益还原为某一时点的草地价格的比率。

（1）计算公式

$$E_u = \frac{A}{P} \times \left[1 - \frac{1}{(1+P)^u} \right] \qquad (4-70)$$

式中，E_u 为待估草地价格；A 为草地年均纯收益；P 为草地收益还原率；u 为取得收益持续的年期。

（2）草地年均纯收益数据获取

草地年均纯收益是草地年总收益扣除年总费用后的纯收益，其各项收入与成本指标通过经济指标数据采集获取后经处理确定。

①年总收益：是指待估草地按其法定用途，合理有效地利用所取得的持续而稳定的客观正常年收益。确定年总收益时可根据待估草地生产经营的方式进行具体分析，分析方法如下：

a. 待估草地为直接经营的，用草产品或畜产品出售的年收入作为年总收益，在测算总收益时要考虑牧草生长期、牲畜生长期、载畜量等，收益和费用数据一般宜采用连续 3~5 年的客观平均值。

b. 待估草地为租赁经营的，用草地年租金收入及保证金或押金的利息收入作为年总收益。租金收入及保证金或押金的利息收入，是指草地被其产权拥有者用于出租时，每年所获得的客观租金及承租方支付的保证金或押金的利息。客观租金根据实际租金水平考虑评估期日当地正常的市场租金水平进行分析计算；保证金或押金的利息按其数量及评估期日中国人民银行的一年期定期存款利率进行计算。

②年总费用：是指待估草地的使用者在进行生产经营活动时所支付的年平均客观总费用。在确定年总费用时，要根据待估草地生产经营活动的方式进行具体分析，分析方法如下：

a. 待估草地采用直接生产经营方式的，用草地维护费和生产经营草产品、畜产品的费用之和作为总费用。草地维护费一般指草地基本配套设施的年平均维护费用；生产经营草产品、畜产品的费用一般指生产牧草产品过程中所支付的直接及间接费用，包括种苗费（或种子费、幼畜禽费）、肥料费（或饲料费）、人工费、畜工费、机工费、农药费、材料费、水电费、农舍费（或畜禽舍费）、农具费以及有关的税款、利息等。对于投入所形成的固定资产，按其使用年限摊销费用。

b. 待估草地为租赁经营的，用草地租赁过程中发生的年平均费用作为年总费用。

（3）草地收益还原率数据获取

草地收益还原率包含了安全利率和风险调整值。目前，我国草地还原率为 4%。

（三）县级经济价值估算

在省级价格体系控制下，各县（市、区）根据自身具体情况，可选择以下两种方式之一进行县级经济价值估算。

方法一：已完成省级价格体系建设的地区，根据实物量清查数据，利用县级草地价格乘以对应面积，加总得到县域草原资源资产价值量，并逐级汇总得到省级和国家级草原资源资产的经济价值总量。县域草地的经济价值的计算公式为

县域草地的经济价值＝县域草地平均价×县域清查范围草地面积

方法二：未完成省级价格系统建设的地区，根据实物量清查数据，利用均质区域草地平均价乘以对应面积，加总得到县域草原资源资产价值量，并逐级汇总得到省级和国家级草原资源资产的经济价值总量。县域草地的经济价值的计算公式为

县域草地的经济价值＝均质区域草地平均价×县域清查范围草地面积

第六节　海洋资源资产价值的构成与评估

一、海洋资源资产价值的构成

海洋资源资产是指在当前或预期未来能给国家带来经济收益的海洋空间资源资产，包括海域和无居民海岛资源资产。由于海洋资源资产的特殊性，使其除了具备海洋自然资源的水体流动性、空间立体性以及质量差异性等自然特性以外，还具有稀缺性、权属性、收益性以及可计量性等经济特性。因此，并不是所有的海洋自然资源都是海洋资源资产（贺义雄、勾维民，2015）[152]。如不具有稀缺性的潮汐能、风能等海洋能源；虽然稀缺但无法确

定属权的行踪不定的海洋动物资源；虽然稀缺但是不能给拥有者带来收益的长期无法开发的深海海底矿产资源等（商思争 等，2017）[153]。

海洋资源包括海域资源和无居民海岛资源。海域资源主要包括海域范围内的物质资源（如海水中的化学物质、海底矿产、海洋生物等）、空间资源（如海水水体及其上大气圈和其下海底、海岸带、海岛等）、海洋能源（如潮汐能、潮流能等）和海洋生态系统整体等资源，海域资源种类繁多、功能齐全，价值呈现多样性。2010 年 3 月 1 日，《中华人民共和国海岛保护法》出台，明确规定无居民海岛属国家所有，由国务院代表国家行使无居民海岛所有权，凡是无居民海岛的开发利用，都必须报经省级人民政府或者国务院批准并取得海岛使用权、缴纳海岛使用金。海岛开发主导用途涉及旅游娱乐、交通运输、工业、仓储、渔业、农林牧业、可再生能源、城乡建设、公共服务等多个领域。

海洋资源资产能够满足人类的某些需要或功能，是具有价值的。根据效用价值论及可持续发展理论，海洋自然资源对人类的效用除经济价值外，还有生态价值与社会价值。

（一）经济价值

海洋资源资产的经济价值是指直接用于人们当前的生产及消费活动中的价值，通常可以通过市场交换来体现（吴欣欣，2014）[154]，其主要表现为开发利用海洋资源产生的经济效益。此类价值主要的评估方法有：市场法、收益还原法、收益分成法、收益倍数法、市场比较法、替代价格法等。

（二）生态价值

海洋资源资产的生态价值指海洋资源资产对生态及环境产生影响的无形的功能性的间接使用价值（沈满洪、毛狄，2019）[155]。目前，学者对海洋资源资产生态价值的关注主要集中在海洋的维持生物多样性、废物处理、调节气候、净化空气、减少自然灾害等功能的价值方面。此类价值主要的评估方法有：生产（损害）函数法、内涵价格法、市场成本法、条件价值法等（刘玉龙 等，2005）[156]。

（三）社会价值

海洋资源资产的社会价值指海洋自然资源在被开发利用的过程中，为满足人类社会发展中物质的、精神的需要所做出的贡献和产生的影响，主要包括教育、文化、科研等方面。此类价值主要评估方法有：旅行成本法、条件价值法、条件行为法、选择实验法等（闻德美，姜旭朝，刘铁鹰，2014）[157]。

二、海洋资源资产价值的评估

（一）实物量数据

海洋资源的实物量数据源于：

（1）海域海岛动态监管系统中的海域确权现状数据、注销围填海数据、公共设施登记数据；

（2）省政府批复海岸线；

（3）领海外部界限数据；

（4）围填海现状调查成果数据；

（5）海洋功能区划成果数据；

（6）不动产登记数据；

（7）海域勘界成果数据和现行海域行政界线（习惯分界线）；

（8）海岛地名普查成果数据；

（9）无居民海岛开发利用现状补充调查数据；

（10）海域和无居民海岛审批登记台账、公共设施登记台账等行政记录；

（11）海域使用金征收标准和无居民海岛使用金征收标准；

（12）地方海域定级、海域使用金征收标准资料；

（13）"2020 年度国土变更调查"成果数据；

（14）新版生态保护红线、自然保护地数据。

海域资源资产实物属性信息包括其所处海洋功能区、行政区划、图斑面积、海域管理号、用海名称、用海性质、用海方式、用海类型、出让方式、不动产单元号、海域等别、海域级别、划入生态保护红线面积、划入自然保护地核心区面积等属性信息。

无居民海岛资源资产实物属性信息包括海岛名称、行政区划、面积、用岛性质、用岛类型、用岛方式、海岛等别、划入生态保护红线面积、划入自然保护地核心区面积等属性信息。

（二）海洋资源价格体系建设

1. 海域、无居民海岛价格现状

2007 年，财政部和国家海洋局联合发布了《关于加强海域使用金征收管理的通知》（财综〔2007〕10号）。该通知将全国海域进行了综合划分，根据不同用海方式以及海域等别制定了全国统一的海域使用金征收标准。2018年3月，财政部与原国家海洋局联合印发了《关于调整海域、无居民海岛使用金征收标准的通知》（财综〔2018〕15号）（以下简称《通知》），对2007年确定的海域等别和海域使用金征收标准进行了调整。

《通知》是当前开展海域、无居民海岛价格管理的主要依据。《通知》根据沿海地区资源和生态环境、社会经济发展等情况，以县为单位将我国管辖海域、无居民海岛分为六等，制定了不同等别的不同用海、用岛方式的海域以及无居民海岛使用金征收标准。目前，各地尚未全面开展海域基准价格的评估工作，深圳、海南等地开展了海域基准价格的研究工作，辽宁、浙江等地进行了海域定级，建立了地方海域使用金的征收标准。

2. 价格体系建设基本思路

（1）海洋资源资产清查价格是基于清查时点，与实物量清查图斑相对应的单位价格，涵盖修正后的国家和地方海域、无居民海岛使用金征收标准，以及未确权未填成陆区海域清查均质区域价格等。海洋资源资产经济价值是基于清查时点，海域、无居民海岛使用权按最高年限出让获得的收益或潜在收益的现值之和。

（2）海洋资源资产清查价格建设应基于资源类型、权属情况等开展分类清查，以现有各级各类价格信号作为清查价格建立依据，并对其进行适当修正；无价格信号的海洋资源资产，应判定其主导用途，建立均质区域，基于样点价格，确定清查均质区域价格。

（3）海洋资源资产价格有两种确定方式：一是对国家或地方海域、无居民海岛使用金征收标准进行修正后的价格；二是根据均质区域内已形成的主要类用海型价格样本，通过修正、加权平均建立均质区域清查价格。《关于调整海域、无居民海岛使用金征收标准的通知》（财综〔2018〕15号）颁布后，已经开展了海域定级并制定了地方海域、无居民海岛使用金征收标准或基准价的地区，优先使用地方标准确定海洋资源资产价格；对于未确权未成陆区域，通过建立的清查均质区域价格估算海洋资源资产价格。

3. 分类建立清查价格体系

（1）已取得海域使用权海域清查价格

对国家海域使用金征收标准、地方海域使用金征收标准等价格进行年期修正，其中一次性征收海域使用金的标准不进行年期修正。

国家海域使用金征收标准清查价格如表4-3所示。

表4-3　国家海域使用金征收标准清查价格

单位：万元·公顷$^{-1}$·年$^{-1}$

用海方式			海域等别						征收方式
			一等	二等	三等	四等	五等	六等	
填海造地用海	建设填海造地用海	工业、交通运输、渔业基础设施等填海	300	250	190	140	100	60	一次性征收
		城镇建设填海	2 700	2 300	1 900	1 400	900	600	
	农业填海造地用海		130	110	90	75	60	45	
构筑物用海	非透水构筑物用海		250	200	150	100	75	50	
	跨海桥梁、海底隧道用海		17.30						
	透水构筑物用海		4.63	3.93	3.23	2.53	1.84	1.16	按年度征收
围海用海	港池、蓄水用海		1.17	0.93	0.69	0.46	0.32	0.23	
	盐田用海		0.32	0.26	0.20	0.15	0.11	0.08	
	围海养殖用海		地方养殖用海使用金征收标准						
	围海式游乐场用海		4.76	3.89	3.24	2.67	2.24	1.93	
	其他围海用海		1.17	0.93	0.69	0.46	0.32	0.23	
开放式用海	开放式养殖用海		地方养殖用海使用金征收标准						
	浴场用海		0.65	0.53	0.42	0.31	0.20	0.10	
	开放式游乐场用海		3.26	2.39	1.74	1.17	0.74	0.43	
	专用航道、锚地用海		0.30	0.23	0.17	0.13	0.09	0.05	
	其他开放式用海		0.30	0.23	0.17	0.13	0.09	0.05	
其他用海	人工岛式油气开采用海		13.00						
	平台式油气开采用海		6.50						
	海底电缆管道用海		0.70						
	海砂等矿产开采用海		7.30						
	取、排水口用海		1.05						
	污水达标排放用海		1.40						
	温、冷排水用海		1.05						
	倾倒用海		1.40						
	种植用海		0.05						

资料来源：国家海洋信息中心。

（2）尚未取得海域使用权的已填成陆区域清查价格

将尚未取得海域使用权确权的已填成陆区域图斑所在功能区类型与用海方式进行对应，根据国家或地方填海造地用海海域使用金征收标准估算其清查价格。若已填成陆区域划分了二级类功能区，则优先选择二级类功能区对应的用海方式，而没有划分二级类功能区的用一级类功能区中较低的征收标准的用海方式进行对应。保护区、保留区和最新版的海洋生态红线范围内的尚未海域确权已填成陆区域价格只清查其实物量。未确权已填成陆区域图斑所在功能区类型与用海方式如表4-4所示。

表4-4　未确权已填成陆区域图斑所在功能区类型与用海方式

一级类海洋基本功能区	二级类海洋基本功能区	用海方式
农渔业区	渔业基础设施区、养殖区、增值区、捕捞区	渔业基础设施填海
	农业围垦区	农业填海造地用海
港口航运区	港口区	交通运输填海
矿产与能源区	油气区、固体矿产区、盐田区、可再生能源区	工业填海
工业与城镇建设区	工业建设区	工业填海
	城镇建设区	城镇建设填海
旅游娱乐区	风景旅游区、文体旅游区	城镇建设填海
特殊利用区	—	工业填海

资料来源：国家海洋信息中心。

（3）尚未取得海域使用权的未填成陆海域清查价格

海洋功能区分为近岸、近海功能区，体现了离岸远近不同的海域的用海差异因素，因此可直接以一级类或二级类海洋功能区作为均质区域，以功能区内已取得海域使用权的主要用海类型涉及的各用海方式相应的面积、图斑清查价格，采用加权法计算未确权未成陆海域清查均质区域价格。

未确权未填成陆海域清查价格建设如图4-1所示。

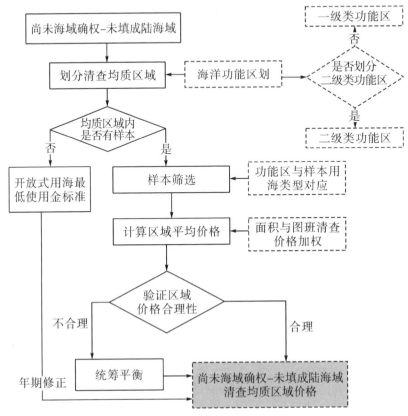

图4-1 未确权未填成陆海域清查价格建设

资料来源：国家海洋信息中心。

均质区域清查价格的计算公式为：

$$P_i = \frac{\sum_{j=1}^{m}(P_1 + P_2 + \cdots + P_j)}{(S_1 + S_2 + \cdots + S_j)} \qquad (4\text{-}71)$$

式中，P_i为i均质区域价格；p_j为均质区域内申请审批样本和招拍挂样本经济价值；S_j为已取得海域使用权j图斑面积。

省级或市县级相关部门对用海项目较少、均质区域价格异常的，参考所在国家级均质区域价格或邻近功能相同、条件相似均质区域价格进行统筹平衡。

对于无用海项目功能区，采用其他开放式用海海域使用金征收标准，其中农渔业区采用最低的养殖海域使用金征收标准。

（4）已取得无居民海岛使用权海岛清查价格

根据无居民海岛使用权证书或登记信息中的用岛类型和用岛方式，对国家无居民海岛使用金征收标准进行年期修正，价格修正见公式（4-72），其中一次性征收无居民海岛使用金的标准不进行年期修正。如果未获取到用岛方式信息，则根据无居民海岛开发利用现状补充调查中已取得海岛使用权的用岛面积和《关于调整海域、无居民海岛使用金征收标准（财综〔2018〕15号)》判定用岛方式。对于未颁发无居民海岛使用权证但已有开发利用行为的无居民海岛，如果补充调查中没有用岛类型，则采用该岛开发利用面积最多的用岛类型作为其用岛类型；对于未开发利用但办理了其他权属证书和相关审批手续的无居民海岛，采用原生用岛方式下农林牧业用岛作为其用岛类型和用岛方式。

（5）尚未确权的可开发利用无居民海岛清查价格

根据省级海岛保护与利用规划判定用岛类型，对国家海域使用金征收标准、地方海域使用金征收标准中无居民海岛使用金最低（原生利用方式）的征收标准进行年期修正。无居民海岛使用权出让最低标准如表4-5所示。

表 4-5　国家无居民海岛使用金征收标准清查价格

单位：万元·公顷$^{-1}$·年$^{-1}$

等别	用岛方式	原生利用式	轻度利用式	中度利用式	重度利用式	极度利用式	填海连岛与造成岛体消失的用岛
一等	旅游娱乐用岛	0.95	1.91	5.73	12.41	19.09	2 455.00 万元/公顷，按用岛面积一次性计征
	交通运输用岛	1.18	2.36	7.07	15.32	23.56	
	工业仓储用岛	1.37	2.75	8.25	17.87	27.49	
	渔业用岛	0.38	0.75	2.26	4.90	7.54	
	农林牧业用岛	0.30	0.60	1.81	3.92	6.03	
	可再生能源用岛	1.04	2.08	6.25	13.54	20.83	
	城乡建设用岛	1.47	2.95	8.84	19.15	29.46	
	公共服务用岛	—	—	—	—	—	
	国防用岛	—	—	—	—	—	

表4-5(续)

等别	用岛方式	原生利用式	轻度利用式	中度利用式	重度利用式	极度利用式	填海连岛与造成岛体消失的用岛
二等	旅游娱乐用岛	0.77	1.54	4.62	10.00	15.38	1 976.00 万元/公顷,按用岛面积一次性计征
	交通运输用岛	0.95	1.90	5.69	12.33	18.97	
	工业仓储用岛	1.11	2.21	6.64	14.38	22.13	
	渔业用岛	0.30	0.61	1.83	3.95	6.08	
	农林牧业用岛	0.24	0.49	1.46	3.16	4.87	
	可再生能源用岛	0.84	1.68	5.04	10.91	16.78	
	城乡建设用岛	1.19	2.37	7.11	15.41	23.71	
	公共服务用岛	—	—	—	—	—	
	国防用岛	—	—	—	—	—	
三等	旅游娱乐用岛	0.68	1.37	4.10	8.88	13.66	1 729.00 万元/公顷,按用岛面积一次性计征
	交通运输用岛	0.83	1.66	4.98	10.79	16.60	
	工业仓储用岛	0.97	1.94	5.81	12.59	19.36	
	渔业用岛	0.28	0.55	1.65	3.58	5.50	
	农林牧业用岛	0.22	0.44	1.32	2.86	4.40	
	可再生能源用岛	0.75	1.49	4.47	9.69	14.90	
	城乡建设用岛	1.04	2.07	6.22	13.48	20.75	
	公共服务用岛	—	—	—	—	—	
	国防用岛	—	—	—	—	—	
四等	旅游娱乐用岛	0.49	0.98	2.94	6.36	9.79	1 248.00 万元/公顷,按用岛面积一次性计征
	交通运输用岛	0.60	1.20	3.59	7.79	11.98	
	工业仓储用岛	0.70	1.40	4.19	9.08	13.98	
	渔业用岛	0.20	0.39	1.17	2.54	3.91	
	农林牧业用岛	0.16	0.31	0.94	2.03	3.13	
	可再生能源用岛	0.53	1.07	3.20	6.94	10.68	
	城乡建设用岛	0.75	1.50	4.49	9.73	14.97	
	公共服务用岛	—	—	—	—	—	
	国防用岛	—	—	—	—	—	

表4-5（续）

等别	用岛方式	原生利用式	轻度利用式	中度利用式	重度利用式	极度利用式	填海连岛与造成岛体消失的用岛
五等	旅游娱乐用岛	0.42	0.84	2.51	5.45	8.38	1 056.00万元/公顷，按用岛面积一次性计征
	交通运输用岛	0.51	1.01	3.04	6.59	10.14	
	工业仓储用岛	0.59	1.18	3.55	7.69	11.83	
	渔业用岛	0.17	0.34	1.02	2.21	3.39	
	农林牧业用岛	0.14	0.27	0.81	1.76	2.71	
	可再生能源用岛	0.46	0.91	2.74	5.94	9.14	
	城乡建设用岛	0.63	1.27	3.80	8.24	12.68	
	公共服务用岛	—	—	—	—	—	
	国防用岛	—	—	—	—	—	
六等	旅游娱乐用岛	0.37	0.75	2.24	4.86	7.48	927.00万元/公顷，按用岛面积一次性计征
	交通运输用岛	0.45	0.89	2.67	5.79	8.90	
	工业仓储用岛	0.52	1.04	3.12	6.75	10.39	
	渔业用岛	0.15	0.31	0.93	2.01	3.09	
	农林牧业用岛	0.12	0.25	0.74	1.61	2.47	
	可再生能源用岛	0.41	0.82	2.45	5.30	8.16	
	城乡建设用岛	0.56	1.11	3.34	7.23	11.13	
	公共服务用岛	—	—	—	—	—	
	国防用岛	—	—	—	—	—	

资料来源：国家海洋信息中心。

公益用岛、特殊用岛，以及其他未确权未纳入可开发利用的无居民海岛等资源资产只核算实物量。无居民海岛资源资产经济价值等于价格乘以其对应面积。无居民海岛质量等别划分按照《关于调整海域、无居民海岛使用金征收标准》（财综〔2018〕15号）规定执行。根据《全国海岛保护规划》（2012），海岛用岛类型共分为9类，分别是旅游娱乐用岛、交通运输用岛、工业用岛、仓储用岛、渔业用岛、农林牧业用岛、可再生能源用岛、城乡建设岛、公共服务用岛。

4. 年期修正

对按年度征收的海域，无居民海岛使用金征收标准应进行年期修正，其

计算公式为

$$P_i = P \times Y \tag{4-72}$$

式中，P_i 为图斑清查价格；P 为使用金征收标准；Y 为年期修正系数。

通过综合年限修正公式来计算年期修正系数：

$$Y = \left[1 - \frac{1}{(1+r)^n} \right] \Big/ \left[1 - \frac{1}{(1+r)} \right] \tag{4-73}$$

式中，Y 为年期修正系数；r 为还原率，暂取 6.08%；n 为海域、无居民海岛资源资产的最高年期或使用年期参照《海域使用管理法》和《无居民海岛使用申请审批试行办法》中的规定，根据用海、用岛类型分别设定 15 年、25 年和 50 年的最高年期。

（三）经济价值估算

经济价值估算的公式为

$$P_i = p_i \times S_i \tag{4-74}$$

式中，P_i 为 i 图斑经济价值；p_i 为 i 图斑清查价格；S_i 为 i 图斑面积。

汇总计算结果得到县域海洋资源资产经济价值，但要注意以下五点：

（1）优先使用地方海域使用金征收标准修正后的清查价格；

（2）围海养殖用海、开放式养殖用海采用毗邻最近行政区征收标准；

（3）立体式确权用海区域按照各个项目的图斑经济价值加总估算其经济价值；

（4）无居民海岛不需要对岛上的珍稀濒危物种、淡水、沙滩等资源价值进行评估；

（5）已取得无居民海岛使用权海岛的图斑面积为已取得海岛使用权的用岛面积；未颁发无居民海岛使用权证但已有开发利用行为的尚未确权的可开发利用无居民海岛的图斑面积为用岛面积；未开发利用但办理了其他权属证书和相关审批手续的可开发利用无居民海岛的图斑面积为海岛面积。

第七节 水资源资产价值的构成与评估

水资源是一种由大气降水形成并可供人类利用的自然资源，是人类生存和经济社会可持续发展的基础和重要支持条件。水资源的主体为陆地淡水资源，包括地表水和地下水。水资源有广义和狭义之分。广义的水资源是指自然界中所有可供人类使用的水，包括固体水、液态水和气态水，以及大陆水、大气水、海水和再生水；狭义的水资源主要是指能够被人类开发利用，能够满足人类生活和生产需要，具有一定数量和质量的自然水资源。

2012 年，联合国教科文组织和世界气象组织对水资源的定义是可供利用或有可能被利用、具有足够数量和可用质量、并为适应特定地区的水需求而能长期供应的水源。国内对"水资源"的见解颇多。《中国大百科全书》作为国内最具权威的工具书，分别在大气科学、海洋科学、水文科学等不同卷册中对"水资源"的定义给予了不同解释：水资源是指地球表面可供人类使用的水源，包括水量、水质、水域面积和水能资源，一般是指一年可再生的水资源中的水量；在水利卷册中，《中国大百科全书》将水资源定义为，自然界中存在气态、固态或液态水等多种形式的自然水，将可供人类使用的水资源作为评估水资源的依据。

一、水资源资产价值构成

水资源的价值主要指水资源本身的价值，即人类为获取水资源使用权向水资源所有者提供的货币额。其内涵主要体现在三个方面：稀缺性价值、劳动价值和资源产权价值（赵雯，2010）[158]。在社会发展和经济进步过程中，人类对水资源的需求越来越多，水资源的稀缺问题更加突出，因此，需要对其进行合理的配置和保护。在产权方面，《宪法》及《民法典》明确规定，水资源所有权归国家、集体所有，其使用权可以流转，因此，其使用权具有价值。水资源使用权的价值主要体现的是水资源使用的权利。取得水资源使用权后，需要对水资源相关流通、调查以及生产投入劳动力，这便是水资源的劳动价值。

水资源的价值是多元的，其可以表现为使用价值和非使用价值。水资源的使用价值是指水资源为工业、农业、水力发电、畜牧业、渔业等提供使用功能的价值以及提供旅游服务功能的价值。水资源的使用价值又分为直接使用价值和间接使用价值，直接使用价值是指水资源的经济价值和社会价值，间接使用价值是指其生态价值。水资源的非使用价值包括存在价值和遗产价值。

影响水资源经济价值的因素有经济、社会、自然和水环境等因素。社会因素方面，人口增加将加剧生态环境的恶化，导致水资源短缺。因此，在水资源总量一定的情况下，有效利用水资源可以提高水资源经济价值。自然因素方面，水资源的数量、分布和质量会直接影响水资源的经济价值。在需求大于供给时，水资源的效用值增加，水资源经济价值也随之提高。我国最严重的环境问题是水土流失问题，它给生态环境的改善带来许多麻烦，间接影响了水资源资产的价值。

水资源资产价值与水价是两个不同的概念，水价是在市场经济条件下，把水作为商品，以买卖关系为度量，指水资源使用者从经营者手中购买单位体积的水资源应付出的货币额，合理的水价应包括水资源资产价值。根据价格理论，水价和国民收入水平有直接的联系，商品价格不仅会受到供需关系的影响，也会受到居民支付力的影响。

二、水资源资产价值评估

水资源资产价值有两种评估方法，一种是根据实物量进行评估，另一种是根据价值量进行评估。水资源的实物量计量比较简单，且成本较低，而水资源的价值量评估在实践中操作较为复杂。一般采用数学模型评估水资源的价值量。这些数学模型主要包括水资源资产价值模糊数学模型、影子价格模型、供求定价模型等。

（一）模糊数学模型

水资源资产价值模糊数学模型可以表示为：

$$W = f(X_1, X_2, X_3, \cdots, X_n) \tag{4-75}$$

式中，W 为水资源资产价值；X_1，X_2，X_3，$\cdots$，X_n 为影响水资源资产价值因素，如水质、人均水资源量、人均 GDP、人口密度等。

（二）重置成本法模型

重置成本的主要内容有折旧费、劳保、工资、燃料、工程维护、发电损失补偿、水资源费、财产保险、年利息净支出、管理费以及其他各项支出成本费用。其计算公式为

$$P = C - B \tag{4-76}$$

式中，P 为代表水资源资产价值；C 为构建水资源资产的全部重置成本；B 为水资源资产实体性贬值、功能性贬值与经济性贬值之和。

（三）市场比较法模型

当资产市场处于活跃状态并已发育成熟，且在市场上能够搜集与水资源资产相关的交易信息时，可以采用市场比较法模型。其计算公式为

$$P = P_h \times I_n \tag{4-77}$$

式中，P 为水资源资产现行市价；P_h 为资产的历史成本；I_n 为物价变动指数。

（四）收益现值法模型

收益现值法是以资产的预期收益评估值为分析基础，进而根据此评估值将收益折算为现值，进而作为此项资产评估价值的方法。其计算公式为

$$P = \sum_{i=1}^{n} \frac{R_i}{(1+r)^i} \tag{4-78}$$

式中，P 为评估值；R_i 为第 i 个收益期的收益额；n 为收益期，通常以年为单位；r 为折现率。

（五）影子价格模型

影子价格指的是在确保资源利用条件合理且分配情况最优前提下，其提供给社会目标的边际收益或者贡献。影子价格法的目标为获得最大的经济收益。其计算公式为

$$\begin{cases} \max F = f(x) \\ S.\ T.\ g_i(x) \leqslant b_i (i = 1,\ 2,\ 3 \cdots\cdots n - 1) \\ g_n \leqslant b_n \end{cases} \tag{4-79}$$

式中，x 表示包括水资源在内的资源量；$f(x)$ 为利用资源产生的社会净效益；$g_n \leqslant b_n$ 表示水资源的约束。

（六）供求定价模型

水资源资产的供求模型是在马歇尔供求理论基础上，由美国 L. Dauglas Tanes 和 Robert. R. Lee 提出的。

供求定价模型的计算公式为

$$Q_2 = Q_1 \left(\frac{P_1}{P_2} \right)^E \tag{4-80}$$

式中，Q_2 为调整价格后的用水量；Q_1 为调整价格前用水量；P_1 为原水价；P_2 为调整后的水资源价格；E 为水资源价格弹性系数。

$$水资源资产的价值 = P_2 - C \tag{4-81}$$

式中，C 为水资源资产的生产成本及利润。

目前，对水资源资产价值评估只局限于理论研究，在全国自然资源资产清查中，暂未对水资源进行价值评估。

第八节　湿地资源资产价值的构成与评估

一、湿地生态资源的功能

湿地资源包括红树林地、森林沼泽、灌丛沼泽、沼泽草地、沿海滩涂、内陆滩涂、沼泽地等。湿地资源具有生态功能、社会功能和经济功能。

（一）生态功能

湿地是富有生物多样性和具备较多生态功能的生态系统，湿地生态系统在调节气候、涵养水源、蓄洪防旱、净化水质、保护生物多样性等方面有着十分重要的环境功能和生态效益，在促进区域经济发展和维护生态平衡中发挥着重要的作用。湿地具体的生态功能有：

1. 调洪蓄水功能

湿地能调节径流，增加地表的有效水量，进而减轻水旱灾害带来的影响。湿地有巨大的渗透能力和蓄水能力。在水量充足时，湿地能吸收和渗透蓄水，减少地表无效径流，增加地表有效水的蓄积，为工农业生产和生活提供水资源。因此，湿地涵养水源、增加有效水资源效益有明显的生态价值和经济价值。

2. 净化水质功能

湿地具有净化水中污染物的功能，可以净化水质。湿地具有过滤和去除降水和径流水中部分污染物和杂质的作用。湿地对污水中的许多污染物有明显的净化效应。研究表明，湿地凭借其水生植物吸收、沉积作用，物理吸附或交换作用，以及细菌降解等作用，具有很强的处理污水的潜力。

3. 调节气候功能

湿地对大气具有一定的净化作用，能吸收二氧化碳并将其转化为氧气。湿地水汽的蒸发能提高空气湿度，进而改善大气环境。同时，湿地植物有很强的二氧化碳吸收转化能力，有助于降低周围城市的温室气体的含量。湿地的这些功能加剧了区域气候分异，降低了温室气体的含量，进而对生物圈起到了保护作用。

4. 生物多样性功能

湿地具有丰富的食物链和食物网，是多种动物的栖息地。此外，其植物种类也十分丰富，因而具有极高的生物多样性价值。

（二）社会功能

湿地的社会功能有以下三个方面：一是可作为良好的科学研究和科普教育基地；二是能够为社会提供良好的游憩场所；三是能够创造就业机会，带动当地相关产业（交通、餐饮、通讯、旅游）的发展。

（三）经济功能

在湿地开展的种植业、养殖业、科普、旅游等服务业项目，可以为湿地生态资源保护提供一定的收入来源，强化湿地保护的物质基础，同时解决就业问题，增加经济收入，创造良好的投资环境和生态环境，并对当地经济发展起到良好的推动作用。

二、湿地资源资产价值构成

湿地生态资源价值源于其对人类的有用性。生态资源的自然再生产形成生态资源的自然价值；人类将劳动凝结在生态资源上，形成生态资源的劳动价值。湿地生态资源价值计量包括湿地生态资源资产价值计量和湿地生态资源生产计量。其中,湿地生态资源资产价值计量是对湿地生态功能和状态的评价,湿地生态资源生产计量是对湿地生态系统产品和服务价值的计量。

生态系统的价值包括两部分内容:有形的自然资源价值和无形的生态系统服务价值。生态系统除给人类提供实物型自然资源产品(食物、原材料等)外,还以其巨大的生态系统复杂性向人类提供更多类型的生态服务(净化空气、水土保持、气候调节等)。这些生态系统服务为人类带来巨大的福利,有着巨大的经济价值。

三、湿地资源资产经济价值估算

湿地具有极其重要的生态功能,其中红树林、沼泽地、森林沼泽、草甸沼泽、灌丛沼泽和生态保护红线内的沿海、内陆滩涂以生态保护功能为主,其经济价值估算的方法及思路需进一步研究确定,可根据实际情况开展湿地经济价值估算。

(一)生态价值估算

1. 影子价格模型

湿地生态资源许多无法进行直接定价,如湿地中的池塘、沼泽等,但它们却是湿地生态系统的一部分,共同构成了湿地生态系统。可以利用影子价格模型来评估某些生态资源的价值,以反映这种资源在整个湿地生态系统中的贡献。在完全竞争市场中,市场主体追求资源利用价值最大化,因此市场价格就是影子价格。由于市场垄断程度不同,市场价格与影子价格存在偏差,垄断程度越大,它们的偏差越大。

影子价格的获得方法:①基于运筹学上的线性规划法,在线性规划的对偶规划理论的基础上,把湿地生态资源在经济社会系统上的分配问题转化为线性规划问题,找到湿地生态自然资源分配线性规划的对偶规划,而湿地的影子价格就是相对应的对偶规划的最优解;②以市场价格为基础,对影响市场竞争性的因素进行分析,再对市场价格进行定向定量调整后得到影子价格。影子价格对于自然资源的配置具有重要意义。影子价格就是对资源的最佳配置,解决了资源配置的经济效率问题。同时,影子价格也能反映资源的稀缺程度，并通过价格信息来实现会计主体对资源的有效利用。

2. 边际机会成本模型

湿地生态资源的边际机会成本 M_{OC} 包括三部分：边际外部成本 M_{EC}、边际使用成本 M_{UC}、边际生产成本 M_{PC}。获得或者形成湿地生态资源的直接耗费构成湿地生态资源边际生产成本，如以支付土地出让金的方式获得草地资源等；湿地生态资源的边际使用成本是指因采用一种使用资源方式而放弃其他资源使用方式所放弃的其他最大收益，如某草地用作生态保育区而放弃其生态农业、生态旅游等用途所放弃的最大收益；湿地生态资源的边际外部成本与生态资源的外部性紧密联系。湿地生态资源的外部效应是指生态资源生产或者使用导致其他关联者产生的效益与损失。其计算公式为

$$M_{OC} = M_{PC} + M_{UC} + M_{EC} \tag{4-82}$$

由于资源的有限性，在资源使用过程中，某一用途的使用会使该资源的其他用途被放弃。边际机会成本是资源使用过程中，最后一个单位资源增量使用而放弃的该资源其他用途的价值，边际机会成本强调边际增量的经济效益。用边际成本确定湿地生态资源要素的价值能反映资源的稀缺性和有效性，有利于提高资源配置的效率。

3. 供求定价模型

湿地生态系统能为人类提供供给服务，它为人类提供的水产品、植物性食物产品等生态资源产品可以进行市场交易和交换。因此，可以根据供求定价模型求出这些资源产品的交易价格，来反映其对人类贡献的价值。

4. 支付意愿模型

支付意愿模型通过对生态效益受益群体支付意愿进行调查，确定其支付意愿，并分析影响其支付意愿的因素。生态支付意愿就是通过揭示消费者的偏好，推导在不同状态环境下的湿地生态资源的等效用点，并通过定量测定消费者支付意愿的分布规律得到公共物品或服务的经济价值。

5. 旅行费用法核算模型

湿地资源是旅游开发的一个热点，但由于湿地生态资源具有公共财产的性质，其价值无法通过市场来评价，因此在开发之前很难对该类资源进行利益成本分析。为了使湿地生态资源能够得到可持续性的利用，需要在开发前对此类资源进行定量的价值评估，旅游费用法在评价生态旅游资源时得到了

广泛应用。

采用旅行费用法来计量湿地生态资源价值就是通过人们的湿地生态旅游消费行为来对非市场的生态旅游产品进行价值评估，并把消费生态资源的直接费用与消费者剩余之和当成该湿地生态旅游资源的价值，这二者反映了消费者对湿地生态旅游资源的支付意愿。湿地生态资源具有生态旅游价值，在对湿地公园的生态资源整体价值进行计量时，可以用湿地旅游收入来核算其生态旅游资源价值。

（二）经济价值估算

若掌握的实物量数据及价值属性数据可支撑经济价值计算，则可将湿地资源拆分为水资源、森林资源、草原资源等类型分别进行资源资产评估评价。其中，森林资源、草原资源的评估，可以参考现有的评估方法；水资源评估，可参考水市场服务价格。然后，按照类别进行评估，并对评估结果加以汇总。

第五章
自然资源资产价值核算

开展自然资源资产核算是保护好自然资源基础，支撑国家、地区的可持续发展，践行"绿水青山就是金山银山"理念的重要举措。自然资源资产价值核算是通过设置各类资源账户，编制自然资源资产负债表，来摸清自然资源的"家底"。目前，由于社会各方面对自然资源负债概念的认识尚不统一，因此暂不开展自然资源负债核算工作，只开展全民所有自然资源资产平衡表编制试点工作。试点工作是根据中共中央办公厅、国务院办公厅印发《关于统筹推进自然资源资产产权制度改革的指导意见》（中办发〔2019〕25 号）和《自然资源部办公厅关于开展全民所有自然资源资产平衡表编制试点工作的通知》（自然资办函〔2020〕2368 号）（以下简称《试点工作通知》）要求开展全民所有自然资源资产平衡表编制试点工作。

第一节　自然资源资产平衡表编制的基本理论

一、自然资源资产平衡表核算范围及编制原则

（一）自然资源资产平衡表编制目的

全民所有自然资源资产平衡表是对自然资源资产管理情况进行综合反映的信息工具，有助于自然资源所有者、监管者进行相关决策，有助于社会公众了解有关情况，还能为履行"两统一"职责提供数据支撑。我国从 2021 年开始开展全民所有自然资源资产平衡表试点工作。

（二）自然资源资产平衡表核算范围

自然资源资产平衡表核算范围包括七类自然资源资产。其中，土地资源根据第三次国土调查工作分类，分为湿地、耕地、种植园用地、林地、草地、商业服务业用地、工矿用地、住宅用地、公共管理与公共服务用地、特殊用地、交通运输用地、水域及水利设施用地、其他土地共 13 个地类；森林资源细分为林地资源和林木资源；草原资源细分为草地资源和干草资源；矿产资源种类暂只核算《全国矿产资源规划（2016—2020 年）》中所列 22 种国家战略性矿产资源（不含稀土和放射性矿产）；海洋资源暂分为海域资源和无居民

海岛资源；水资源细分为地表水和地下水。此外，将土地（含湿地、林地、草地、水域）、海洋（海域和无居民海岛）归为国土空间资源，矿产资源、林木资源、干草资源和水资源归为物质资源。

（三）自然资源资产平衡表编制原则

一般地，编制自然资源资产平衡表应坚持五个原则：

（1）以分类核算为基础的原则。因为不同类型的自然资源（资产），其数量、质量和利用特性不同，将各类自然资源（资产）混在一起核算无法反映各类自然资源（资产）在数量、质量等方面的变化。不同类型的自然资源（资产）具有数量和质量方面的不可比性。

（2）坚持分类核算与综合核算相结合的原则。自然资源（资产）的实物核算只能分类进行，价值量核算既可分类核算也可综合核算。应以实物量分类核算为基础，反映各类资源（资产）的变化；同时通过价值量核算把握全局，反映自然资源资产的总体变化。

（3）以资源（资产）不变价为基础、兼顾即时市场价的原则。以不变价计量的自然资源（资产）价值在各年度间具有可比性，能真实地反映自然资源（资产）的变化情况。即时市场价的优势则在于能及时地反映资源（资产）的即时供求关系；以即时市场价计量的自然资源（资产）价值，可与以即时价计量的国内生产总值进行比较，反映自然资源（资产）利用效率或消耗水平。

（4）多部门联合核算的原则。自然资源（资产）具有多功能性，且各用途间具有互竞关系。单一部门核算不能全面地反映某一类自然资源（资产）的整体利用情况，而多部门联合核算则有助于把握自然资源（资产）全方位的利用情况。

（5）分层核算的原则。自然资源（资产）核算既可在全国范围内进行，各地区也可在小范围内进行，以在不同的空间尺度上反映自然资源资产的消长情况，同时也有助于监督各地区的自然资源（资产）开发利用、管理保护工作情况。

二、自然资源资产平衡表编制思路

（一）中央的相关要求

1. 对编制自然资源资产负债表提出直接要求

（1）党的十八届三中全会通过《中共中央关于全面深化改革若干重大问题的决定》要求：探索编制自然资源资产负债表，对领导干部实行自然资源资产离任审计。

（2）中共中央、国务院印发《关于加快推进生态文明建设的意见》要求：探索编制自然资源资产负债表，对领导干部实行自然资源资产和环境责任离任审计。

（3）中共中央、国务院印发《生态文明体制改革总体方案》要求：探索编制自然资源资产负债表。制定自然资源资产负债表编制指南，构建水资源、土地资源、森林资源等的资产和负债核算方法，建立实物量核算账户，明确分类标准和统计规范，定期评估自然资源资产变化状况。在市县层面开展自然资源资产负债表编制试点，核算主要自然资源实物量账户并公布核算结果。

（4）国务院办公厅印发《编制自然资源资产负债表试点方案》：对编制的总体要求、试点内容、基本方法、试点地区、时间安排等进行了明确。

（5）中共中央印发《中共中央关于建立国务院向全国人大常委会报告国有资产管理情况制度的意见》要求：加快编制政府综合财务报告和自然资源资产负债表。

2. 推进治理体系与治理能力现代化对报表编制提出新的要求

（1）党的十九届四中全会通过了《中共中央关于坚持和完善中国特色社会主义制度、推进国家治理体系和治理能力现代化若干重大问题的决定》：①提出要健全决策机制，加强重大决策的调查研究、科学论证、风险评估；②对行政机关提出"坚持为人民服务、对人民负责、受人民监督"的要求；③提出"强化自然资源管控"，要求全民所有自然资源资产负债表成为评价考核的工具，促进自然资源的合理开发和生态保护修复；④要求"发挥审计监督、统计监督职能作用"。

（2）中共中央、国务院印发《关于新时代加快完善社会主义市场经济体制的意见》要求：完善审计制度，对公共资金、国有资产、国有资源和领导干部履行经济责任情况实行审计全覆盖。

（3）《十三届全国人大常委会贯彻落实〈中共中央关于建立国务院向全国人大常委会报告国有资产管理情况制度的意见〉五年规划（2018—2022）》要求：积极推进编制以权责发生制为基础的政府综合财务报告、自然资源资产负债表等工作。

（4）《全国人民代表大会常务委员会关于加强国有资产管理情况监督的决定》要求：要适应国有资产管理改革需要，按照国家统一的会计制度规范国有资产会计处理，制定并完善与之相关的统计调查制度。加快编制政府资产负债表等会计报表和自然资源资产负债表。

3. 对全民所有自然资源资产负债表编制提出更高要求

（1）党的十八届三中全会通过的《关于〈中共中央关于全面深化改革若干重大问题的决定〉的说明》提出：国家对全民所有自然资源资产行使所有权并进行管理和国家对国土范围内自然资源行使监管权是不同的，前者是所有权人意义上的权利，后者是管理者意义上的权力。

（2）中共中央办公厅、国务院办公厅印发的《自然资源部职能配置、内设机构和人员编制规定》提出：党中央将履行全民所有各类自然资源资产所有者职责作为自然资源部的主要职责之一，并赋予其编制全民所有自然资源资产负债表、拟定考核标准的职责。

（3）中共中央办公厅、国务院办公厅印发的《关于统筹推进自然资源资产产权制度改革的指导意见》提出：应研究建立自然资源资产核算评价制度，开展实物量统计，探索价值量核算，编制自然资源资产负债表，并将重点开展自然资源资产负债表问题研究作为深入开展重大问题研究的重要内容。

（二）编制思路

1. 落实中央要求

党中央、国务院是报表的重要使用者，党中央、国务院所提出的要求，以及其对自然资源管理"关心什么""强调什么"，是我们设计报表体系框架和指标内容的根本遵循。

2. 坚持问题导向

推动解决"底数不清、权责不明"等自然资源资产管理的突出问题，着力解决现有实践中数据获取难度大、核算方法不统一等问题，以期实现"示家底、明权责、核收支、显履职、助决策"的目标。

3. 坚持有用可行

以回应所有者、监管者、社会公众等报表使用者关切为基本出发点，要注重报表编制技术可行性，使其易于操作。以编制成本可控为落脚点，充分利用现有工作成果，尽量避免采用新生成数据，确保结果能够验证、核查；充分发挥中央和地方的积极性，预留报表空间，鼓励地方因地制宜对报表进行补充、扩展。

4. 坚持循序渐进

按照循序渐进的原则，以实物量为重点，兼顾经济价值，开展自然资源资产核算。由于社会各方面对自然资源负债概念的认识尚不统一，暂不开展自然资源负债核算。

三、自然资源资产平衡表体系框架

全民所有自然资源资产平衡表体系框架由"报表体系+账户体系"组成。报表体系采用"2+3+3"结构，即 2 张主表、3 张附表、3 张分析表，为可拓展的开放体系，各地可结合实际增加指标和内容。在试点工作中暂不考虑 3 张分析表的编制。

（一）报表体系

1. 主表

主表由全民所有自然资源资产平衡表（资产平衡 01 表）和自然资源责任（义务）履行表（资产平衡 02 表）组成。"资产平衡 01 表"将土地（含湿地、林地、草地、水域）、海洋（海域和无居民海岛）归为国土空间资源，矿产资源、林木资源、干草资源和水资源归为物质资源。主表可反映国有自然资源资产的实物量、经济价值量以及国有自然资源资产委托代理、所有者权益情况，即反映资产"有什么、是多少、谁在管"，所有者权益"有多少"，起到"示家底、明权责"的作用。"资产平衡 02 表"通过相关指标反映自然资源保护、修复责任义务履行情况。

2. 附表

附表由全民所有自然资源资产经济价值变动情况表（资产平衡附 01 表）、

全民所有自然资源资产收支表（资产平衡附 02 表）和全民所有自然资源资产收入成本情况表（资产平衡附 03 表，本次暂不编制）组成。"资产平衡附 01 表"是对主表中的国有自然资源资产经济价值及实物量变动按照资源类别进行细化，通过各类资源实物量的增加或减少、价格的上涨或下降来反映全民所有自然资源资产经济价值变动情况。"资产平衡附 02 表"通过各类资源本年度的收入支出指标反映国有自然资源资产配置的收入实现情况以及自然资源生态保护修复等支出的保障情况，即资产配置收益"收了多少"，保护修复"投了多少"，资产配置收益用于保护修复之外的公共支出"提供了多少钱"，起到"核收支"作用。"资产平衡附 03 表"是对主表中国有自然资源资产配置的数量、方式、收入与对应成本情况进行细化说明，通过列示全民所有自然资源资产配置的数量、收入以及配置资产原账面金额，核算其配置损益，全面、客观地反映全民所有自然资源资产的配置情况，促进对国有自然资源资产配置的监督。

3. 成果分析应用表

成果分析应用表由耕地质量及粮食产能变动分析表（分析 01 表）、自然资源生态（系统）服务分析表（分析 02 表）和土地资源行业配置分析表（分析 03 表）组成。"分析 01 表"重点反映耕地资源的数量、质量变动情况，以及其所引起的粮食生产能力的变化，反映了土地资源资产的重大社会效益，即反映了"耕地有多少、质量怎么样、能产多少粮食、产了多少粮食"等信息，揭示了现有耕地资源保障国家粮食安全的能力。"分析 02 表"反映了陆地自然资源生态系统提供的与人类福祉最密切相关且监测与核算技术方法相对成熟的水源涵养、水土保持、防风固沙和固碳释氧等生态系统服务功能，反映了自然资源资产的重要生态效益，即自然资源生态系统服务"是什么、能产多少"，揭示了自然资源生态系统重要生态服务的作用机理与效果。"分析 03 表"反映了土地资源作为生产要素在国民经济各行业的配置分布，体现了土地资源与各行业发展主要经济指标的关系，即土地资源"配置到哪些行业、产生了什么效果"，揭示了土地资源要素的配置效率和效果。

（二）账户体系

账户体系由土地、矿产、森林、草原、海洋、水、湿地七类自然资源资产账户构成，从数量、质量、分布、权属、用途、价格、使用权、收益等方面揭示各类自然资源资产状况，为报表体系核算提供了基础数据，通过填写账户可直接生成报表。

自然资源资产平衡表体系框架如图5-1所示。

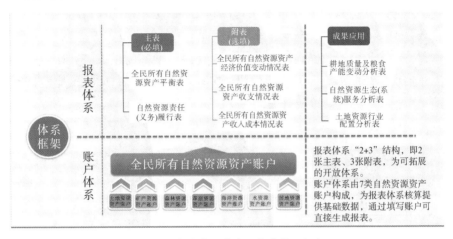

图5-1 自然资源资产平衡表体系框架

四、自然资源资产平衡表编制技术方法

全民所有自然资源资产平衡表采用"实物量+价值量"相结合的计量方法进行编制，用于核算全民所有自然资源资产价值。

（一）实物量核算

各类土地资源以土地面积计量，采用"国土三调"和国土变更调查数据；矿产资源采用矿产资源储量数据库数据；林木资源采用森林资源调查数据；干草资源采用草原调查统计数据；水资源暂采用水资源调查评价数据；海域和无居民海岛资源以面积计量，采用海域海岛动态监管系统、全国海域海岛地名普查等数据。

（二）价值量核算

自然资源资产具有经济、生态和社会等多重价值，但考虑到现有生态价值和社会价值核算方法争议较大，暂仅通过实物产出量反映部分生态和社会效益情况，目前价值核算仅包括经济价值。

经济价值核算应依据全民所有自然资源资产清查第二批试点建立的农用

地、建设用地、矿产、森林、草原、海域和无居民海岛等全民所有自然资源
资产清查价格体系开展核算。

目前还没有成熟的自然资源生态和社会价值核算方法，试点将自然资源
资产的生态和社会效益实物量产出情况作为成果应用分析内容之一。其中，
生态效益主要通过湿地、耕地、种植园用地、林地和草地等产生的水源涵养、
土壤保持、防风固沙和固碳释氧等生态系统服务的实物量反映；社会效益主
要通过粮食生产能力、提供就业岗位、实现税收等情况，反映土地资源粮食
供给能力，分行业配置以及行业创造就业、税收等。

（三）编制技术

全民所有自然资源资产平衡表采用"实物量+价值量"相结合的计量方
法，核算全民所有自然资源资产价值。

1. 充分依据"G 省全民所有自然资源资产清查试点成果表"

"G 省全民所有自然资源资产清查试点成果表"提供了土地资源、矿产资
源、森林资源、草原资源、海洋资源和湿地资源六类资源的子图斑面积和经
济价值等相关数据；水资源数据源于《G 省水资源公报》和 A 市水资源调研
数据。项目组以此为依据填入各类资源的账户。

2. 现场调研，补充和核实数据

项目组分别于 2022 年 6 月 15 日和 6 月 30 日两次赴 A 市调研，收集 A 市
（市本级）及其所辖三城区七类自然资源账户填报的基础资料。项目组成员评
价基础资料的有效性，对收集的基础资料和资源厅提供的清查试点成果表数
据进行核实，并填入试点编制平台。其中，水资源数据来自《G 省水资源公
报》和 A 市水资源调研数据。

3. 与自然资源价格建设相结合，科学计量各类自然资源资产价值

项目组成员根据 G 省自然资源厅提供的清查试点成果表中的清查价格和
经济价值，结合项目组成员已有的相关自然资源核算研究成果，确定各类自
然资源的经济价值。

（四）报表填报说明

1. 全民所有自然资源资产平衡表（资产平衡 01 表）

本表从全民所有自然资源资产和所有者权益两个角度展示核算区域在核
算期初和期末的自然资源资产数量（实物量）和金额（经济价值量）。一是

反映各类自然资源资产的实物量、经济价值量及变化情况，并通过经济价值量的分类汇总体现全民所有自然资源资产的总体情况；二是反映不同所有权（代理）行使主体的全民所有自然资源资产情况，有助于推动不同所有权（代理）行使主体的全民所有自然资源资产管理制度的完善。

（1）编制目的

本表主要反映报告期内编制主体行政区域内全民所有自然资源资产的实物量，经济价值期初、期末存量情况，以及不同层级受委托代理行使所有权主体的全民所有自然资源资产权益期初、期末情况，总体反映各级主体的全民所有自然资源资产实物量和价值量"家底"情况、受托责任履行情况、空间用途管制的结果以及生态保护修复情况。

（2）核算范围

本表核算范围为本行政区内的全民所有自然资源资产。

（3）核算方法

本表中第1、2、3、4列中的土地资源数量及金额数据根据账户中全民所有土地资源资产表（土地01表）和储备土地资源资产表（土地06表）填报；海洋资源数量及金额数据根据账户中海域资源资产表（海洋01表）和无居民海岛资源资产表（海洋02表）填报；林木资源数量及金额数据根据账户中全民所有林木资源资产表（森林01表）填报；干草资源数量及补充材料数据根据账户中全民所有草原资源资产表（草原01表）填报；矿产资源数量及金额数据根据账户中油气矿产资源资产表（矿产01表）、固体矿资源资产表（矿产02表）填报；水资源数量及金额数据根据账户中水资源资产表（水资源01表）填报；湿地资源数量数据根据账户中湿地资源资产表（湿地资源01表）填报。

本表中第5、6、7、8列中央直接行使所有权、委托或法律授权省级政府代理行使所有权、委托或法律授权市（地）级政府代理行使所有权、法律授权县级政府代理行使所有权的各资源门类数据根据账户中全民所有土地资源资产权益变动表（土地04表）、矿产资源资产权益变动表（矿产05表）、全民所有森林资源资产权益变动表（森林04表）、全民所有草原资源资产权益变动表（草原04表）、海洋资源资产权益变动表（海洋05表）、水资源资产权益变动表（水资源04表）、全民所有湿地资源资产权益变动表（湿地04表）中数据填报。

（4）相关说明

本表从全民所有自然资源资产和所有者权益两个角度展示核算区域在核算期初和期末的自然资源资产数量（实物量）和金额（经济价值量）。一是反映各类自然资源资产的实物量、经济价值量及变化情况，并通过经济价值量的分类汇总体现全民所有自然资源资产的总体情况。二是反映不同所有权（代理）行使主体的全民所有自然资源资产情况，有助于推动不同所有权（代理）行使主体的全民所有自然资源资产管理制度的完善。

自然资源资产分为国土空间资源（土地资源、海洋资源）和物质资源（林木资源、干草资源、矿产资源、水资源）两大类。所有者权益按照委托代理所有权改革要求，细分为中央直接行使所有权、委托或法律授权省级政府代理行使所有权、委托或法律授权市（地）级政府代理行使所有权和法律授权县级政府代理行使所有权四类。国土空间资源数据源于自然资源主管部门，主要从"国土三调"、年度国土变更调查、海域海岛动态监管系统中获取数据。物质资源中，林木资源和干草资源数据源于林业和草原主管部门，矿产资源数据源于自然资源主管部门，水资源数据源于自然资源主管部门和水利主管部门。

各类自然资源资产金额为该类资源资产数量与该类资源资产估算价格的乘积。其中，考虑到湿地资源资产蕴含丰富的生态价值，但因其经济价值的核算方法尚未明确，暂不核算湿地资源资产的经济价值；为避免与草地经济价值重复计算，暂不核算干草经济价值；水资源暂不核算其经济价值。本表式中各类国土空间资源的期初、期末金额对应资产平衡附01表中相应资源的"期初价值"和"期末价值"。林木资源期初、期末金额对应资产平衡附01表中的"期初价值"和"期末价值"；矿产资源的期初、期末金额对应资产平衡附01表中矿产资源的"期初价值"和"期末价值"；水资源的期初、期末金额对应资产平衡附01表中水资源的"期初价值"和"期末价值"。

2. 自然资源责任（义务）履行表（资产平衡02表）

（1）编制目的

本表主要反映报告期内编制主体应承担的自然资源资产保护、修复责任义务的履行情况，体现各级政府在自然资源保护、修复等方面的工作成效。本表为开放式设计，指标设计以正向激励为主，省级自然资源主管部门根据实际情况统一选取指标。

（2）核算范围

本表核算范围为本行政区内的全民所有及集体所有的自然资源。

（3）核算方法

在本表中，自然灾害损毁土地复垦面积根据土地资源资产账户的土地资源责任（义务）履行情况表（土地02表）填报；累计矿山环境恢复治理面积根据矿产资源资产账户的矿产资源责任（义务）履行情况表（矿产03表）填报；人工造林面积根据森林资源资产账户的森林资源责任（义务）履行情况表（森林02表）填报；退耕还草面积根据草原资源资产账户的草原资源责任（义务）履行情况表（草原02表）填报；修复海岸线长度、自然岸线保有率根据海洋资源资产账户的海洋资源责任（义务）履行情况表（海洋03表）填报；地表水国控断面水质优良率根据水资源资产账户的水资源责任（义务）履行情况表（水资源02表）填报；修复退化湿地面积根据湿地资产账户的湿地资源责任（义务）履行情况表（湿地02表）填报。"其他"为开放项，由省级自然资源主管部门结合实际，统一制定省内"其他"项指标，以便进行省内横向比较。

（4）相关说明

本表为必填表。本表通过数据对比，体现了保护和修复责任（义务）的相关指标期初、期末值，从一定程度上反映了受托责任主体履行自然资源保护和修复责任（义务）的基本情况，促使受托责任主体开展自然资源保护和修复活动。本表表式采用开放式设计，仅列示必填指标，编制主体可根据实际增加能体现本区域相关自然资源管理成效的指标，指标设计以正向激励为主，鼓励地方履行历史遗留和新增的自然资源责任（义务）。为保证省级行政单元内部各区域可比性，由省级自然资源主管部门统一"其他"项指标设置。

在本表中，自然灾害损毁土地复垦面积、累计矿山环境恢复治理面积数据源于自然资源主管部门；修复海岸线长度、自然岸线保有率数据源于海洋主管部门；修复退化湿地面积、人工造林面积、退耕还草面积数据源于林业和草原主管部门；地表水国控断面水质优良率数据源于生态环境主管部门。

3. 全民所有自然资源资产经济价值变动情况表（资产平衡附01表）

（1）编制目的

本表编制的目的是，展示自然资源资产价值总量、构成及变动情况，反映自然资源管理实效，促进自然资源高效利用，揭示核算期内的各类自然资源资产经济价值变动的原因。

（2）核算范围

本表核算范围为编制主体行政区域内的全民所有自然资源资产。

（3）核算方法

在本表中，经济价值变动情况为年末与年初的年度变化情况。

计算方法：自然资源资产经济价值净变动量＝期末价值－期初价值。其中，自然资源资产经济价值净变动量包括实物量变动引起的价值变动和价格变动引起的价值变动。

本表中第 1 行至第 15 行数据根据湿地 01 表、土地 01 表和 06 表填报，第 17、18 行数据根据海洋 01 表和 02 表填报，第 20 行至第 22 行数据根据森林 01 表填报，第 26 行至第 47 行数据根据矿产 01 表和 02 表填报，第 48、49 行数据根据水资源 01 表填报。

（4）相关说明

在表中，"实物量增加""价格上涨"分别是指因实物量增加、价格上涨引起的价值量增加的金额，"实物量减少""价格下降"分别是指因实物量减少、价格下降引起的价值量减少的金额。

4. 全民所有自然资源资产收支情况表（资产平衡附 02 表）

（1）编制目的

本表主要反映了报告期内，各级编制主体本级受托行使所有权的全民所有自然资源资产配置收入及自然资源管理支出情况。

（2）核算范围

本表核算范围为本行政区内配置全民所有自然资源资产取得的相关收入及自然资源资产保护修复等方面的支出情况。

（3）核算方法

本表根据土地 03 表、矿产 04 表、森林 03 表、草原 03 表、湿地 03 表、水资源 03 表、海洋 04 表等各类自然资源账户中相应数据填报。

（4）相关说明

土地、矿产和海洋资源相关的收入和支出数据源于自然资源主管部门；森林、草原、湿地资源相关收入和支出数据源于林业和草原主管部门；水资源相关支出数据源于水利主管部门；生态补偿支出数据源于财政主管部门。

5. 全民所有自然资源资产收入成本情况表（资产平衡附 03 表）

（1）编制目的

本表列示了全民所有自然资源资产配置的数量、收入以及配置资产原账面金额，核算了其配置损益，全面、客观地反映全民所有自然资源资产的配置情况，以加强对国有自然资源资产配置的监督，推动资产的市场化配置。

（2）核算范围

本表的核算范围包括资产配置数量、配置收入、配置成本、损益情况四方面。资产配置的方式分为划拨、出让、作价出资（入股）、授权经营和租赁五类。损益情况为配置收入与配置资产账面情况的差额。

（3）核算方法

本表第 1、2、3、4 行根据账户中的土地 05 表数据填报，第 5 行根据账户中的森林 05 表数据填报，第 6 行数据根据账户中的草原 05 表数据填报，第 7 行根据账户中的湿地 05 表数据填报，第 8、9、10 行根据账户中的海洋 06 表数据填报，第 11 行根据账户中的矿产 06 表数据填报，第 12 行根据账户中的水资源 05 表数据填报。

6. 耕地质量及粮食产能变动分析表（成果分析 01 表）

（1）编制目的

本表主要反映耕地资源的数量、质量变动情况，以及所引起的粮食生产能力的变化情况，重点突出其可实现产能和现实产能的变动情况，强调耕地资源的社会价值，科学反映现有耕地资源保障国家粮食安全的能力。

（2）核算范围

本表的核算范围为编制主体行政区内的全民所有及集体所有耕地资源。

（3）核算方法

本表根据耕地质量及粮食生产能力情况进行填报。其中，可实现产能和现实产能依据各等别耕地面积和种植比例进行测算。

（4）相关说明

本表由自然资源部会同省级自然资源主管部门共同填报。本表以耕地质量等别调查评价成果为基础，设置可实现产能、种植情况、现实产能等指标，反映不同等别耕地面积、粮食生产能力、粮食作物种植情况等内容，显化耕地资源变化对粮食安全的影响。一是从资源管理角度出发，通过各等别耕地面积数据反映耕地资源数量、质量等别变化，严守耕地资源红线；二是从粮食安全角度出发，通过各等别耕地的可实现产能数据反映耕地资源潜在的粮食生产能力；三是从实际利用角度出发，通过粮食作物种植情况变化反映耕地资源现实生产能力，确保耕地资源合理利用。

本表数据源于耕地质量等别年度更新评价成果和地理国情监测成果。其中，耕地质量等别年度更新评价成果包括耕地质量等别数据库、耕地质量等别年度更新数据包、年度更新评价分析报告及表格数据等；地理国情监测成果为粮食作物播种空间分布矢量数据及播种面积汇总表等。

本表"本年增加"和"本年减少"的面积数据源于年度新增耕地等别面积分类型统计表、年度减少耕地等别面积分类型统计表和年度质量建设耕地等别面积分类型统计表。本年增加（减少）的耕地等别面积分类型统计表有两种，一是年度新增（减少）耕地等别面积分类型统计表，二是年度质量建设耕地等别面积分类型统计表。

7. 自然资源生态（系统）服务分析表（成果分析 02 表）

（1）编制目的

本表选取生态（系统）服务过程明显、监测与核算技术方法成熟、与人类福祉最密切相关的水源涵养、水土保持、防风固沙和固碳释氧四项生态（系统）服务功能作为自然资源生态（系统）服务核算、监测、分析的重点内容，通过计算、分析四项生态（系统）服务功能年际物质量，定量展示自然资源生态（系统）服务功能强度改善程度，直观反映自然资源管理产生的生态效益；分析年际自然资源生态（系统）服务物质量年际盈亏情况，为自然资源管理部门制定科学的自然资源管理决策提供依据。

（2）核算范围

本表核算范围为编制主体行政区内的可提供生态（系统）服务的主要土地资源。

（3）相关说明

本表通过自然资源提供的水源涵养、土壤保持、防风固沙和固碳释氧四项生态（系统）服务功能，定量核算自然资源在调节水资源、防止土地退化、防治风蚀、固定碳素、释放氧气方面的功能强度和贡献量，考核自然资源管理生态成效。

8. 土地资源行业配置分析表（成果分析 03 表）

（1）编制目的

本表选取部分经济社会发展指标，试图构建土地资源与国民经济行业的配置关系，揭示土地资源要素与国民经济行业的配置状况和效率情况，从而反映土地资源作为生产要素体现的社会价值。

（2）核算范围

本表的核算范围为编制主体行政区内的全民所有及集体所有的土地资源。

（3）相关说明

本表从要素配置的角度出发，以土地资源为生产要素，反映其与各生产行业的要素配置情况，从而反映其社会价值。本表表式左侧列示各类土地资源，右侧列示与其配置的国民经济行业。在本表中，"就业人员"指的是在 16 周岁及以上，从事一定社会劳动并取得劳动报酬或经营收入的人员。这一群体的数据反映了一定时期内我国土地资源行业全部劳动力资源的实际利用情况，是研究我国基本国情国力的重要指标。"增加值"指的是常住单位在生产过程中创造的新增价值，它可以根据生产法计算，也可以根据收入法计算。根据生产法计算，其值等于总产出减去中间投入之差；根据收入法计算，其值等于劳动者报酬、生产税净额、固定资产折旧和营业盈余之和。"税收额"指增值税、企业所得税、个人所得税、资源税、固定资产投资方向调节税、城市维护建设税、房产税、印花税、城镇土地使用税、土地增值税、车船税、耕地占用税、契税、烟叶税、其他税收的收入总额。

第二节　账户设置

联合国统计署等国际机构发布的《环境经济核算体系-中心框架》（SEEA2012），将自然资源资产账户分为矿产和能源资源资产账户、土地资源资产账户、土壤资源资产账户、木材资源资产账户、水生资源资产账户、其他生物资源资产账户、水资源资产账户等七类，而我国则从不同角度对自然资源进行了分类。2015 年，国务院颁布的《编制自然资源资产负债表试点方案》从编制自然资源资产负债表的角度，对自然资源资产进行了划分，即

"我国自然资源资产负债表的核算内容主要包括土地资源、林木资源和水资源。土地资源资产负债表主要包括耕地、林地、草地等土地利用情况，耕地和草地质量等级分布及其变化情况。林木资源资产负债表包括天然林、人工林、其他林木的蓄积量和单位面积蓄积量。水资源资产负债表包括地表水、地下水资源情况，水资源质量等级分布及其变化情况"。2020 年,《自然资源部办公厅关于开展全民所有自然资源资产平衡表编制试点工作的通知》规定，全民所有自然资源资产平衡表核算范围为土地、矿产、森林、草原、湿地、水、海洋等七类自然资源资产。因此，本书将按照这七类资源设置账户。

一、土地资源资产账户设置

土地资源按照第三次全国国土调查（以下简称"国土三调"）工作分类，分为耕地、种植园用地、林地、草地、商业服务业用地、工矿用地、住宅用地、公共管理与公共服务用地、特殊用地、交通运输用地、水域及水利设施用地、其他土地共 12 个地类。

土地资源资产账户中共有 6 张表，分别为：全民所有土地资源资产表（土地 01 表）、土地资源责任（义务）履行情况表（土地 02 表）、全民所有土地资源资产收支表（土地 03 表）、全民所有土地资源资产权益变动表（土地 04 表）、全民所有土地资源资产收入成本表（土地 05 表，本次暂不编制）、储备土地资源资产表（土地 06 表）。

（一）全民所有土地资源资产表（土地 01 表）

1. 核算内容

土地 01 表的核算内容包括耕地（水田、水浇地、旱地）、种植园用地（果园、茶园、橡胶园、其他园地）、林地（乔木林地、竹林地、灌木林地、其他林地）、草地（天然牧草地、人工牧草地、其他草地）、商业服务业用地（商业服务业设施用地、物流仓储用地）、工矿用地（工业用地、采矿用地）、住宅用地（城镇住宅用地、农村宅基地）、公共管理与公共服务用地（机关团体新闻出版用地、科教文卫用地、公用设施用地、公园与绿地）、特殊用地（交通运输用地、铁路用地、轨道交通用地、公路用地、城镇村道路用地、交通服务场站用地、农村道路、机场用地、港口码头用地、管道运输用地）、水域及水利设施用地（河流水面、湖泊水面、水库水面、坑塘水面、沟渠、水工建筑用地、冰川及永久积雪）以及其他土地（设施农用地、田坎、盐碱地、沙地、裸土地、裸岩石砾地）。

土地 01 表由县级及县级以上自然资源主管部门负责填报。数量数据源于"国土三调"和年度国土变更利用调查数据，价格数据参考全民所有自然资源资产清查价格体系。

2. 核算方法

耕地、种植园采用地资产经济价值量核算方法，基于"国家整体控制、省级细化控制、县级具体估算"基本框架进行核算，其具体核算流程如下：①基于自然、经济、社会条件基本一致的原则，划分国家级均质区域；②以县为单位进行样点调查，收集整理地价相关资料；③按照资产清查价格内涵，通过年租金或净收益还原、交易单价直接修正等方法计算样点地价，通过算术平均法确定各均质区域农用地的平均价格；④通过比较、验证、分析和统筹平衡，建立国家级价格体系，作为各省级价格体系建设的指导标准；⑤各省（自治区、直辖市）在国家级价格体系基础上，根据本省（自治区、直辖市）情况建立省级价格体系，用于指导各县（区）开展经济价值估算工作；⑥各县（区）以"国土三调"成果为底图，套合耕地质量等别年度更新评价成果，获得实物量数据；根据本县情况，选用合适的经济价值估算方法来确定经济价值估算的资产清查价格，并分类估算其经济价值。

水域及水利设施用地中的水库水面、坑塘水面，其他土地中的设施农用地资产经济价值量核算方法参照耕地、种植园用地核算方法，并按照同一均质区域内相应地类的样点地价数据，分别求取其区域平均价格。

（二）土地资源责任（义务）履行情况表（土地 02 表）

此账户用于核算某行政区内自然灾害损毁土地复垦面积及其他情况。由县级及县级以上自然资源主管部门按年填报，其数据来自土地统计调查成果。地方相关部门可根据实际情况对其他指标进行补充调整，如"农用地整治面积""建设用地整理面积""生态修复面积"等。

（三）全民所有土地资源资产收支表（土地 03 表）

此账户用于核算某行政区内本年度土地资源资产收入和支出情况。其中，本年收入包括国有土地使用权出让收入和其他收入；本年支出包括土地取得支出、征地和拆迁补偿支出、土地前期开发费用、生态保护修复财政专项支出（土壤污染防治支出、土地综合整治支出、其他生态保护修复财政专项支出）、其他支出。此账户数据源于财政、自然资源主管部门统计台账。"国有土地使用权出让收入"填写合同金额；"其他生态保护修复财政专项支出（土地资源）"填写用于土地资源的生态保护修复财政支出，若本行政区内的生态保护修复财政专项无法按资源类型分割，则将全部生态保护修复财政专项支出列于此项；地方相关部门可根据实际情况对"其他收入"和"其他支出"指标进行补充调整。

（四）全民所有土地资源资产权益变动表（土地04表）

此账户用于核算本行政区内的全民所有土地资源资产权益变动情况，但不含林地、草地、湿地资源资产。全民所有土地资源资产权益（含储备土地）按中央直接行使所有权、委托或法律授权省级政府代理行使所有权、委托或法律授权市（地）政府代理行使所有权、法律授权县级政府代理行使所有权四级分别进行核算。

（五）全民所有土地资源资产收入成本表（土地05表）

全民所有土地资源资产收入成本表（土地05表）填写本地区本级本年土地资源资产配置收入情况及配置成本。土地资源资产的配置方式包括出让、作价出资（入股）、授权经营、租赁、划拨及其他。因自然资源部规定，此账户暂不填报。

（六）储备土地资源资产表（土地06表）

此账户用于核算土地收储的价值变动。储备土地资产包括湿地、耕地、种植园用地、林地、草地、商业服务业用地、工矿用地、住宅用地、公共管理与公共服务用地、特殊用地、交通运输用地、水域及水利设施用地、其他土地等。此账户数据源于土地储备监测监管系统和土地储备管理台账。

储备土地资产经济价值量核算方法为：①储备土地的规划用途、规划容积率等规划条件明确，前期开发已完成且具备宗地地价评估客观条件的，按照规划条件采用基准地价系数修正法测算预期土地出让收入或划拨地价款，并估算其经济价值。规划条件明确，尚未进行土地前期开发，或正在进行土地前期开发的储备土地，先按照规划条件采用基准地价系数修正法测算预期土地出让收入或划拨地价款，再采用预算储备开发成本扣减已经发生的储备开发成本，得到预算继续投入成本，最后将预期土地出让收入或划拨地价款减去预算继续投入成本所得结果，作为其经济价值。②储备土地的规划用途、规划容积率等规划条件不明或者尚未有规划条件时，按照已经发生的收储成本、前期开发成本、资金成本和其他成本支出估算其经济价值。

二、矿产资源资产账户设置

矿产资源资产账户中有 6 张表，分别为油气矿产资源资产表（矿产 01 表）、固体矿产资源资产表（矿产 02 表）、矿产资源责任（义务）履行情况表（矿产 03 表）、矿产资源资产收支表（矿产 04 表）、矿产资源资产权益变动表（矿产 05 表）、矿产资源资产收入成本表（矿产 06 表，暂不填列）。

（一）油气矿产资源资产表（矿产 01 表）

此账户用于核算本行政区内油气矿产资源资产，油气矿产资源资产包括石油、天然气、页岩气和煤层气。此账户数据源于石油和天然气储量数据来自石油天然气储量统计业务系统，价格数据参考全民所有自然资源资产清查价格体系，分类参考《油气矿产资源储量分类》（GB/T 19492-2020）。

油气矿产资源资产经济价值量核算方法为：将全国油气田进行分类，每个类型选择若干"标准油气田"，收集其销售收入、成本、税费等资料，测算这些"标准油气田"的油气资源资产单价，通过数学统计调整形成油气的清查价格，再乘以剩余经济可采储量得到其价值量。为测算油气资源资产清查价格，"标准油气田"按油气种类进行分类，统计油气田内生产企业相关数据，模拟出一个能代表油气田平均价格水平的油气田。

（二）固体矿产资源资产表（矿产 02 表）

此账户用于核算本行政区内固体矿产资源资产。固体矿产资源资产包括煤炭、铁矿、铬铁矿、铜矿、铝土矿、镍矿、钴矿、钨矿、锡矿、钼矿、锑矿、金矿、锂矿、锆矿、普通萤石、磷矿、钾盐、晶质石墨等。此账户中推断资源量、控制资源量、探明资源量、证实储量、可信储量等数据源于固体矿产资源探明资源量及固体矿产储量统计业务系统。固体矿产资源资产经济价值量核算方法为：首先，分矿种选择"标准矿山"收集销售收入、成本、税费等资料,测算"标准矿山"的矿产资源资产单价;其次,通过系数调整得到各矿种的清查价格,再用此清查价格乘以各矿种的储量得到矿产资源资产价值量;最后,将各矿种的价值估算结果汇总形成矿产资源资产总价值。为测算矿产资源资产清查价格,"标准矿山"按矿种分区,统计矿区内生产矿山相关数据,模拟出一个能代表矿区平均价格水平的矿山。

(三)矿产资源责任(义务)履行情况表(矿产 03 表)

此账户用于核算矿山环境恢复治理面积,数据源于矿产资源统计调查。由县级及县级以上自然资源主管部门负责填报。

(四)矿产资源资产收支表(矿产 04 表)

此账户用于核算本行政区内矿产资源资产收入和支出情况。其中,本年收入包括矿业权出让收益和其他收入;本年支出包括矿产勘查支出、生态保护修复财政专项支出。此账户中矿山地质环境恢复治理支出、其他生态保护修复财政专项支出(矿产资源)、其他支出、矿业权出让收益、矿山地质环境恢复治理支出数据源于财政、自然资源主管部门统计台账;矿产勘查支出数据由省级自然资源主管部门统一分劈至市(地)级和县(区)级主管部门,各县(区)、市(地)级主管部门根据省级自然资源主管部门分劈后的数据分别填报矿产资源资产账户。

(五)矿产资源资产权益变动表(矿产 05 表)

此账户用于核算本行政区内矿产资源资产权益的变动情况,由各级自然资源主管部门负责填报。填报此账户时,各级主管部门按中央直接行使所有权、委托或法律授权省级政府代理行使所有权、委托或法律授权市(地)政府代理行使所有权、县级政府代理行使所有权四个层级分别填报。

(六)矿产资源资产收入成本表(矿产 06 表)

矿产资源资产的配置是指出让探矿权和采矿权,其配置方式与土地资源配置方式相同,包括出让、作价出资(入股)、授权经营、租赁、划拨及其他。"矿产 06 表"需按照矿种分别填写矿产资源资产配置收入情况,由县级及县级以上自然资源主管部门负责填报,此账户数据源于自然资源主管部门统计台账。若矿产资源资产曾发生探矿权转采矿权情况,则需在备注中进行说明,并根据自然资源部规定,暂不填报此账户。

三、森林资源资产账户设置

森林资源细分为林地资源和林木资源。森林资源资产账户中有 5 张表，分别为全民所有林木资源资产表（森林 01 表）、森林资源责任（义务）履行情况表（森林 02 表）、全民所有森林资源资产收支表（森林 03 表）、全民所有森林资源资产权益变动表（森林 04 表）、全民所有森林资源资产收入成本表（森林 05 表）。

（一）全民所有林木资源资产表（森林 01 表）

全民所有林木资源资产包括乔木林、竹林和灌木，乔木林、竹林和灌木又分为用材林、经济林、能源林、防护林和特种用途林五类。森林 01 表由县级及县级以上林业和草原主管部门负责填报，该表数据源于县级林业和草原主管部门林木资源情况统计表。此表为开放式表，各地主管部门可根据实际情况补充树种。

（二）森林资源责任（义务）履行情况表（森林 02 表）

此账户用于核算县级及县级以上林业和草原主管部门责任（义务）履行情况，其数据源于自然资源管理统计调查。

（三）全民所有森林资源资产收支表（森林 03 表）

此账户用于核算行政区内全民所有森林资源本年收支情况。其中，本年收入包括配置收入和其他收入；本年支出主要为生态保护修复财政专项支出，包括林业草原生态保护恢复支出（森林资源）、林业改革发展支出、其他生态保护修复财政专项支出（森林资源）和其他支出。此账户数据源于财政、林业和草原主管部门统计台账。"全民所有森林资源配置收入"填写合同金额；"林业草原生态保护恢复支出（森林资源）"填写用于森林生态保护恢复的财政支出，"其他生态保护修复财政专项支出（森林资源）"填写用于森林资源的生态保护修复财政支出。地方主管部门可根据实际情况对"其他收入"和"其他支出"指标进行补充调整。

（四）全民所有森林资源资产权益变动表（森林 04 表）

此账户按中央直接行使所有权、委托或法律授权省级政府代理行使所有权、委托或法律授权市（地）政府代理行使所有权及法律授权县级政府代理

155

行使所有权四级分别核算林地和林木资产的权益变动情况。

(五) 全民所有森林资源资产收入成本表 (森林05表)

森林资源资产的配置方式同土地资源和矿产资源,配置方式包括出让、作价出资 (入股)、授权经营、租赁、划拨及其他。根据自然资源部的相关规定,此账户暂不填报。

四、草原资源资产账户设置

草原资源可细分为草地资源和干草资源。草原资源资产的账户中共有5张表,分别为全民所有草原资源资产表 (草原01表)、草原资源责任 (义务) 履行情况表 (草原02表)、全民所有草原资源资产收支表 (草原03表)、全民所有草原资源资产权益变动表 (草原04表)、全民所有草原资源资产收入成本表 (草原05表)。

(一) 全民所有草原资源资产表 (草原01表)

此账户用于核算本行政区内的全民所有草原资源资产,其数量数据源于林业和草原主管部门统计台账,产量及载畜量数据源于草原监测报告。此账户主要包括干草产量、理论载畜量和实际载畜量等数据。此账户的干草产量按1~8级列示,但实际工作中相关部门尚未按级统计干草数量。

(二) 草原资源责任 (义务) 履行情况表 (草原02表)

此账户用于核算本级政府对草原资源责任 (义务) 履行情况,可用退耕还草面积作为指标考核,也可根据实际情况增加"草原综合植被盖度"等指标进行考核。此账户数据源于自然资源管理统计调查成果。

(三) 全民所有草原资源资产收支表 (草原03表)

此账户用于核算本行政区内的草原资源资产本年收入和支出情况。其中,本年收入包括全民所有草原资源配置收入和其他收入;本年支出为生态保护修复财政专项支出,可分为林业草原生态保护恢复支出 (草原资源) 和其他生态保护修复财政专项支出 (草原资源)。此账户数据来源于财政、林业和草原主管部门统计台账。

（四）全民所有草原资源资产权益变动表（草原04表）

此账户用于核算本行政区内的全民所有草地资源资产，但不核算干草资产。此账户按中央直接行使所有权、委托或法律授权省级政府代理行使所有权、委托或法律授权市（地）政府代理行使所有权以及法律授权县级政府代理行使所有权四级分别核算草原资源资产权益变动情况。

（五）全民所有草原资源资产收入成本表（草原05表）

草原资源资产的配置方式同土地资源、矿产资源和森林资源，配置方式包括出让、作价出资（入股）、授权经营、租赁、划拨及其他。根据自然资源部规定，此账户暂不填报。

五、海洋资源资产账户设置

海洋资源暂分为海域资源和无居民海岛资源。海洋资源资产账户中有6张表，分别为海域资源资产表（海洋01表）、无居民海岛资源资产表（海洋02表）、海洋资源责任（义务）履行情况表（海洋03表）、海洋资源资产收支表（海洋04表）、海洋资源资产权益变动表（海洋05表）、海洋资源资产收入成本表（海洋06表）。

（一）海域资源资产表（海洋01表）

此表用于填写本行政区内的海域资源资产。此表所涉及的本行政区内海域资源资产，其海域按1~6等进行分类填写。其中，海域面积数据来自海域海岛动态监管系统，海域资源资产价格参考海域资源资产清查价格体系。

（二）无居民海岛资源资产表（海洋02表）

此表填写本行政区内的无居民海岛资源资产，表中无居民海岛按1~6等进行分类。其数据源于无居民海岛面积数据来自海域海岛动态监管系统，价格参考无居民海岛资源资产清查价格体系。

（三）海洋资源责任（义务）履行情况表（海洋03表）

此表用于填写海洋资源责任（义务）履行情况，将修复海岸线长度、自然岸线保有率、围填海历史遗留问题处理面积等作为海洋资源责任（义务）

履行情况的考核指标。其数据源于自然资源综合统计调查成果。

（四）海洋资源资产收支表（海洋04表）

此表用于填写本行政区内的海洋资源资产收入支出情况。本年收入包括海域使用金收入、无居民海岛使用金收入和其他收入。本年支出为生态保护修复财政专项支出，该专项支出又分为海岛及海域保护支出、海洋生态保护修复支出、其他生态保护修复财政专项支出（海洋资源）、其他支出等。此表数据来源于财政、海洋主管部门统计台账。

（五）海洋资源资产权益变动表（海洋05表）

此表用于填写海域和无居民海岛权益的变动情况。海域和无居民海岛权益变化情况按照中央直接行使所有权、委托或法律授权省级政府代理行使所有权、委托或法律授权市（地）政府代理行使所有权和法律授权县级政府代理行使所有权四级分别进行核算。此表数据源于在全民所有自然资源资产所有权委托代理机制全面建立之前只填报合计数。

（六）海洋资源资产收入成本表（海洋06表）

海洋资源资产的配置方式同土地资源、矿产资源、森林资源、草原资源，其配置方式包括出让、作价出资（入股）、授权经营、租赁、划拨及其他。根据自然资源部的有关规定，此账户暂不填报。

六、水资源资产账户设置

水资源细分为地表水和地下水。水资源资产账户中有5张表，分别为水资源资产表（水资源01表）、水资源责任（义务）履行情况表（水资源02表）、水资源资产收支表（水资源03表）、水资源资产权益变动表（水资源04表）、水资源资产收入成本表（水资源05表）。

（一）水资源资产表（水资源01表）

水资源分为地表水和地下水。水资源总量为地表水资源量加上地下水资源量减去地下水与地表水资源重复量。此表数据源于水资源公报。由于水资源资产价值量核算难度大，暂时只核算水资源的实物量，不核算其价值量。

（二）水资源责任（义务）履行情况表（水资源02表）

此表用于核算水资源责任（义务）履行情况，目前通常用地表水国控断面水质优良率、地表水省控断面水质优良率等指标来考核水资源责任（义务）履行情况。其数据源于生态环境主管部门统计台账。

（三）水资源资产收支表（水资源03表）

此表用于核算水资源收入支出情况。其中，本年收入指水权出让、作价投资入股等收入，本年支出包括生态保护修复财政专项支出和其他生态保护修复财政专项支出（水资源）。其数据源于财政、水利主管部门统计台账。

（四）水资源资产权益变动表（水资源04表）

此表用于填写本行政区内的水资源资产权益变动情况，按中央直接行使所有权、委托或法律授权省级政府代理行使所有权、委托或法律授权市（地）政府代理行使所有权和法律授权县级政府代理行使所有权四级分别进行核算。此表在全民所有自然资源资产所有权委托代理机制全面建立之前只填报合计数。

（五）水资源资产收入成本表（水资源05表）

水资源资产的配置方式同土地资源、矿产资源、森林资源、草原资源和海洋资源，其配置方式包括出让、作价出资（入股）、授权经营、租赁、划拨及其他。根据自然资源部规定，此账户暂不填报。

七、湿地资源资产账户设置

湿地资源包括红树林地、森林沼泽、灌丛沼泽、沼泽草地、盐田、沿海滩涂、内陆滩涂和沼泽地等。

湿地资源资产账户中有五张表，分别为全民所有湿地资源资产表（湿地01表）、湿地资源责任（义务）履行情况表（湿地02表）、湿地资源资产收支表（湿地03表）、全民所有湿地资源资产权益变动表（湿地04表）、全民所有湿地资源资产收入成本表（湿地05表）。

（一）全民所有湿地资源资产表（湿地01表）

此表中的湿地类别需填写本行政区内的全民所有湿地资源资产。其数量数据源于"国土三调"。由于湿地资源资产价格体系和经济价值核算尚在探索阶段，因此暂不核算湿地资源资产的经济价值。

（二）湿地资源责任（义务）履行情况表（湿地02表）

此表用于填写湿地资源责任（义务）履行情况，并以"修复退化湿地面积"为指标考核湿地资源责任（义务）履行情况。此表数据源于林业和草原主管部门统计台账。

（三）湿地资源资产收支表（湿地03表）

此表用于填写本行政区内的湿地资源资产收入支出情况。在此表中，本年收入主要为全民所有湿地资源配置收入；本年支出主要是生态保护修复财政专项支出。其数据源于财政、林业和草原主管部门统计台账。

（四）全民所有湿地资源资产权益变动表（湿地04表）

湿地资源也是按照中央直接行使所有权、委托或法律授权省级政府代理行使所有权、委托或法律授权市（地）政府代理行使所有权和法律授权县级政府代理行使所有权分别核算权益变动情况。此表在全民所有自然资源资产所有权委托代理机制全面建立之前只填报合计数。

（五）全民所有湿地资源资产收入成本表（湿地05表）

湿地资源资产的配置方式包括出让、作价出资（入股）、授权经营、租赁、划拨及其他等方式。但在实践中，湿地资源多是以公园的形式免费供市民使用，无法核算其收入。根据自然资源部的有关规定，此账户暂不填报。

第三节　A市自然资源资产平衡表的编制

一、A市自然资源基本情况

（一）地理环境

A市位于G省的东南部，地处北部湾东北岸，北依云、贵、川诸省，东与广东雷州半岛相连，南与海南省及东南亚隔海相望，西与越南相连。A市地势平坦，海拔高度20~30米，该地区地质岩层为松散胶结的砂、砾砂混黏性土及粗砾、砂质黏土组成的多层结构。A 市位于亚热带地区，是典型的南亚热带海洋性季风气候，适合林木的生长。

（二）主要资源类型

A 市（市本级）和其所辖三个城区的自然资源主要包括土地资源、矿产资源、森林资源、草原资源、海洋资源、水资源和湿地资源 7 大类。

（1）土地资源，包括耕地、种植园用地、林地、草地、商业服务业用地、工矿用地、住宅用地、公共管理与公共服务用地、特殊用地、交通运输用地、水域及水利设施用地、其他土地共 12 个地类。

（2）矿产资源，包括石英砂和黏土两类，石英砂主要为建筑用砂和玻璃用砂，黏土分为水泥配料用黏土和砖瓦用黏土。水泥配料用黏土和建筑用砂分布在 H 区。玻璃用砂和砖瓦用黏土分布在 Y 区。

（3）森林资源，包括乔木林、竹林、灌木林、果园、可调整乔木林和其他林六类。乔木林又细分为用材林、经济林、能源林、防护林和特种用途林等。

（4）草原资源，均为其他草地，分布在农垦农场、国有农场、村委会和国有滩涂上。

（5）海洋资源，包括海域资源和无居民海岛资源。海域资源分为已取得海洋使用权的海域、尚未取得海域使用权的已填成陆区域和尚未取得海域使用权的未填成陆海域。无居民海岛资源目前仅有尚未确权的可开发利用无居民海岛资源。

（6）水资源，包括地表水和地下水两类。

（7）湿地资源，包括红树林、沿海滩涂和内陆滩涂三类。主要优势植物种类有雀稗、白骨壤、铺地黍、互花米草、厚藤、桐花树、凤眼莲、水蓼、水竹叶、喜盐草、目麻黄和秋茄等。

二、账户数据填报与审核情况

（一）土地资源账户的数据填报与审核

1. A 市及各城区土地资源的一般特点

A 市土地肥沃，地势从北向南倾斜，东北、西北部为丘陵，南部沿海为台地和平原，土质由砂质黏土、砂砾构成，地层结构稳定。A 市土地按照

"土地资源资产账户"分类，可分为 12 个地类。2020 年年末，A 市（不含 P 县）全民所有土地资源资产总面积（不含湿地）35 561.96 公顷，其中耕地面积 8 035.41 公顷，种植园地面积 425.7 公顷，林地面积 5 441.82 公顷，草地面积 941.31 公顷，商业服务业用地面积 1 132.05 公顷，工矿用地面积 2 814.19 公顷，住宅用地面积 4 804.97 公顷，公共管理与公共服务用地面积 1 490.14 公顷，特殊用地面积 267.2 公顷，交通运输用地面积 5 736.11 公顷，水域及水利设施用地面积 4 027.97 公顷，其他土地面积 445.09 公顷。

2. 土地资源核算流程

A 市土地资源相关数据源主要来自 G 省全民所有自然资源资产清查试点成果表和 A 市调研数据。土地资源核算流程如图 5-2 所示。

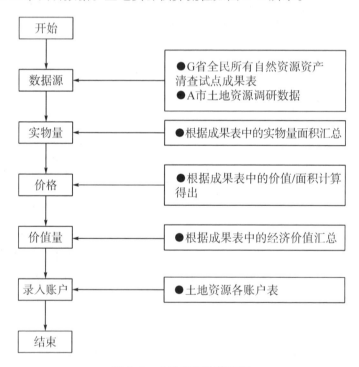

图 5-2　土地资源核算流程

3. 土地资源实物量的核算方法

土地资源资产账户中只有全民所有土地资源资产表（土地 01 表）、土地资源责任（义务）履行情况表（土地 02 表）、全民所有土地资源资产权益变动表（土地 04 表）、储备土地资源资产表（土地 06 表）需要确认实物量，2020 年，

A 市实物量期末数据源于"G 省全民所有自然资源资产清查试点成果表",期初数据源于 A 市调研数据。这些数据来源与分类汇总过程如表 5-1 所示。

表 5-1　土地资源账户实物量数据来源对照表

账户	指标名称	数据来源	数据源表字段	分类汇总
土地 01 表	基于"国土三调"用地分类的各地类数量	源于"国土三调""G 省全民所有自然资源资产清查试点成果表"	"G 省全民所有自然资源资产清查试点成果表"之"子图斑面积（ZTBMJ）"和"图斑地类面积（TBDLMJ）"	根据"地类名称"（DLMC）进行分类,对"子图斑面积（ZTBMJ）""图斑地类面积（TBDLMJ）"进行汇总
土地 02 表	自然灾害损毁土地复垦面积	通过对 A 市自然资源局各部门调研获取数据	无	A 市没有土地治理修复业务,因此其自然灾害损毁土地复垦面积为 0
土地 04 表	土地资源（不含林地、草地、湿地）	源于土地 01 表、土地 06 表及各部门行使所有权的资源清单	"G 省全民所有自然资源资产清查试点成果表"之"子图斑面积（ZTBMJ）、图斑地类面积（TBDLMJ）和地块面积（DKMJ）"	根据土地 01 表中土地资源的汇总数扣减林地和草地数量
	储备土地			根据土地 06 表中的储备土地的汇总数填列
土地 06 表	储备土地各地类数量	土地储备管理台账	"G 省全民所有自然资源资产清查试点成果表"之"储备土地表_CBTDZCYZC"	根据"备注"（BZ）进行分类,通过对"地块面积（DKMJ）"进行汇总

4. 土地资源价格和价值的核算方法

（1）"全民所有土地资源资产表（土地 01 表）"的价格和价值核算过程。如表 5-2 所示。

表 5-2　土地资源账户价值量数据来源对照表

土地 01 表地类名称	数据来源	数据源表字段	分类汇总	价格核算方法
耕地、种植园用地、水库水面、坑塘水面、设施农用地	"G 省全民所有自然资源资产清查试点成果表"之"国有农用地 NYDZYZC"	地类名称（DLMC）、图斑经济价值（TBJJJZ）、图斑地类面积（TBDLMJ）	根据"地类名称"（DLMC）分类汇总	用图斑经济价值（TBJJJZ）总数除以图斑地类面积（TBDLMJ）总数计算得出

表5-2(续)

土地01表 地类名称	数据来源	数据源表字段	分类汇总	价格核算方法
林地	"G省全民所有自然资源资产清查试点成果表"之"森林资源SLZYZC"	用林地资产(LDZC)、子图斑面积(ZTBMJ)、国土调查地类名称(GTDCDLMC)、国土调查土地权属(GTDCTDQS)	根据"国土调查土地权属(GTDCTDQS)",确认全民所有部分,再根据"国土调查地类名称(GTDCDLMC)"分类汇总	林地资产(LDZC)总数除以子图斑面积(ZTBMJ)总数计算得出
草地	"G省全民所有自然资源资产清查试点成果表"之"草原资源CYZYZC"	经济价值(JJJZ)、子图斑面积(ZTBMJ)、国土调查权属性质(GTDCQSXZ)、国土调查地类名称GTDCDLMC	根据"国土调查土地权属(GTDCTDQS)",确认全民所有部分,再根据"国土调查地类名称(GTDCDLMC)"分类汇总。	用经济价值(JJJZ)除以子图斑面积(ZTBMJ)得出
商业服务业用地、工矿用地、住宅用地、公共管理与公共服务用地、特殊用地、交通运输用地、水工建筑用地、空闲地	"G省全民所有自然资源资产清查试点成果表"之"国有建设用地JSYDZYZC"	子图斑面积(ZTBMJ)、二级地类名称(EJDLMC)、地类修正后的清查单价水平(XZQCDJSP)	根据"二级地类名称(EJDLMC)"进行分类	通过该地类修正后的清查单价水平(XZQCDJSP)的算术平均数来确定

需要说明的是:茶园、橡胶园、天然牧草地、人工牧草地、轨道交通用地、城镇村道路用地、水库水面没有此类型资源,故其价格为0;河流水面、湖泊水面、冰川及永久积雪、田坎、盐碱地、沙地、裸土地、裸岩石砾地、沟渠、不核算经济价值。

在上述计算的过程中,需要注意单位换算。图斑经济价值(TBJJJZ)单位为万元,经济价值(JJJZ)单位为万元,子图斑面积(ZTBMJ)单位为平方米,林地资产(LDZC)单位是万元,清查价格单位是万元/公顷,在计算过程中应注意单位的转换和一致性。

(2)"土地资源责任(义务)履行情况表(土地02表)"价格和价值核算。本表只需要核算实物量数据,不需要确定其价格和价值。

（3）"全民所有土地资源资产收支表（土地 03 表）"价格和价值核算。本表不需要核算其价格，只需填列相关金额。本表"本年收入"中"国有土地使用权出让收入"的填列，参考 A 市自然资源局调研获取的数据，将 2020 年出让清单中"出让""划拨""出让合同变更""划拨补办"四类情况的"出让金"汇总相加所得结果填至市本级账户中。另外，A 市未发生土地取得支出、土地前期开发费用等支出，故"本年支出"各项数据无须填列。

（4）"全民所有土地资源资产权益变动表（土地 04 表）"价格和价值核算。本表不需要核算其价格，只需填列相关金额。在本表中，土地资源（不含林地、草地、湿地）的价值量通过"全民所有土地资源资产表（土地 01 表）"中的土地资源金额合计数扣减林地和草地资源资产计算得到，其中储备土地的金额来自"储备土地资源资产表（土地 06 表）"汇总数。

（5）"储备土地资源资产表（土地 06 表）"价格和价值核算。本表数据源于"G 省全民所有自然资源资产清查试点成果表"中"储备土地 CBTDZCYZC"表，根据"备注（BZ）"对土地进行分类，并对"地块成本（DKCB）""经济价值 JJJZ""地块面积 DKMJ"进行汇总，分别填列至相应栏次。

5. A 市及其所辖各城区土地资源账户核算结果

（1）全民所有土地资源资产表（土地 01 表）。此类资产归属于 H、Y、T 三城区管理，故此三城区须填列此表。A 市（市本级）无此类资产，无须填列此表；H 区全民所有土地资源资产表（土地 01 表），见附表 1；Y 区全民所有土地资源资产表（土地 01 表），见附表 2；T 区全民所有土地资源资产表（土地 01 表），见附表 3。

（2）土地资源责任（义务）履行情况表（土地 02 表）。过对 A 市自然资源局调研获悉，A 市（市本级）、H 区、Y 区、T 区均未开展土地治理修复相关业务活动，因此土地复垦面积为 0，即实物量数据为 0。所以，账户表中该数据为 0，为减少冗余，表格未列。

（3）全民所有土地资源资产收支表（土地 03 表）。H 区、Y 区、T 区无土地出让收入，故未填列，只有 A 市（市本级）有土地出让收入，见附表 4。

（4）全民所有土地资源资产权益变动表（土地 04 表）。此类资产归属于 H、Y、T 三城区管理，故此三城区须填列此表。A 市（市本级）无此类资产，无须填列此表；H 区全民所有土地资源资产权益变动表（土地 04 表），见附表 5；Y 区全民所有土地资源资产权益变动表（土地 04 表），见附表 6；

T区全民所有土地资源资产权益变动表（土地04表），见附表7。

（5）全民所有土地资源资产收入成本表（土地05表）。根据资源部的有关规定，此表暂不填列。

（6）储备土地资源资产表（土地06表）。此类资产归属于H、Y、T三城区管理，故三城区需填列此表。市本级无此类资产，无须填列此表；H区储备土地资源资产表（土地06表），见附表8；Y区储备土地资源资产表（土地06表），见附表9；T区储备土地资源资产表（土地06表），见附表10。

（二）矿产资源账户的数据填报与审核

1. A市及其所辖各城区矿产资源的一般特点

A市（市本级）、H区、Y区和T区矿产资源品种较少，无油气矿产资源资产。H区有水泥配料用黏土/矿石和建筑用砂/矿石两类固体矿产资源资产；Y区有玻璃用砂/矿石和砖瓦用黏土/矿石两类固体矿产资源资产。

2. 矿产资源核算流程

矿产资源资产核算流程如图5-3所示。

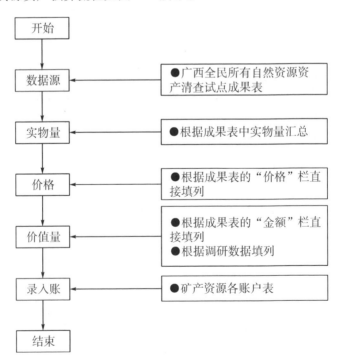

图5-3 矿产资源资产核算流程

3. 矿产资源实物量的核算方法

根据 G 省自然资源厅提供的"G 省全民所有自然资源资产清查试点成果表",2020 年年末,H 区的水泥配料用黏土/矿石控制资源量为 352 万吨;建筑用砂/矿石推断资源量为 4 773.84 万吨,控制资源量为 2 601.10 万吨。Y 区的玻璃用砂/矿石控制资源量为 435 万吨,砖瓦用黏土/矿石推断资源量 23.23 万吨,控制资源量为 216.02 万吨,可信储量为 17.1 万吨。依据 A 市的调研数据,A 市(市本级)有瓦窑塘石英砂探明资源量期初数、期末数均为 815.03 万吨,建旭建材砖瓦用页岩期初数为 54.4 万吨,期末数为 54.4 万吨。不是清查试点成果表的数据,不填入试点编制平台。T 区无固体矿产资源,因此无须填报数据。填报数据时,2020 年期初数和期末数均按照清查试点成果表数据填报,故期初和期末数量相等。矿产资源账户实物量数据来源与分类汇总过程如表 5-3 所示。

表 5-3　矿产资源账户实物量数据来源对照表

账户	指标名称	数据来源	数据源表字段	数据处理
矿产 02 表	建筑用砂/矿石(万吨)、砖瓦用黏土/矿石(万吨)	来源于"G 省全民所有自然资源资产清查试点成果表"	推断资源量、控制资源量、可信储量	按字段直接填列,无须加工

4. 矿产资源价格和价值的核算方法

自然资源厅提供的"G 省全民所有自然资源资产清查试点成果表"显示,2020 年年末,Y 区的砖瓦用黏土价格为 3.38 元/吨,合计金额为 57.8 万元,其矿产资源资产权益变动表(矿产 05 表)按此数据填列。H 区的水泥配料用黏土和建筑用砂暂无价格,因此无须填列其价格和金额。矿产资源账户价值量数据来源与分类汇总过程如表 5-4 所示。

表 5-4　矿产资源账户价值量数据来源对照表

账户	指标名称	数据来源	数据源表字段	数据处理
矿产 05 表	合计	源于"G 省全民所有自然资源资产清查试点成果表"	价格、金额	按字段直接填列,无须加工

5. A 市及各城区矿产资源账户核算结果

(1) 油气矿产资源资产表(矿产 01 表)。A 市(市本级)、H 区、Y 区和

T 区均没有油气矿产资源，故油气矿产资源资产表（矿产 01 表）无须填列。

（2）固体矿产资源资产表（矿产 02 表）。H 区固体矿产资源资产表（矿产 02 表），见附表 11；Y 区固体矿产资源资产表（矿产 02 表），见附表 12；T 区无固体矿产资源资产，无须填列此表。

（3）矿产资源责任（义务）履行情况表（矿产 03 表）。A 市（市本级）、H 区、Y 区和 T 区均没有开展相关矿山环境恢复治理活动，没有恢复治理面积，无须填列此表。

（4）矿产资源资产收支表（矿产 04 表）。只有 A 市（市本级）有出让收入，H 区、Y 区和 T 区没有出让收入。2020 年，A 市（市本级）将坐落于 T 区南康镇雷田村的瓦窑塘石英砂矿出让给信义玻璃有限公司，取得出让收入 2 200 万元，见附表 13。

（5）矿产资源资产权益变动表（矿产 05 表）。H 区和 T 区没有提供矿产资源资产价格和金额，无须填列。Y 区清查成果表有价格和金额，需填列矿产 05 表，见附表 14。

（6）矿产资源资产收入成本表（矿产 06 表）。根据自然资源部的有关规定，此表暂不填列。

（三）森林资源账户的数据填报与审核

1. A 市及其所辖各城区森林资源的一般特点

A 市及其所辖各城区森林资源呈现如下特点：一是林地资源总量少，森林资源分布不均；二是森林结构较为单一，速生桉占据主地地位；三是用材林占比较大，其他林种比重小；四是森林以人工林为主。

2. 森林资源资产核算流程

森林资源资产核算流程如图 5-4 所示。

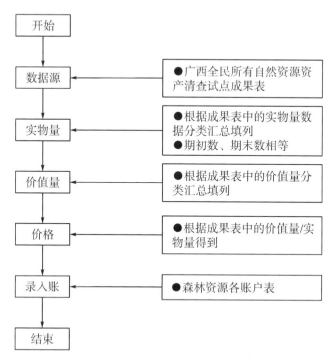

图 5-4　森林资源资产核算流程

3. 森林资源实物量的核算方法

"G 省全民所有自然资源资产清查试点成果表"中关于森林资源的数据主要为子图斑面积（ZTBMJ）。根据森林资源管理地类把指标分成灌木林地、果园、可调整乔木林地、其他林地、乔木林地、竹林地六类，乔木林地包括用材林、经济林、能源林、防护林、特种用途林。其中，灌木林地不能归类到森林 01 表项目中，故暂不填列；果园、可调整乔木林地、其他林地、乔木林地四类将子图斑面积合计数单位平方米换算成万亩（1 万亩 ≈ 6 666 666.67 平方米）；但 H 区果园子图斑面积经过上述换算之后得出合计数为 0.001 091 万亩，但试点编制平台填报时仅能输入两位小数，不能完整地展示出具体数值，故试点编制平台显示 H 区经济林（果园）实物量为 0.00 万亩。Y 区的果园子图斑面积经过上述换算之后得出合计数为 0.002 089 万亩，试点编制平台显示 Y 区经济林（果园）实物量为 0.00 万亩。竹林按照子图斑株数/10 000 换算成万株，再乘以每万株的价格后进行填报。根据上述指标填写全民所有林木资源资产表，其数据来源与分类汇总过程如表 5-5 所示。

表 5-5　森林资源账户实物量数据来源对照

账户	指标名称	数据来源	数据源表字段	数据处理
森林01表	乔木林、竹林	源于"G省全民所有自然资源资产清查试点成果表"	"森林资源_SLZYZC"之"国土调查地类名称(GTDCDLMC)""子图斑面积(ZTBMJ)""ZTBZS 子图斑株数(株)"	根据"国土调查地类名称(GTDCDLMC)"分类,对"ZTBMJ 子图斑面积(平方米)"进行汇总和换算,对"ZTBZS 子图斑株数(株)"进行汇总和换算
森林02表	造林面积	林业和草原主管部门	无	
森林04表	林地	源于"G省全民所有自然资源资产清查试点成果表"	"森林资源_SLZYZC"之"国土调查地类名称(GTDCDLMC)""子图斑面积(ZTBMJ)""ZTBZS 子图斑株数(株)"	根据"国土调查地类名称(GTDCDLMC)"分类,对"ZTBMJ 子图斑面积(平方米)"进行汇总和换算,对"ZTBZS 子图斑株数(株)"进行汇总和换算

4. 森林资源价格和价值的核算方法

全民所有森林资源资产表的金额核算依据林木资产(LMZC)这一列数据得到,价格核算是按照金额除以公顷蓄积进行计算。由于试点编制平台填报时只能输入两位小数,因此 H 区经济林(果园)实物量只能输入 0.00 万亩,故 H 区经济林(果园)金额为 0.00 万元,价格为 1 399.54 元/亩。Y 区也存在类似问题,试点编制平台显示其经济林(果园)实物量为 0.00 万亩,经济林(果园)金额为 0.00 万元,价格为 3 434.94 元/亩。森林资源责任(义务)履行情况表中的"其他"数据源于调研数据,其数据来源与分类汇总过程如表 5-6 所示。

表 5-6　森林资源账户价值量数据来源对照

账户	指标名称	数据来源	数据源表字段	数据处理
森林01表	乔木林、竹林	源于"G省全民所有自然资源资产清查试点成果表"	"森林资源_SLZYZC"之"国土调查地类名称(GTDCDLMC)""林木资产(LMZC)"	乔木林按照林木资产除以子图斑面积得到,竹林按照林木资产除以子图斑株数得到

表5-6（续）

账户	指标名称	数据来源	数据源表字段	数据处理
森林04表	所有者权益、林地	源于"G省全民所有自然资源资产清查试点成果表"	"森林资源_SLZYZC"之"国土调查地类名称（GTDCDLMC）""林木资产（LMZC）"	根据"国土调查地类名称（GTDCDLMC）"分类，对"林木资产（LMZC）"进行汇总

5. A市及各城区森林资源账户核算结果

（1）全民所有森林资源资产表（森林01表）。市本级没有森林资源资产，无须填列森林01表；H区全民所有森林资源资产表（森林01表），见附表15；Y区全民所有森林资源资产表（森林01表，见附表16）；T区全民所有森林资源资产表（森林01表），见附表17。

（2）森林资源责任（义务）履行情况表（森林02表）。H区、Y区和T区没有开展造林活动，无须填列此表。

（3）全民所有森林资源资产收支表（森林03表）。A市（市本级）、H区、Y区和T区没有森林资源资产出让收入，也没有开展相关造林活动支出，无须填列此表。

（4）全民所有森林资源资产权益变动表（森林04表）。A市（市本级）没有森林资源资产，无须填列；H区全民所有森林资源资产权益变动表（森林04表），见附表18；Y区全民所有森林资源资产权益变动表（森林04表），见附表19；T区全民所有森林资源资产权益变动表（森林04表），见附表20。

（四）草原资源账户的数据填报与审核

1. A市及其所辖各城区草原资源的一般特点

A市及其所辖各城区草原资源类型均为其他草地，主要分布在农垦农场、国有农场、村集体经济组织和国有滩涂。

2. 草原资源资产核算流程

草原资源资产核算的目的是确定并填列前文所述五个账户表格。这些账户的原始数据主要源于自然资源清查成果，并适当参考了其他资源核算的数据，其核算流程如图5-5所示。

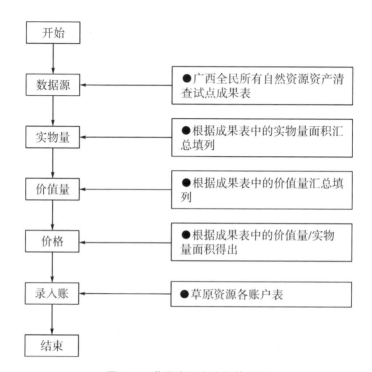

图 5-5　草原资源资产核算流程

3. 草原资源实物量的核算方法

由于自然资源资产平衡表试点编制平台将草原资源资产 01 表中草原分为
1~8 级,但 G 省全民所有自然资源资产清查试点成果表并未对草原进行分级,
所以此次填报只能按总计数据填报。其数据来源与分类汇总过程如表 5-7 所示。

表 5-7　草原资源账户实物量数据来源对照

账户	指标名称	数据来源	数据源表字段	数据处理
草原 01 表	按照《天然草原等级评定技术规范》划分 8 类草原质量等级	源于"G 省全民所有自然资源资产清查试点成果表"	"草原资源_CYZYZC"之"国土调查地类名称(GTDCDLMC)""子图斑面积(ZTBMJ)"	根据"国土调查地类名称(GTDCDLMC)"分类,对"子图斑面积"进行汇总
草原 02 表	退耕还草面积	调研获取数据	无	退耕还草面积为 0
草原 04 表	合计数量	源于土地01表	"草原资源_CYZYZC"之"子图斑面积(ZTBMJ)"	土地 01 表中草原资源汇总数

4. 草原资源价格和价值的核算方法

"全民所有草原资源资产表（草原01表）"需要核算资源价值量，其价格和价值核算过程如表5-8所示。

表 5-8　草原资源账户价值量数据来源对照

账户	指标名称	数据来源	数据源表字段	数据处理
草原 01 表	按照《天然草原等级评定技术规范》划分8类草原质量等级	源于"G 省全民所有自然资源资产清查试点成果表"	"草原资源_CYZYZC"之"国土调查地类名称（GTDCDLMC）""经济价值(JJJZ)"	根据"国土调查地类名称(GTDCDLMC)"分类，对"经济价值(JJJZ)"进行汇总
草原 02 表	退耕还草面积	调研获取数据	无	退耕还草面积为 0
草原 03 表	全民所有草原资源配置收入	从林业和草原主管部门获取	无	本地区本年草原资源资产收入支出情况暂为 0
草原 04 表	合计数量	源于土地 01 表	"草原资源_CYZYZC"之"经济价值(JJJZ)"	土地 01 表中草原资源经济价值汇总数
草原 05 表	草原资产配置数量	林业和草原主管部门统计台账	无	填写合同金额

5. A 市及其所辖各城区草原资源账户核算结果

（1）全民所有草原资源资产表（草原01表）。A 市草原或草地资源分布于其所辖各城区并由各城区进行管理，各城区需核算此类资源。A 市（市本级）没有草原资源，无须填列此表；H 区全民所有草原资源资产表（草原01表），见附表21；Y 区全民所有草原资源资产表（草原01表），见附表22；T区全民所有草原资源资产表（草原01表），见附表23。

（2）草原资源责任（义务）履行情况表（草原02表）。A 市（市本级）、H 区、Y 区和 T 区年内均没有开展退耕还草及其履责活动，无须填列此表。

（3）全民所有草原资源资产收支表（草原03表）。A 市（市本级）、H区、Y 区和 T 区年内均没有草原资源配置收入，也没有生态保护修复财政专项支出，无须填列此表。

（4）全民所有草原资源资产权益变动表（草原04表）。A 市（市本级）没有草原资源，无须填列此表；H 区全民所有草原资源资产权益变动表（草原04表），见附表24；Y 区全民所有草原资源资产权益变动表（草原04表），见附表25；T 区全民所有草原资源资产权益变动表（草原04表），见附表26。

（5）全民所有草原资源资产收入成本表（草原 05 表）。根据自然资源部的有关规定，该表暂不填列。

（五）海洋资源账户的数据填报与审核

1. A 市及其所辖各城区海洋资源的一般特点

A 市及其所辖各城区海洋资源丰富，海域和海岛众多。按照海洋资源资产账户分类，其海洋资源包括海域和无居民海岛。A 市（不含 P 县）海域面积 232 749.02 公顷，其中已取得海洋使用权的海域面积 12 396.67 公顷，主要用于渔业、工业、交通运输、旅游娱乐、造地工程、海底工程、特殊用海和其他用海等方面；尚未取得海域使用权的已填成陆区域面积 204.96 公顷，主要用于农渔业、港口航运、工业和城镇建设旅游娱乐等方面；尚未取得海域使用权的未填成陆区域面积 220 147.39 公顷。A 市（不含 P 县）无居民海岛面积 0.38 公顷，均为尚未确权的可开发利用的无居民海岛；尚未确权的未纳入可开发利用的无居民海岛面积为 0 公顷。

2. 海洋资源资产核算流程

海洋资源资产核算流程如图 5-6 所示。

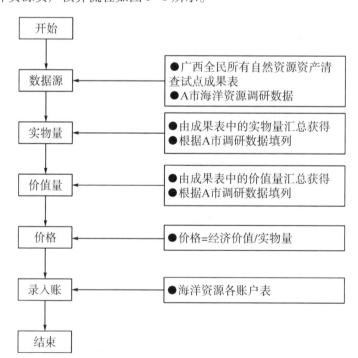

图 5-6　海洋资源资产核算流程

3. 海洋资源实物量的核算方法

"G省全民所有自然资源资产清查试点成果表"中关于海洋资源的数据主要为图斑面积（TBMJ）。根据海洋资源海域分类，把海域分成"已取得海域使用权的海域""尚未取得海域使用权的已填成陆区域"和"尚未取得海域使用权的未填成陆海域"。"已取得海域使用权的海域"的三级指标是通过用海类型来筛选图斑面积；"尚未取得海域使用权的已填成陆区域"的二级指标按照海洋功能区一级类（HYGNQ1）筛选；"尚未取得海域使用权的未填成陆海域"没有二级指标，因此直接按图斑面积取总数。根据无居民海岛分类，把指标分成"已取得无居民海岛使用权海岛""尚未确权的可开发利用无居民海岛"和"尚未确权的未纳入可开发利用无居民海岛"。"尚未确权的可开发利用无居民海岛"将用岛面积合计数单位平方米换算成公顷后再进行填报。填报时，2020年期初数和期末数均按照清查试点成果表数据填报，故其期初和期末数量相等。根据上述指标填写全民所有海洋资源资产表，其数据来源与分类汇总过程如表5-9所示。

表5-9　海洋资源账户实物量数据来源对照表

账户	指标名称	数据来源	数据源表字段	数据处理
海洋01表	已取得海域使用权的海域、尚未取得海域使用权的已填成陆区域、尚未取得海域使用权的未填成陆海域	源于"G省全民所有自然资源资产清查试点成果表"	"图斑面积（TBMJ）"	筛选图斑面积进行汇总
海洋02表	尚未确权的可开发利用无居民海岛	源于"G省全民所有自然资源资产清查试点成果表"	"图斑面积（TBMJ）"	筛选图斑面积进行汇总
海洋03表	修复海岸线长度	源于A市调研数据	自然岸线保有率	根据"A市调研数据"筛选自然岸线保有率汇总
海洋05表	海域、无居民海岛	源于"G省全民所有自然资源资产清查试点成果表"	"图斑面积（TBMJ）"	实物量数据源于海洋01表和海洋02表汇总

4. 海洋资源价格和价值的核算方法

海域资源资产表的金额核算按照经济价值（JJJZ）或经济价值1（JJJZ1）数据得到。其中，H区、Y区、T区的"G省全民所有自然资源资产清查试点成果表"中的"尚未取得海域使用权的未填成陆海域"金额指标有"经济价值 1（JJJZ1）""经济价值 2（JJJZ2）"和"经济价值 3（JJJZ3）"三个字段，此次填报选用了经济价值 1（JJJZ1），理由是："经济价值 3（JJJZ3）"数据为 0，因此不予采用；而"经济价值 1（JJJZ1）"的价值区间分布比"经济价值 2（JJJZ2）"的大，因此选用经济价值 1（JJJZ1）的数据。H 区、Y 区、T 区的"G 省全民所有自然资源资产清查试点成果表"中的"已取得海域使用权的海域"和"尚未取得海域使用权的已填成陆区域"金额指标只有"经济价值（JJJZ）"的数据，因此直接采用此数据填报。其价格根据金额/图斑面积（TBMJ）进行核算。H 区"海洋 02 表"中的"尚未确权的可开发利用无居民海岛"指标金额使用"经济价值（JJJZ）"的数据。其价格根据金额/图斑面积（TBMJ）进行核算。H、Y、T 三个区的"海洋 03 表"中的数据均源于 A 市自然资源局的调研数据。填报时，2020 年期初数和期末数均按照清查试点成果表数据填报，故其期初和期末数量相等，其数据来源与分类汇总过程如表 5-10 所示。

表 5-10　海洋资源账户价值量数据来源对照表

账户	指标名称	数据来源	数据源表字段	数据处理
海洋 01 表	已取得海域使用权的海域、尚未取得海域使用权的已填成陆区域、尚未取得海域使用权的未填成陆海域	源于"G 省全民所有自然资源资产清查试点成果表"	"经济价值（JJJZ）""图斑面积（TBMJ）""经济价值 1（JJJZ1）"	价格通过经济价值（JJJZ）/图斑面积（TBMJ）计算获得
海洋 02 表	尚未确权的可开发利用无居民海岛	源于"G 省全民所有自然资源资产清查试点成果表"	"经济价值（JJJZ）""图斑面积（TBMJ）"	价格通过经济价值（JJJZ）/图斑面积（TBMJ）计算获得
海洋 04 表	海域使用金收入、海岛及海域保护支出	源于 A 市调研数据	海洋资源资产收支表	筛选海洋资源资产收支表数据进行汇总
海洋 05 表	海域、无居民海岛	源于"G 省全民所有自然资源资产清查试点成果表"	"经济价值（JJJZ）""图斑面积（TBMJ）""经济价值 1（JJJZ1）"	金额通过经济价值汇总得出

在上述计算过程中，需要注意的是单位换算。经济价值（JJJZ）和经济价值 1（JJJZ1）单位为万元，清查价格单位是万元/公顷，在计算过程中注意

单位的转换和一致性。

5. A 市及各城区海洋资源账户核算结果

（1）海域资源资产表（海洋 01 表）。此类资产归属于 H、Y、T 三城区管理，故三城区需填列此表。但市本级无此类资产，无须填列此表；H 区海域资源资产表（海洋 01 表），见附表 27；Y 区海域资源资产表（海洋 01 表），见附表 28；T 区海域资源资产表（海洋 01 表），见附表 29。

（2）无居民海岛资源资产表（海洋 02 表）。市本级、Y 区和 T 区均没有无居民海岛资源资产，无须填列此表。只有 H 区有"尚未确权的可开发利用无居民海岛"资源，需要填列此表，见附表 30。

（3）海洋资源责任（义务）履行情况表（海洋 03 表）。市本级和 Y 区 2020 年度无此表相关数据，无须填列。但 H 区和 T 区有修复海岸线长度数据，故需填列此表，H 区海洋资源责任履行情况表（海洋 03 表），见附表 31；T 区海洋资源责任履行情况表（海洋 03 表），见附表 32。

（4）海洋资源资产收支表（海洋 04 表）。市本级海洋资源资产收支表（海洋 04 表），见附表 33；H 区海洋资源资产收支表（海洋 04 表），见附表 34；Y 区海洋资源资产收支表（海洋 04 表），见附表 35；T 区海洋资源资产收支表（海洋 04 表），见附表 36。

（5）海洋资源资产权益变动表（海洋 05 表）。此类资产归属于三城区管理，故三城区需填列此表。但市本级无此类资产，无须填列此表；H 区海洋资源资产权益变动表（海洋 05 表），见附表 37；Y 区海洋资源资产权益变动表（海洋 05 表），见附表 38；T 区海洋资源资产权益变动表（海洋 05 表），见附表 39。

（6）海洋资源资产收入成本表（海洋 06 表）。根据自然资源部的有关规定，该表暂不填列。

（六）水资源账户的数据填报与审核

1. A 市水资源的一般特点

A 市水资源丰富。按照水资源资产账户分类，包括地表水和地下水。A 市水资源总量 192 000 万立方米，其中地表水 181 000 万立方米、地下水 65 000 万立方米，其中地下水资源非重复计算量 10 900 万立方米，主要用于农业（耕地灌溉、林园牧渔畜）、工业、生活（建筑业和服务业、居民生活）、生态环境用水（城乡环境、河湖补水）。

2. 水资源核算流程

水资源核算流程如图 5-7 所示。

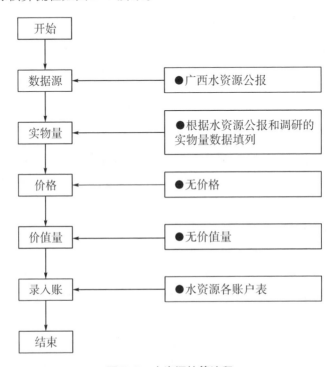

图 5-7　水资源核算流程

3. 水资源实物量的核算方法

水资源实物量数据主要源于《2019 年 G 省水资源公报》《2020 年 G 省水资源公报》和 A 市自然资源局的调研数据。市本级"水资源 01 表""水资源 02 表"有相关数据，根据水资源公报换算填列，水资源公报上列示的地表水、地下水和水资源总量的单位为亿立方米，且地表水和水资源总量只保留一位小数，地下水非重复计算量保留两位小数。地表水根据水资源公报上的数据 18.1 亿立方米乘以 10 000 并转换单位后填列，地下水根据水资源公报上的数据 6.5 亿立方米乘以 10 000 并转换单位后填列，水资源总量根据水资源公报上的数据 19.2 亿立方米乘以 10 000 并转换单位后填列。H、Y、T 三城区均无相关数据，暂不进行填报。此账户数据来源与分类汇总过程如表 5-11 所示。

表 5-11　水资源账户实物量数据来源对照表

账户	指标名称	数据来源	数据源表字段	数据处理
水资源 01 表	地表水、地下水、总量	源于"水资源公报"	地表水资源量、地下水资源总量、水资源总量	无须处理、直接填列
水资源 02 表	地表水国控断面水质优良率	源于"A市水资源调研数据"	地表水国控断面水质优良率	无须处理、直接填列
水资源 03 表	本年收入、本年支出	源于"A市水资源调研数据"	本年收入、本年支出	无须处理、直接填列
水资源 04 表	合计数量	源于"水资源公报"	合计数量	无须处理、直接填列

4. 水资源价格和价值的核算方法

水资源价格和价值数据主要来自《2019 年 G 省水资源公报》《2020 年 G 省水资源公报》和 A 市自然资源局的调研数据。市本级"水资源 03 表"根据水资源公报数据直接填列，其他三城区均无相关数据。

5. A 市水资源账户核算结果

（1）水资源资产表（水资源 01 表）。只有市本级有水资源公报数据，H 区、Y 区和 T 区没有相关数据，见附表 40。

（2）水资源责任（义务）履行情况表（水资源 02 表）。只有市本级有水资源调研数据，H 区、Y 区和 T 区没有相关数据，见附表 41。

（3）水资源资产收支表（水资源 03 表）。只有市本级有水资源调研数据，H 区、Y 区和 T 区没有相关数据，见附表 42。

（4）水资源资产权益变动表（水资源 04 表）。只有市本级有水资源公报数据，H 区、Y 区和 T 区没有相关数据，见附表 43。

（5）水资源资产收入成本表（水资源 05 表）。根据自然资源部有关精神，该表暂不填列。

（七）湿地资源账户的数据填报与审核

1. A 市及其所辖各城区湿地资源的一般特点

A 市 H 区、Y 区和 T 区均有湿地资源，根据国土调查地类名称（GTDC-DLMC），主要将湿地资源分为红树林地、沿海滩涂和内陆滩涂。目前，红树林地、沿海滩涂和内陆滩涂均向市民免费开放。

2. 湿地资源核算流程

湿地资源核算流程如图 5-8 所示。

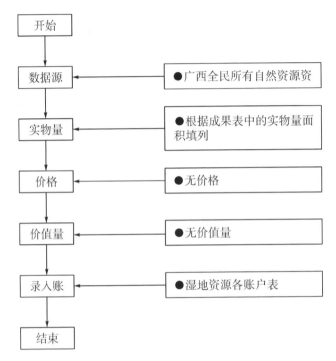

图 5-8　湿地资源核算流程

3. 湿地资源实物量的核算方法

根据 G 省自然资源厅提供的 "G 省全民所有自然资源资产清查试点成果
表" 数据，子图斑面积（ZTBMJ）单位为平方米，但全民所有湿地资源资产
表（湿地 01 表）中的计量单位为公顷，需要进行单位换算（1 公顷 = 10 000
平方米）。其中，H 区红树林面积为 345 976.84 平方米，应换算为 34.60 公顷；
沿海滩涂为 71 354 158.11 平方米，应换算为 7 135.42 公顷；内陆滩涂为
4 459.68 平方米，应换算为 0.45 公顷，H 区湿地资源资产实物量合计 7 170.47
公顷。Y 区红树林面积为 3 692 552.97 平方米，应换算为 369.26 公顷；沿海
滩涂为 77 478 084.1 平方米，应换算为 7 747.81 公顷；内陆滩涂为 279 315.96
平方米，应换算为 27.93 公顷，Y 区湿地资源资产实物量合计 8 145 公顷。
T 区红树林面积为 481 815.84 平方米，应换算为 48.18 公顷；沿海滩涂为
91 911 092.8 平方米，应换算为 9 191.11 公顷；内陆滩涂为 177 624.06 平方

米，应换算为 17.76 公顷，T 区湿地资源资产实物量合计 9 257.05 公顷。三区湿地资源资产实物量合计 24 572.52 公顷。填报时，2020 年期初数和期末数均按照清查试点成果表数据填报，故其期初和期末数量相等。其数据来源与分类汇总过程如表 5-12 所示。

表 5-12　湿地资源账户实物量数据来源对照表

账户	指标名称	数据来源	数据源表字段	数据处理
湿地 01 表	红树林地、沿海滩涂、内陆滩涂	源于"G 省全民所有自然资源资产清查试点成果表"	"子图斑面积（ZTBMJ）"	子图斑面积单位换算成公顷后，按类别分类加总计算
湿地 04 表	合计数量	源于"G 省全民所有自然资源资产清查试点成果表"	"子图斑面积（ZTBMJ）"	子图斑面积单位换算成公顷后，将三类湿地资源资产加总计算

4. 湿地资源资产价格和价值的核算方法

因湿地资源多为滩涂和红树林公园，是免费供市民休闲的地方，暂未核算其经济价值。

5. A 市及其所辖各城区湿地资源账户核算结果

（1）全民所有湿地资源资产表（湿地 01 表）。市本级没有湿地资源资产，无须填列，其他三个区有湿地资源资产，需要填列。H 区全民所有湿地资源资产表（湿地 01 表），见附表 44；Y 区全民所有湿地资源资产表（湿地 01 表），见附表 45，T 区全民所有湿地资源资产表（湿地 01 表），见附表 46。

（2）全民所有湿地资源资产权益变动表（湿地 04 表）。市本级没有湿地资源资产，无须填列，其他三个区有湿地资源资产，需要填列。H 区全民所有湿地资源资产权益变动表（湿地 04 表），见附表 47；Y 区全民所有湿地资源资产权益变动表（湿地 04 表），见附表 48；T 区全民所有湿地资源资产权益变动表（湿地 04 表），见附表 49。

（3）湿地 02 表、湿地 03 表、湿地 05 表。市本级、H 区、Y 区、T 区 2020 年未开展修复退化湿地活动，故湿地 02 表、湿地 03 表无须填列；根据自然资源部的有关规定，湿地 05 表也无须填列。

三、A 市及其所辖各城区自然资源资产平衡表编制情况

（一）工作成果情况

1. A 市

（1）全民所有自然资源资产平衡表（2020 年），见附表 50。

（2）自然资源责任（义务）履行表（2020 年），见附表 51。

（3）全民所有自然资源资产经济价值变动情况（2020 年），见附表 52。

（4）全民所有自然资源资产收支情况表（2020 年），见附表 53。

2. H 区

（1）全民所有自然资源资产平衡表（2020 年），见附表 54。

（2）自然资源责任（义务）履行表（2020 年），见附表 55。

（3）全民所有自然资源资产经济价值变动情况（2020 年），见附表 56。

（4）全民所有自然资源资产收支情况表（2020 年），见附表 57。

3. Y 区

（1）全民所有自然资源资产平衡表（2020 年），见附表 58。

（2）自然资源责任（义务）履行表（2020 年），见附表 59。

（3）全民所有自然资源资产经济价值变动情况（2020 年），见附表 60。

（4）全民所有自然资源资产收支情况表（2020 年），见附表 61。

4. T 区

（1）全民所有自然资源资产平衡表（2020 年），见附表 62。

（2）自然资源责任（义务）履行表（2020 年），见附表 63。

（3）全民所有自然资源资产经济价值变动情况（2020 年），见附表 64。

（4）全民所有自然资源资产收支情况表（2020 年），见附表 65。

（二）工作成果数据分析

1. 土地资源

（1）土地资源的总体情况及横向比较情况。2020 年期末，A 市土地资源面积（不含 P 县，不含湿地）合计 35 561.96 公顷，金额合计 22 855 463.07 万元。其中，H 区土地资源面积 7 375.61 公顷，占三城区总面积的 20.74%，Y 区土地资源面积 16 044.18 公顷，占比 45.12%，T 区土地资源面积 12 142.17 公顷，占比 34.14%。H 区土地资源资产的金额为 11 992 703.57 万元，Y 区土地资源资产的金额 9 329 012.33 万元，T 区土地资源资产的金额

1 533 747.18 万元。根据市本级全民所有土地资源资产收支表（土地 03 表），得出土地资源本年收入 653 912.51 万元，其他三个区均没有土地出让收入。A 市土地资源分布情况如图 5-9 所示。

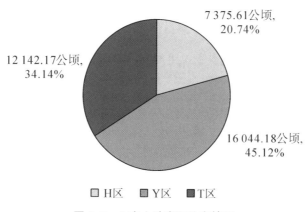

图 5-9　A 市土地资源分布情况

2020 年，H 区土地资源资产期初经济价值为 11 690 978.84 万元，期末经济价值为 11 992 703.57 万元，经济价值增长 2.58%；Y 区土地资源资产期初经济价值为 9 096 493.236 万元，期末价值 9 329 012.33 万元，经济价值增长 2.56%；T 区土地资源资产期初经济价值为 1 510 237.07 万元，期末经济价值 1 533 747.18 万元，经济价值增长 1.56%。

（2）数据填报情况。目前土地资源填报数据有：市本级填报了土地资源 03 表；H 区、Y 区和 T 区填报了土地资源 01 表、土地资源 04 表和土地资源 06 表。数据填报总体情况如表 5-13 所示。

表 5-13　土地资源资产数据总体填报情况　　　　　　　　　单位:%

地区	全民所有土地资源资产表（土地01表）	土地资源责任（义务）履行情况表（土地02表）	全民所有土地资源资产收支表（土地03表）	全民所有土地资源资产权益变动表（土地04表）	全民所有土地资源资产收入成本表（土地05表）	储备土地资源资产表（土地06表）
市本级	—	—	100	—	—	—
H 区	100	—	—	100	—	100
Y 区	100	—	—	100	—	100
T 区	100	—	—	100	—	100

(3) 缺失数据。市本级、H区、Y区和T区土地资源责任（义务）履行
情况表（土地02表）"全民所有土地资源资产收支表（土地03表）"均没有
填列，是因为2020年市本级和三个区均没有自然灾害损毁土地复垦面积数
据，没有国有土地使用权出让收入，也没有发生相关的征地和拆迁补偿支出
及土地前期开发等费用支出，故无须填列。根据自然资源部的有关规定，全
民所有土地资源资产收入成本表（土地05表）暂不填列。

2. 矿产资源

(1) 矿产资源的总体情况及横向比较情况。2020年年末，根据全民所有
自然资源资产平衡表（资产平衡01表），得出A市（市本级）及其所辖三城
区的矿产资源总体情况为：H区水泥配料用黏土控制资源量352万吨，建筑
用砂控制资源量7 374.94万吨，合计7 726.94万吨。Y区玻璃用砂控制资源
量435万吨，砖瓦用黏土储量256.35万吨，合计691.35万吨，金额57.8万
元。A市矿产资源分布不均，矿产资源主要分布在H区，占比91.79%，Y区矿
产资源占比8.21%，T区没有矿产资源。A市矿产资源分布情况如图5-10所示。

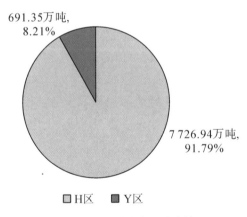

图5-10　A市矿产资源分布情况

(2) 数据填报情况。H区的固体矿产资源资产表（矿产02表）中只有实
物量数据，没有价值量数据。在Y区固体矿产资源资产表（矿产02表）中，
玻璃用砂矿产只有实物量数据，没有价值量数据；砖瓦用黏土有实物量数据
和价值量数据。Y区的矿产资源资产权益变动表（矿产05表）由于没有对矿
产资源资产的所有者权益进行分类，只能填报合计数。矿产资源资产数据总
体填报情况如表5-14所示。

表 5-14　矿产资源资产数据总体填报情况　　　　　　单位：%

地区	油气矿产资源资产表（矿产01表）	固体矿产资源资产表（矿产02表）	矿产资源责任（义务）履行情况表（矿产03表）	矿产资源资产收支表（矿产04表）	矿产资源资产权益变动表（矿产05表）	矿产资源资产收入成本表（矿产06表）
市本级	—	—	—	100	—	—
H 区	—	100	—	—	—	—
Y 区	—	100	—	—	100	—
T 区	—	—	—	—	—	—

（3）缺失数据。A 市没有油气矿产资源，无须填列矿产 01 表。H 区和 Y 区的矿产资源资产收支表（矿产 04 表）中未填列，其数据缺失的原因是 H 区和 Y 区 2020 年未开展相关矿产勘查活动，未进行生态保护修复，没有发生相关的支出，故此次不填列。T 区没有矿产资源，无须填列相关表单。根据自然资源部的有关规定，矿产资源资产收入成本表（矿产 06 表）此次不填列。

3. 森林资源

（1）森林资源的总体情况及横向比较情况。H 区、Y 区和 T 区均已填报了全民所有森林资源资产表（森林 01 表）。2020 年年末，A 市全市（不含 P 县）森林资源总量为 11.46 万亩，其中，H 区森林资源总量为 1.27 万亩，占全市森林资源总量的 11.08%；Y 区森林资源总量为 5.98 万亩，占全市森林资源总量的 52.18%；T 区森林资源总量为 4.21 万亩，占全市森林资源总量的 36.74%。其具体分布如图 5-11 所示。

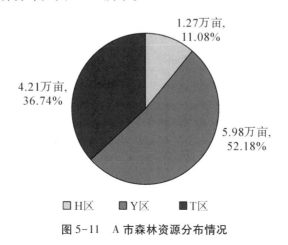

图 5-11　A 市森林资源分布情况

（2）数据填报情况。试点编制平台 H 区、Y 区和 T 区的全民所有林木资源资产表（森林 01 表）和全民所有森林资源资产权益变动表（森林 04 表）。森林资源资产数据总体填报情况如表 5-15 所示。

表 5-15　森林资源资产数据总体填报情况　　　　单位:%

地区	全民所有林木资源资产表（森林 01 表）	森林资源责任（义务）履行情况表（森林 02 表）	全民所有森林资源资产收支表（森林 03 表）	全民所有森林资源资产权益变动表（森林 04 表）	全民所有森林资源资产收入成本表（森林 05 表）
市本级	—	—	—	—	—
H 区	100	—	—	100	—
Y 区	100	—	—	100	—
T 区	100	—	—	100	—

（3）缺失数据。因 H 区、Y 区和 T 区 2020 年没有开展造林活动，故森林资源责任（义务）履行情况表（森林 02 表）无须填列；因 H 区、Y 区和 T 区没有森林资源资产的出让收入，也没有相关支出，故全民所有森林资源资产收支表（森林 03 表）无须填列；根据自然资源部的相关规定，全民所有森林资源资产收入成本表（森林 05 表）不填列。

4. 草原资源

（1）A 市草原资源的总体情况及横向比较情况。A 市草原资源均为其他草地，农垦、国有农场、农村集体经济组织和国有滩涂均有分布。根据核算结果可知，A 市全市（不含 P 县）2020 年年末共有草地资源 941.31 公顷，比年初减少 8.69%。其中 H 区 189.94 公顷，比年初减少 5.89%；Y 区 342.73 公顷，比年初减少 10.66%；T 区 408.64 公顷，比年初减少 8.1%。整体而言，A 市草原资源较少。相对而言，T 区草地资源的占比最大，占比达到 43.41%；而 H 区最少，仅有 189.94 公顷，占比为 20.18%，Y 区占比 36.41%。A 市草原资源分布情况如图 5-12 所示。

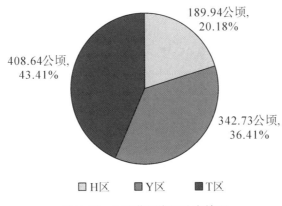

189.94公顷，
20.18%

408.64公顷，
43.41%

342.73公顷，
36.41%

□ H区　■ Y区　■ T区

图 5-12　A 市草原资源分布情况

（2）数据填报情况。H、Y、T 三区已填入全民所有草原资源资产表（草原 01 表），A 市草原资源均为其他草地，只能在合计栏填写一个总数。干草产量，H 区为 0.02 万吨，Y 区为 0.05 万吨，T 区为 0.05 万吨。H、Y、T 三区也填入了全民所有草原资源资产权益变动表（草原 04 表），其中，H 区草原资源资产所有者权益为 47.49 万元，Y 区 99.39 万元；T 区为 126.68 万元。草原资源资产数据总体填报情况如表 5-16 所示。

表 5-16　草原资源资产数据总体填报情况　　　　　　单位:%

地区	全民所有草原资源资产表（草原01表）	草原资源责任（义务）履行情况表（草原02表）	全民所有草原资源资产收支表（草原03表）	全民所有草原资源资产权益变动表（草原04表）	全民所有草原资源资产收入成本表（草原05表）
市本级	—	—	—	—	—
H 区	100	—	—	100	—
Y 区	100	—	—	100	—
T 区	100	—	—	100	—

（3）缺失数据。草原资源的账户设主要针对天然草原地区设计，其中草原资源资产平衡表（草原 01 表）按照天然草原的 8 级分类填列，人工草地无法填列，不适用于 A 市这样的南方沿海城市，因此仅在此表"总计"行填列了其他草地数据。另外，因 H 区、Y 区和 T 区没有开展退耕还草活动，故草原资源责任（义务）履行情况表（草原 02 表）无须填列；因 H 区、Y 区和 T

区没有草原资源资产的出让收入，也没有相关支出，故全民所有草原资源资
产收支表（草原03表）无须填列；根据自然资源部的相关规定，全民所有草
原资源资产收入成本表（草原05表）不填列。

5. 海洋资源

（1）海洋资源的总体情况及横向比较情况。A市海洋资源丰富，海域和
海岛众多。A市（不含P县）海域面积为232 749.02公顷，金额3 934 386.43
万元，其中H区海域面积97 771.51公顷，占比42.01%，金额1 641 944.11
万元；Y区海域面积65 950.95公顷，占比28.33%，金额993 475.89万元；
T区海域面积69 026.56公顷，占比29.66%，金额1 298 966.43万元。如
图5-13所示，A市海域资源分布不均，主要分布在H区。H区海域资源占
比比其他区大的原因是：H区的尚未取得海域使用权的未填成陆海域比Y区
大32 305.46公顷，比T区大29 654.1公顷。A市（不含P县）无居民海岛
面积为0.38公顷，金额0.62万元，均分布在H区。

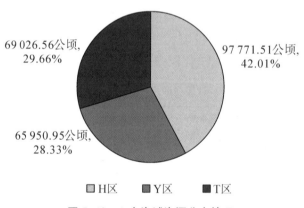

图5-13　A市海域资源分布情况

A市海洋资源本年收入7 986.6万元，其中市本级海域使用金收入
1 130.32万元，占比14.15%；H区海域使用金收入2 133.88万元，占比
26.72%；Y区海域使用金收入4 148.4万元，占比51.94%；T区海域使用金
收入574万元，占比7.19%。A市海洋资源收入分布不均，主要分布在Y区。
A市海洋资源资产收入分布情况如图5-14所示。

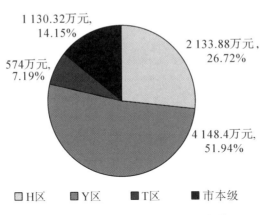

图 5-14 A 市海洋资源资产收入分布情况

2020 年，A 市（不含 P 县）海洋资源本年支出 240.85 万元，其中市本级海洋生态保护修复支出 36.23 万元，占比 15.04%；H 区海岛及海域保护支出 162.64 万元，占比 67.53%；Y 区海岛及海域保护支出 16.98 万元，占比 7.05%；T 区海洋生态保护修复支出 25 万元，占比 10.38%。A 市（不含 P 县）海洋资源资产支出分布情况如图 5-15 所示。

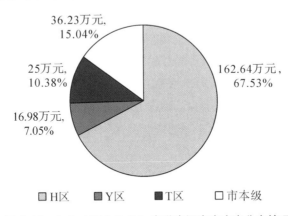

图 5-15 A 市（不含 P 县）海洋资源资产支出分布情况

（2）数据填报情况。目前已填报的数据有：市本级海域资源资产表（海洋 04 表）。H 区海域资源资产表（海洋 01 表）、H 区无居民海岛资源资产表（海洋 02 表）、H 区海洋资源责任（义务）履行情况表（海洋 03 表）、H 区海洋资源资产收支表（海洋 04 表）、H 区海洋资源资产权益变动表（海洋 05 表）。Y 区海域资源资产表（海洋 01 表）、Y 区海洋资源资产收支表（海洋

04 表）、Y 区海洋资源资产权益变动表（海洋 05 表）。T 区海域资源资产表
（海洋 01 表）、T 区海洋资源责任（义务）履行情况表（海洋 03 表）、T 区海
洋资源资产收支表（海洋 04 表）、T 区海洋资源资产权益变动表（海洋 05
表）。具体填报情况如表 5-17 所示。

表 5-17　海洋资源资产数据总体填报情况　　　　单位：%

地区	海域资源资产表（海洋01表）	无居民海岛资源资产表（海洋02表）	海洋资源责任（义务）履行情况表（海洋03表）	海洋资源资产收支表（海洋04表）	海洋资源资产权益变动表（海洋05表）	海洋资源资产收入成本表（海洋06表）
市本级	—	—	—	100	—	—
H 区	100	100	100	100	100	—
Y 区	100	—	—	100	100	—
T 区	100	—	100	100	100	—

（3）缺失数据。市本级无海洋 01 表、海洋 02 表、海洋 03 表、海洋 05
表和海洋 06 表数据，因为市本级没有单独核算海域资源和无居民海岛资源，
而是放在 H、Y、T 三个区分别核算。H 区没有海洋 06 表数据，是因本次未
做要求，暂不填报。Y 区没有海洋 02 表、海洋 03 表和海洋 06 表数据，海洋
02 表数据缺失原因是 Y 区没有无居民海岛资源，海洋 03 表数据缺失原因是 Y
区没有修复海岸线数据，海洋 06 表数据缺失原因是本次未做填报要求。T 区
没有海洋 02 表和海洋 06 表数据。海洋 02 表数据缺失原因是 T 区没有无居民
海岛资源，海洋 06 表因本次未做要求，故未填报。

6. 水资源

（1）水资源的总体情况。2020 年年末，A 市水资源总量为 192 000 万立
方米，其中地表水 181 000 万立方米，占水资源总量的 94.32%；地下水
65 000 立方米（地下水资源非重复计算量为 10 900 万立方米，占水资源总量
的 5.68%）。A 市水资源分布情况如图 5-16 所示。

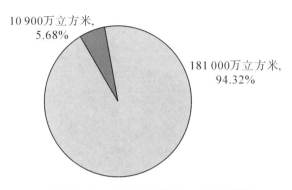

图 5-16　A 市水资源分布情况

（2）数据填报情况。水资源只有市本级数据。其中，水资源资产（水资源 01 表）、水资源责任（义务）履行情况表（水资源 02 表）、水资源资产收支表（水资源 03 表）、水资源资产权益变动表（水资源 04 表）已填列完毕、水资源资产收入成本表（水资源 05 表）因本次未作要求，暂不填报。目前，A 市水资源资产数据总体填报情况如表 5-18 所示。

表 5-18　A 市水资源资产数据总体填报情况　　　　　单位:%

地区	A 市水资源资产（水资源 01 表）	A 市水资源责任（义务）履行情况表（水资源 02 表）	A 市水资源资产收支表（水资源03表）	A 市水资源资产权益变动表（水资源04表）	A 市水资源资产权益变动表（水资源05表）
市本级	100	100	100	100	—
H 区	—	—	—	—	—
Y 区	—	—	—	—	—
T 区	—	—	—	—	—

（3）缺失数据。A 市已根据水资源公报填列水资源资产相关账户数据，暂无缺失数据。

7. 湿地资源

（1）湿地资源的总体情况及横向比较情况。目前已填入湿地资源 01 表和湿地资源 02 表中的实物量数据显示，H 区湿地资源的子图斑面积为 7 170.47 公顷，占三城区湿地资源总面积的 29.18%；Y 区湿地资源的子图斑面积为 8 145 公顷，占比 33.15%；T 区湿地资源的子图斑面积为 9 257.05 公顷，占比 37.67%。因为湿地资源通常是免费供市民使用，故没有计算其经济价值。A 市湿地资源分布情况如图 5-17 所示。

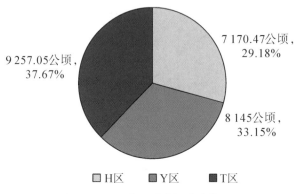

9 257.05公顷，37.67%

7 170.47公顷，29.18%

8 145公顷，33.15%

□ H区　　■ Y区　　■ T区

图 5-17　A 市湿地资源分布情况

（2）数据填报情况。目前，已在系统填入 H 区、Y 区和 T 区的全民所有湿地资源资产表（湿地 01 表）、全民所有湿地资源资产权益变动表（湿地 04 表），由于没有对湿地资源资产的所有者权益进行分类，因此该项目只能填报合计数。A 市湿地资源资产数据总体填报情况如表 5-19 所示。

表 5-19　A 市湿地资源资产数据总体填报情况　　　　　　　单位:%

地区	全民所有湿地资源资产表（湿地 01 表）	湿地资源责任（义务）履行情况表（湿地 02 表）	湿地资源资产收支表（湿地 03 表）	全民所有湿地资源资产权益变动表（湿地 04 表）	全民所有湿地资源资产收入成本表（湿地 05 表）
市本级	—	—	—	—	—
H 区	100	—	—	100	—
Y 区	100	—	—	100	—
T 区	100	—	—	100	—

（3）缺失数据。市本级不单独核算湿地资源资产，故此次无须填列相关表单。H、Y、T 三区的湿地资源责任（义务）履行情况表（湿地 02 表）、湿地资源资产收支表（湿地 03 表）数据缺失，是因为此三城区没有开展修复退化湿地活动，也没有发生配置收入。全民所有湿地资源资产收入成本表（湿地 05）因本次未做要求，故暂未填列。

（一）自然资源资产平衡表试点编制存在的困难和问题

1. 报表编制体系及工作机制不够健全

（1）账户和报表体系不完善

目前，自然资源报表体系包括报表和账户两部分，其中报表包括 2 张主表和 3 张附表，每类资源又包括 5~6 个账户，形成了从账户到报表的两步骤数据体系。显然，这还是一个不很完整的体系。一是横向结构不够详细和明确，大部分数据还是综合性指标，实物量计量依据和价值量计量标准要么不够具体，要么具体依据与标准的选择缺乏充分理由。二是纵向过程不完整，前端原始数据的采集机制不够完善，后端报表应用落地方向不明确。这可能导致人们既不知道自然资源资产平衡表怎么编制，又不理解编制自然资源资产平衡表的用途。

（2）工作机制不够健全

一是账户数据的支撑机制尚未形成，支撑账户的各部门原始数据核算责任没有明确。可以说，从基础资料的来源界定，到原始数据的日常采集与更新、数据输入、数据审核、数据记录与存储，再到资源价格体系的建设，目前尚未形成完整的工作体系和职责落实机制。这导致在试点工作中，部分有关单位对数据填报要求和规范不熟悉，责任不明确，任务面前无所适从，甚至认为这是一种额外工作而心存抵触。二是自然资源内部的报表编制与审核机制不健全。无论是区、县级自然资源主管部门，还是市级自然资源主管部门，关于自然资源资产平衡表编制的主管职责内容界定均不明确，未形成常规工作机制，编制工作缺乏有力的推动手段，部分有关单位缺乏足够的积极性。三是多层次相互配合的报表编制与报送机制尚未形成。目前的报表编制还停留在临时性试点工作状态，仍然由第三方工作组进行报表编制，并由其直接提交自然资源厅。从区县到市级、从市级到自治区级的数据编制分工尚未明确，逐级核对与上报的机制尚未形成，因此可能存在数据冲突、数据空白等现象。

2. 数据采集及核算方法不够完善

（1）部分原始数据缺失或存在冲突

在土地数据方面，A 市市本级和 H、Y、T 三个区存在土地资源资产 02 表的数据缺失情况。根据调研对象的陈述，造成这种情况的主要原因是缺少自然灾害损毁土地复垦面积的统计数据。H、Y、T 三个区的土地资源资产 03 表的数据缺失，是因为这三个区没有国有土地使用权出让收入，也没有发生相关的征地和拆迁补偿支出及土地前期开发等费用支出（存疑）。在矿产资源方面，只有 Y 区有清查成果的实物量数据、价格和金额，H 区只有实物量数据，没有价格和金额，也没有矿产勘查方面的支出数据。T 区没有清查成果的实物量数据、价格和金额，但调研时，得到 T 区瓦窑塘矿业权的出让合同。在森林资源方面，通过调研只获取了零星的数据。草原资源和湿地资源没有获取到调研数据，成果清查表中也只有湿地资源的实物量数据，没有价值量数据。草原资源账户设计按照天然草原 8 级分类填列，人工草地无法填列，只能直接在"总计"行填列了其他草地数据。无居民海岛数据只有 H 区有，市本级和其他两个区没有。三个区均没有水资源相关统计数据。总之，基层需要完善统计台账的建设。

此次编报工作前期做了大量的实地调研，获取了各类资源的部分原始数据，后来又获取了清查成果数据。而最终填报系统的时候，是以清查成果数据为依据的，因此出现了部分资源的前期调研数据和清查成果数据不一致的情况。

（2）价值量核算不完整

一是自然资源价格标准体系不完整。目前的主要计价依据来自资源清查成果的"经济价值"字段，但有些资源还缺乏这些数据，如水资源、矿产资源和湿地资源等，因此本次清查未计量这些资源的经济价值。二是自然资源计价标准不一致，各类资源经济价值的核算方法不够明确。自然资源具有经济、生态和社会等多重价值，但考虑到现有自然资源的生态价值和社会价值核算方法争议较大，因此暂仅通过实物产出量反映其部分生态和社会效益情况。目前自然资源价值量核算仅包括其经济价值，并且由于自然资源经济价值评估体系不完善，其经济价值填报也有一定的困难。

（3）指标口径不够统一

一是存在平衡表及其各账户的指标与现有各类自然资源的统计指标分类及其计算口径不完全一致的现象。如森林资源 01 表中源于"资产清查试点成果表"的数据和系统包含数据要求不一致。二是部分指标计算口径不够详细。如土地、林地、草地等资源的原始数据常存在多种不完全一致的指标，如"图斑面积""子图斑面积"等，究竟采信哪个指标，有关文件没有做出明确界定。在水资源部分，编制指南指出，水资源总量为地表水资源量加上地下水资源量，再减去地下水与地表水资源重复量。然而，系统却无法输入地下水的非重复计算量。

3. 填报平台有待优化

（1）存在勾稽关系错误

系统自动生成的全民所有自然资源资产平衡表（主表01表）未能反映固体矿产资源资产表（矿产02表）中增加的水泥配料用黏土、建筑用砂、玻璃用砂和砖瓦用黏土的实物量数据。其中，H区的水泥配料用黏土控制资源量为352万吨；建筑用砂推断资源量为4 773.84万吨，控制资源量为2 601.10万吨。Y区的玻璃用砂控制资源量为435万吨、砖瓦用黏土推断资源量23.23万吨、控制资源量为216.02万吨、可信储量为17.1万吨、砖瓦用黏土金额57.8万元，这些数据均未能体现在资产平衡01表中。

（2）系统功能还需增加，现有功能还需优化

一是数据导出功能无法有效使用。想要获取账户和报表数据，只能通过复制粘贴的方式，但复制下来的表格格式非常乱，难以排版。二是缺乏数据导入功能与接口，系统完全依赖手工录入，整理完成的外部核算成果文件（如excel表）无法自动导入系统，降低了报表的编制效率。三是数据汇总与校验机制还有缺陷，部分账户数据无法汇总到报表，或者汇总的数据有误。四是数据单位设置不合理，系统设置的实物计量单位普遍太大，而实物量数据较小，试点编制平台不能有效进行显示。如H区、Y区果园子图斑面积经过换算之后得出合计数分别为0.001 091万亩、0.002 089万亩，根据试点编制平台填报的要求，所填数据仅能精确到小数点后两位，因此其无法完整地展示出具体数值。其他资源也存在类似问题。

（二）完善自然资源资产平衡表编制的建议

1. 完善组织体系，明确编报职责

（1）完善报表结构

完善报表结构，既要有"报表"和"账户"，还要配备数据采集工具和进行成果应用分析。账户作为最前端的数据处理工具，其绝大部分指标不能直接抄列，而需要通过某个原始数据核算得来。为使这一"核算"过程更加优化，需要增加相应的数据采集工具。后端的成果应用，目前还没有特别明确、可行的内容，原定的三个成果应用分析表也被简化为一个表，因此，这一部分内容还需要进一步研究与开发。

（2）完善编报工作体系

一是落实自然资源各部门的职责，构建起完整的工作体系和工作机制。

构建各类资源的价格核算体系，熟悉各类资源的数据填报要求和规范，明确各部门的责任，形成从区县到市级、从市级到省级的数据编制分工、逐级核对与上报的机制。二是要健全自然资源内部的报表编制与审核机制。各级自然资源部门应清楚界定平衡表编制的职责内容，充分调动各级部门的工作积极性，形成常规性工作机制。三是要形成多层次相互配合的报表编制与报送机制。

2. 优化报表框架，规范核算方法

（1）保证原始数据的完整性和真实性

针对数据缺失的问题，各级资源管理部门应建立完整的凭证和基层统计台账，及时记录与存储各类资源的原始数据，做好原始数据的采集与更新工作，实现数据可核查、可追溯、可追责。针对部分原始数据存在冲突的问题，各级自然资源管理部门应统一数据的口径，审核数据的准确性和完整性。

（2）完善数据采集与核算方法

针对数据获取存在的问题，建议填报数据的成员参与清查成果的统计，了解各类资源实物量的统计方法和数据测算，了解价值量的评估方法。可以尝试性地利用 GIS（地理信息系统）、互联网、云计算、大数据、区块链等现代信息技术将全民自然资源资产平衡表编制与各类自然资源的调查评价业务间相融合，以保证原始数据的真实性。

（3）完善价值评估体系

现有的成果调查注重各类资源的实物量和经济价值，但对各类资源的价值评估体系建设还不够完善，需要进一步开展价值理论研究，健全与完善价值评估体系，既要考虑各类资源的经济价值，也要考虑其生态价值和社会价值。

3. 改进系统功能，提高编报质量

（1）优化系统功能，提高系统的稳定性

进一步改进系统，处理系统不稳定的问题，简化填报流程。针对目前矿产资源存在的勾稽关系问题，建议平台系统在主表"资产平衡01表"资产部分增加矿产资源的"其他"项目，并允许直接将矿产资源账户数据传入主表"资产平衡01表"，使账户数据填入报表系统更便捷。

（2）增加导入导出功能，提高账户填报效率

针对手动输入数据和手动导出数据不方便的问题，建议增加直接导入数据功能和导出排版好的数据表格功能。此外，系统中还可以添加一些必要的提示和说明。比如说明表中有几个会计核算主体以及核算主体分别是谁，并对容易混淆的内容予以提示，以免混淆。

第一节　自然资源资产价值的实现机制

自然资源资产价值实现的过程，就是将自然资源产品所蕴含的内在价值转化为经济效益、社会效益和生态效益的过程。这一过程至少应包含两个方面的含义：一方面，通过保护自然生态系统，增加自然资源产品供给，促进自然资源资产价值增值，更好地满足人民群众日益增长的对美好生活向往的需要；另一方面，通过建立自然资源资产价值实现机制，以价值实现、经济效益等反哺自然生态保护，提升自然生态保护保育的积极性，推动形成高质量发展的绿色动能，促进实现人与自然的和谐共生。

建立健全自然资源资产价值实现机制，是贯彻落实习近平生态文明思想的重要举措，是践行"绿水青山就是金山银山"理念的关键路径，是从源头上推动国家治理体系和治理能力现代化的必然要求，对推动我国经济社会发展全面绿色转型具有重要意义。2019 年以来，自然资源资产价值实现机制试点不断涌现，带动了当地生态修复治理、生态建设保护与经济社会协调发展，自然资源部也先后发布三批自然资源资产价值实现典型案例，为各地推进试点进程提供了实践参考。

一、自然资源资产价值实现的困境

目前自然资源资产价值实现困境集中体现在三个方面：一是运行机制不畅。自然资源资产价值实现的关键是"让市场说出自然资源资产的价格"，需要同时解决市场失灵和政府失灵的双重难题，但现有机制难以有效解决这一问题，因此必须建立一套有效连接生产者和消费者的运行机制。二是转化模式存在不足。由于自然资源的复杂性和自然资源产品的多样性，加之自然资源资产市场的培育明显滞后，目前尚未形成可复制、可推广的成熟转化模式。三是政策保障不力。要想促进自然资源资产价值实现必须要让生产者有利可图，但现有生态补偿标准偏低、范围过窄，且补偿者和受偿者之间存在利益博弈，导致生态补偿一直存在激励不足、效率低下的问题，其他相关政策又缺乏针对性、耦合性和时效性，难以提供有力的政策保障。为此，必须科学设计自然资源资产价值实现的关键机制、主导模式和创新政策。

二、自然资源资产价值实现的理论逻辑

自然资源资产价值实现的实质是人与自然之间的物质变换与价值传递，通过"产业生态化、生态产业化"将自然资源转化为经济财富和社会福利，以此促进 GEP 与 GDP 之间双转化、双增长、可循环、可持续发展。

从马克思劳动价值论中萃取劳动创造价值以及价值转变成价格的思想内涵，再对马克思商品价值实现"惊险的跳跃"的过程进行整体分析，这是一个从简单到复杂，从抽象到具体的辩证过程（张雷声，2018）[159]，而这一过程恰好演绎了"绿水青山"向"金山银山"的转化逻辑。自然资源资产价值实现的路径是以明晰产权为前提，价值核算和生态技术手段为支撑，市场化交易平台为保障，遵循"存在价值—使用价值—要素价值—交换价值"的价值内在演化特征，表现为自然资源资产化、自然资源资产资本化、自然资源资本交易化与自然资源产品货币化（易小燕 等，2019）[160]；这一路径还遵循着"自然资源→自然资源资产→自然资源资本→自然资源产品"的递进逻辑，从自然界的角度来看，它表现为物质形态变化与能量流动的过程；而在社会经济系统中，则表现为资源资产化、资产资本化、资本产品化、产品市场化的经济活动过程。贯穿这一过程的支持条件分别是产权、金融、技术和消费。

三、自然资源资产价值转化机制

价值核算是自然资源资产价值实现的前提和基础。由于自然资源产品具有多种功能和多元价值，如何科学设计其核算机制，就成为亟待突破的难点。而其中的关键，在于科学设计核算流程和合理选择核算方法，以确保核算结果的真实、有效、合理、可信。本书第五章讨论的自然资源资产价值核算为自然资源资产价值实现提供了价值基础。

根据自然资源资产价值实现的内在逻辑，自然资源资产价值实现需要经过资源变资产、资产变资本、资本变产品等众多环节，即按照"自然资源→自然资源资产→自然资源资本→自然资源产品"的物质形态变换进程，综合运用产权、金融、技术、消费等的管理工具，分别提炼物质产品、调节服务

和文化服务的价值转化途径与渠道，因地制宜发展生态旅游、生态农业、生态制造业、生态服务业和生态高新技术产业，全面提高自然资源产品的生产水平和供给能力。在此基础上，充分考虑自然资源资产价值演变与传递过程，遵循存在价值、使用价值、要素价值、交换价值之间梯度递减呈现的一般规律，系统构建能提高自然资源认知、激励自然资源生产、引导绿色消费、培育自然资源市场的运行机制，通过"产业生态化、生态产业化"促进生态价值与经济价值的持续稳定协同增长，全面构建 GEP 与 GDP 双转化、双增长、可循环、可持续的自然资源资产价值转化机制。

（一）自然资源资产化

想要合理界定自然资源的产权，形成归属清晰、权责明确、流转有序、监管有效的产权制度，完善自然资源资产的权能结构，建立健全自然资源约束性有偿使用制度，其核心是自然资源的产权制度改革。

随着经济的发展，自然资源基于其自然属性特征，其稀缺性愈发显现，在资源稀缺性的驱使下，人类出于生存理性的考虑对自然资源多功能性需求日益强烈，对自然资源的存在价值的认识也更加深刻。产权制度的缺失是自然资源产生外部性的根本原因（李研，2020）[161]，明晰的产权边界能够确定自然资源资产的数量和范围，有助于自然资源价值的评估、量化，能促使自然资源外部性内部化。因此，自然资源资产化是将自然资源作为资产来进行管理。自然资源通过明晰产权转化成自然资源资产时投入了人类劳动，自然资源的存在价值随之转化成自然资源资产的使用价值，从而实现从自然资源管理到自然资源资产管理的嬗变。自然资源资产化管理有利于将自然资源纳入国民经济核算体系中，真实地反映和补偿自然资源的价值，促进自然资源产权流转，推动自然资源资产负债表编制的实现。自然资源转化为自然资源资产，表明自然资源具有实物与价值的双重形态，具备资产所拥有的一切特征。这使得自然资源资产能够进行实物计量、价值计量及市场交易，并最终反映在自然资源资产负债表上。自然资源资产首先表现出来的就是它的自然属性，比如有限性、区域性、生态性等。其次，自然资源资产在开采和后续加工等过程中，实现了价值创造与增值，使其最终产品具备满足人类需求的使用价值并通过交换转让其使用价值而实现了其市场价值，给所有者带来效益，表现了它的经济属性。最后，自然资源资产具有明显的社会属性，它为整个社会提供生产资料与生活资料，并改善人类生存环境。自然资源资产的自然属性决定了其具有不可再生的实物特征，因此，要合理开采与利用自然资源。自然资源的属性特征强调经济和社会效益，要合理配置自然资源并适当进行生态环境补偿。

（二）自然资源资产资本化

权属清晰的自然资源资产只有进入市场，在价值规律的作用下方能转变成可以流动的资本。自然资源资产价值核算是自然资源资产资本化的前提，因此量化核算自然资源资产价值尤为关键。在自然资源资产转变成自然资源资本的过程中，自然资源产权所有会主体发生变化，且存在可交易的产权。由于产权交易价格存在"剪刀差"，自然资源的价值主要以"级差地租"的形式表现出来。因此，自然资源所有者借助自然资源资产评估中心或者第三方评估机构对自然资源资产进行价值评估，通过投资、开发、抵押、入股等资产经营性行为盘活自然资源资产，在生态技术支撑下促使自然资源资产的使用价值转化为自然资源资本的生产要素价值，从而实现自然资源资产资本化。

（三）自然资源资本产品化

通过土地开发、矿产资源勘探、水资源管理等举措，能生产更多更好的自然资源产品，以满足社会经济发展需求，其间，技术研发与应用起着决定性作用。

（四）自然资源产品市场化

通过激励自然资源产品供给、引导绿色消费、培育自然资源交易市场，从而"让市场说出自然资源价格"，让"好产品卖出好价钱"。自然资源产品的有机品质和自然资源市场的消费容量是影响自然资源产品价格的关键因素。

自然资源资本的运营使得自然资源资产的使用价值在市场运营机制的作用下进入生产领域。它与其他生产要素相结合转化成特定的产品。在市场经济规律的影响下，这些产品通过形态的变化转变成自然资源产品，从而将自然资源的价值转移到产品中去，产生交换价值（商品价值），这一过程实现了自然资源资本的生产要素价值向产品交换价值的转化。而自然资源资本可交易化的关键是自然资源产品的生产。自然资源处于最佳分配状态时，随着市场化机制资本不断流动，其资本的增值性不断增加。此时，自然资源的边际产出价值得以显现，该价值就是自然资源的影子价格，凭借它能够实现自然资源资本的增值。

（五）自然资源产品货币化

自然资源产品货币化是以价格的形式将自然资源产品的商品价值展现出来，实现财富的增长。自然资源的经济价值通过市场交换来实现，要充分发挥市场机制在自然资源配置中的决定性作用，遵循"受益者付费"原则，搭建"受益者"与"提供者"之间的桥梁，开发生态农林产品、环境俱乐部产品、生态服务等，通过生态交易和生态消费来实现自然资源资产的价值。与此同时，自然资源产品还具有公共产品的正外部性属性，能够释放出一定的服务价值。

第二节　自然资源资产价值的实现路径

一、自然资源资产的重新定位

根据不同自然资源资产的公益性或者经营性等社会经济属性，将各种自然资源资产分为两大类。一类是公益性资产，包括自然保护区、风景名胜区、国家地质公园、国家森林公园以及公益林等特殊生态保护区域和各种政府的公共用地；另一类是商业经营性资产，包括经营性建设用地和农业生产用地以及经济林木、矿产等资源。此外，还可以把一些出于公共目的而实行严格行政管制的资源，如基本农田等，作为特殊的经营性资产对待。根据这两大类自然资源资产的社会经济属性，建立与之相应的管理体系，并实行不同的管理目标、原则和制度。

（一）公益性自然资源资产

对以提供公共产品和服务为主的各种公益性自然资源资产，通常应遵循资源保护和可持续利用的管理原则，采取公共行政管理手段进行管理，严格禁止和限制这类自然资源的经营性利用，并重点考核自然资源资产的状况、生态服务质量及管理成本等。对依托国有公益性自然资源资产开展的经营性活动，建议严格区分管理机构的职能，按照特许经营方式，委托专业的公司和机构进行经营，特许经营产生的收入作为国有资产经营收入纳入财政预算。

（二）经营性自然资源资产

对以提供市场产品为主的各种经营性自然资源资产，还常运用市场机制进行管理和运营，按照市场规范对其进行出让和转让，重点考核其资产价值增值和净收益增长状况，对其经营性利用不应施加过多的行政干预。对其中一些以经营性生产利用为主，但因国家安全和公共利益等因素影响受到比较严格的用途管制的自然资源资产，如耕地中的基本农田，需要采取多功能利用的管理目标和原则，采取公共行政和市场机制相结合的方式进行管理和运营，并实行严格的用途管制。

二、自然资源资产价值的实现路径

（一）总体实现路径

自然资源资产价值的实现路径，是以明晰产权为前提，以价值核算和生态技术手段为支撑，以市场化交易平台为保障，并遵循"自然资源资产化、自然资源资产资本化、自然资源资本产品化、自然资源产品市场化、自然资源产品货币化"的递进逻辑。

（二）分类实现路径

在自然资源资产中，有一部分是能满足人民生活的物质需求，能直接带来经济价值的资源，我们称之为经营性自然资源资产，包括商业服务业用地、工矿用地、石油天然气、固体矿产资源、经济用的乔木林、竹林和灌木林等资源。还有一部分是能满足人类生存环境需要、生态保护需要或特殊公共目的资源，我们称之为公益性自然资源资产，包括自然保护区、国家地质公园、国家森林公园以及公益林等。不同类别的自然资源，其价值实现路径也不同。

1. 经营性自然资源资产价值实现路径

由于经营性自然资源资产侧重于经济价值的核算，构建市场化路径是实现自然资源资产价值最直接、最有效率的手段。经营性自然资源的市场化路径可以通过产业化开发、自然资源产权流转、自然资源配额交易等方式得以市场实现。具体而言，可构建土地使用权、矿业权、林权、水权等资源产权交易平台，通过买入和卖出实现交易。概括而言，经营性自然资源的市场化路径包括出让和转让两种形式。

《中华人民共和国土地管理法》《中华人民共和国城镇国有土地使用权出让和转让暂行条例》《探矿权采矿权转让管理办法》《中华人民共和国矿产资源法》《矿业权交易规则》《矿业权出让管理办法》《矿业权出让收益征收管理暂行办法》《中华人民共和国海域使用管理法》《海域使用权管理规定》《中华人民共和国森林法》等规范性文件的出台，进一步完善了自然资源产权有偿使用制度，拓宽了自然资源资产价值实现的途径。以提供市场产品为主的各种经营性自然资源资产，其产权主体具有较完整的占有权、使用权、收益权和处置权，这使得这类资源易于交易，容易获现。

2. 公益性自然资源资产价值实现路径

公益性自然资源资产可以保护生态环境，提供公共性的产品和服务。政府应采取行政管理手段对其进行监督管理，严禁经济化处置这类资源。公益性自然资源资产侧重于生态价值和社会价值的核算，其价值通常通过财政转移支付、实施生态保护项目、征收生态补偿税费等财政公共支付方式实现。此外，也可采用政府和市场共同补偿的方式，引导社会资金进入生态保护领域。

三、自然资源资产价值实现的模式

新时代自然资源资产价值实现，一是要结合地方实际，深入分析自然资源资产价值现状，摸清自然资源资产家底，搭建基于大数据的自然资源信息化平台，开展山水林田湖草沙等自然资源的系统普查，实现自然资源全要素的信息化、系统化、可视化管理；二是要加快编制地区所有自然资源资产负债表，建立动态的价值核算体系，加快构建新时代绿色政绩综合考核体系，建立健全政府、企业与公众的生态环境和资源保护责任机制；三是要优化自然资源资产的市场环境，发挥市场机制作用，推进自然资源资产价值转化，完善自然资源资产化的产业政策，推动自然资源所蕴含的经济价值、社会价值、生态价值、文化价值的全面实现与科学转化。

目前，我国已形成了多种形式的自然资源资产价值实现模式，自然资源部也已发布了三批自然资源资产价值实现典型案例，这些模式和案例有力地支撑了生态文明建设。例如：通过纵向财政转移支付、横向流域生态补偿、国家重大生态工程实施等方式，以政府为主进行补贴或补偿生态保护者利益；通过政府管控或设定限额等方式，激发对自然资源产品的交易需求，引导和激励利益相关方进行生态指标权益交易；通过推进生态产业化和产业生态化，将自然资源产品的价值附着于农产品、工业品、服务产品中；通过推进产权流转和生态修复，实现生态溢价等。自然资源资产价值实现在协同经济增长和生态保育方面起着重要作用。

（一）市场化模式

《关于创新政府配置资源方式的指导意见》中特别强调，对全民所有的自然资源，应推进其市场化配置进程，完善资源有偿使用制度。《关于深化生态保护补偿制度改革的意见》也提出，要发挥市场机制作用，通过市场化、多元化方式，促进生态保护者利益得到有效补偿。

市场化模式主要适用于经营性自然资源资产。采用市场化模式对自然资源进行配置是指在公平市场交易中，出让方按照市场价格机制提供自然资源使用权给受让方。在此过程中，受让方可能有多个竞争者。期望获得自然资源资产的主体出价往往会高于其他竞争者，最终价高者得之，如此一来，自然资源资产价值可能得到充分实现。随着信息技术的发展，各省（自治区、直辖市）竞相设立自然资源智慧交易服务平台、自然资源网上交易中心，对国有土地使用权、矿业权、林权、水权等自然资源使用权进行交易。2024年政府工作报告指出，2024年的工作任务是深化要素市场化配置综合改革试点，建设高标准的自然资源交易市场体系，促进自然资源资产价值实现。

（二）政府支付模式

政府支付模式主要适用于公益性自然资源资产的配置。而纵观中国生态文明的实践内容，自然资源资产价值实现多依赖政府购买，且以生态补偿为主。生态保护修复财政专项支出由各级财政安排，主要用于实施山水林田湖草沙生态保护修复工程，促进实施生态保护和修复，包括矿山地质环境恢复治理支出、水污染防治支出、土壤污染防治支出、土地综合整治支出、林业草原生态保护恢复支出、林业改革发展支出、海岛及海域保护支出、海洋生态保护修复支出及其他生态保护修复支出。

（三）PPP 模式

自然资源是一种公共产品，自然资源资产价值实现若只有市场化和政府支付模式，可能面临交易方式单一，交易市场活力不足的困境，还可能面临地方政府财政危机。如在疫情期间和后疫情期间，经济受到一定影响，依赖地方财政资金支付的生态项目可能面临支付困境。作为公共私营合作制的PPP 融资模式可缓解地方政府财政压力，同时可激活社会资本的活力，充分调动各方的积极性，进而实现互利共赢的良好局面。自然资源资产的价值尤其是自然资源的社会价值，可以通过 PPP 模式来实现。PPP 模式拓宽了自然资源开发的融资渠道，在金融机构、技术方、运营方的共同参与下，自然资源可以得到更好地开发，使其社会价值得到充分体现。PPP 模式可以很好地发挥各方的比较优势，把资金方、技术方、资源方很好地结合在一起，在实现共赢的同时最大限度地降低风险。

（四）"生态银行"模式

为了鼓励植树造林、水土保持、草原保护、水资源保护、海洋资源保护、湿地资源保护等行为，需要对保护生态环境的劳动进行补偿。为此，可建立"生态银行"来开展生态补偿工作。"生态银行"采用遥感、地理信息系统、GPS 技术确定林地、草原、湿地等自然资源的分布，确定自然资源的产权边界，并进行确权颁证。"生态银行"聘请专业的第三方评估机构对生态环境、自然资源的储量进行评估，将生态要素转化成特定的生态产品，通过资本赋能促使其价值转化。"生态银行"还可依托专家委员会、生态公司等专业机构力量实施 FSC 森林认证，培育新的自然资源经济增长点，通过生态产品交易、生态产品消费获得绿色收益。

（五）REITs 模式

2020 年，证监会和国家发展改革委联合发布 REITs 试点通知，正式启动了 REITs 的试点工作。REITs 是指房地产投资信托公司通过出售股票的方式，将其持有的房地产资产的受益权以资金形式转让给投资者，同时借助公开市场上的资金对其持有的房地产资产进行融资的投资模式。公司可以受益于这些融资活动，并获得资金。国家发展改革委明确要求，要积极引导民间投资通过 REITs 方式参与盘活存量资产。证监会表示，REITs 的试点范围将尽快拓展至水利领域。2024 年"两会"期间，如何推动公募 REITs 市场高质量发展再度成为热议的话题。待政策成熟，REITs 这种新型的融资模式可以用于自然资源资产价值实现。

四、自然资源国家所有权价值实现的保障

自然资源资产价值充分实现需要政府、市场、金融机构等共同参与。在政府层面，需要构建自然资源资产产权制度，进行统一确权登记颁证，并完善相关的法律法规。在市场层面，需要建立全国性的统一交易市场和平台，并制定相关交易规则和监督制度。在金融层面，金融机构要打通绿色金融通道，助力自然资源资产价值的实现。

（一）建立有利于自然资源资产价值实现的产权制度

明晰的自然资源产权是自然资源资产价值能够顺利实现的前提和基础。自然资源资本化的本质是产权的资本化。加快推进自然资源资产产权制度改革作为健全自然资源产品价值实现体系的关键一环，应进一步明晰自然资源产品所有权及行使权，并完善其资产产权，明确自然资源归谁有、归谁管、归谁用，进而强力推进自然资源产权改革。以自然资源资产产权制度改革为抓手，以全国不动产统一登记为契机，通过"确权颁证"提高自然资源资产产权的安全性，建立可运作、可交易的自然资源产权制度，激励产权主体积极投身自然资源产品的市场交易实践，以此推动自然资源资产价值的实现。

（二）培育自然资源资产交易市场

自然资源资产价值实现离不开市场，市场是自然资源资产价值实现的重要载体，具有经济价值的自然资源只有通过市场交易，才能被投资者和消费者所拥有，才能实现其价值的转化与最大化。因而，必须借助于市场的功能，才能实现自然资源的交易。虽然目前我国已经建立了比较成熟的土地资源和矿产资源交易市场，但林权市场、水权交易市场还不够完善成熟，我国需要进一步加快市场建设，并优化交易平台。构建规则规范、交易透明、运作顺畅的市场体系，有助于充分发挥市场在资源配置中的决定性作用。

（三）完善自然资源资产价值实现的法律法规

无论是促进自然资源资产价值实现的产权制度建设，还是市场建设，都需要法律法规来进行协调和监督。目前我国自然资源交易仍存在市场失灵、资源浪费、环境破坏严重等问题，需要构建完善的法律法规来保障自然资源资产价值的实现。首先，要统筹安排，加强顶层设计，在国家层面明确自然资源使用权抵押、出租、转让、作价入股等流转范围，健全自然资源使用权抵押制度，细化自然资源使用权转让制度。其次，政府要积极出台相关法律法规，进一步加大对自然资源产品市场交易机制的完善力度。要持续培育自然资源产权交易市场，优化以招标拍卖为核心的自然资源市场化配置，建立自然资源资产信息交易平台，为供需双方提供便利且真实可靠的交易信息。同时，对开采自然资源造成的环境破坏、环境污染，应建立健全相关监督和处罚措施。

（四）践行绿色金融，大力促进自然资源资产价值实现

绿色金融肩负着推进生态文明建设、实现经济绿色转型的重要使命，在节能减排、生态环境治理等方面均取得了阶段性成效。但生态文明社会建设是一个长期工程，下一步仍应将绿色金融作为重点工作推进。在自然资源资产交易过程中，应发挥金融机构的主导作用，为自然资源的受让方提供充足的资金支持，高效配置和使用自然资源，促进自然资源资产价值实现。在绿色金融运行框架下，中国银行保险监督管理委员会应加强对自然资源资产交易的约束和监管，以降低交易风险。

（五）技术支撑

2021 年 9 月，中共中央办公厅、国务院办公厅印发的《关于深化生态保护补偿制度改革的意见》提出，要完善生态环境监测体系，加快构建统一的自然资源调查监测体系，开展自然资源分等定级和全民所有自然资源资产清查。要健全统一的生态环境监测网络，优化全国重要水体、重点区域、重点生态功能区和生态保护红线等国家生态环境监测点位布局，提升自动监测预警能力，加快完善生态保护补偿监测支撑体系，推动开展全国生态质量监测评估，并建立生态保护补偿统计指标体系和信息发布制度。

参考文献

[1] 耿建新，郭泽光. 编制自然资源资产负债表，进行资源环境责任审计：基于 Y 县自然资产负债表编制案例分析 [J]. 经济研究参考，2020 (11)：23-55.

[2] 马永欢，陈丽萍，沈镭，等. 自然资源资产管理的国际进展及主要建议 [J]. 国土资源情报，2014 (12)：2-8, 22.

[3] HAMBIRA W L. Natural resources accounting: A tool for water resources management in Botswana [J]. Physics and Chemistry of the Earth, 32 (15)：1310-1314.

[4] 宋马林，金培振. 地方保护、资源错配与环境福利绩效 [J]. 经济研究，2016, 51 (12)：47-61.

[5] 胡咏君，谷树忠. 自然资源资产研究态势及其分析 [J]. 资源科学，2018, 40 (6)：1095-1105.

[6] 向书坚，郑瑞坤. 自然资源资产负债表中的资产范畴问题研究 [J]. 统计研究，2015, 32 (12)：3-11.

[7] 刊评. "欸乃一声山水绿"：谈自然资源资产属性和生态产品价值实现机制 [J]. 中国国土资源经济，2019, 32 (8)：1.

[8] 胡文龙，史丹. 中国自然资源资产负债表框架体系研究：以 SEEA2012、SNA2008 和国家资产负债表为基础的一种思路 [J]. 中国人口·资源与环境，2015, 25 (8)：1-9.

[9] 杨海龙，杨艳昭，封志明. 自然资源资产产权制度与自然资源资产

负债表编制 [J]. 资源科学, 2015, 37 (9): 1732-1739.

[10] 周志方, 周宏, 肖艺璇, 等. 自然资源资产负债表编制框架设计: 理论基础、要素核算与报表体系 [J]. 湖南商学院学报, 2017, 24 (1): 30-37.

[11] 史丹, 王俊杰. 自然资源资产负债表研究现状、评述与改进方向 [J]. 中国人口·资源与环境, 2020, 30 (1): 1-11.

[12] 李忠夏. "社会主义公共财产" 的宪法定位: "合理利用" 的规范内涵 [J]. 中国法学, 2020 (1): 86-105.

[13] 单平基, 彭诚信. "国家所有权" 研究的民法学争点 [J]. 交大法学, 2015 (2): 34-58.

[14] 徐双明. 基于产权分离的生态产权制度优化研究 [J]. 财经研究, 2017, 43 (1): 63-74.

[15] 单平基. 自然资源之上权利的层次性 [J]. 中国法学, 2021 (4): 63-82.

[16] 巩固. 自然资源国家所有权公权说 [J]. 法学研究, 2013, 35 (4): 19-34.

[17] 徐涤宇. 所有权的类型及其立法结构《物权法草案》所有权立法之批评 [J]. 中外法学, 2006 (1): 44-51.

[18] 李兴宇, 吴昭军. 2021. 全民所有自然资源损害救济的权利基础与实现路径: 以国家所有权的私权定位为逻辑起点 [J]. 华中科技大学学报 (社会科学版), 2021, 35 (4): 97-107.

[19] 税兵. 自然资源国家所有权双阶构造说 [J]. 法学研究, 2013, 35 (4): 4-18.

[20] 王涌. 自然资源国家所有权三层结构说 [J]. 法学研究, 2013, 35 (4): 48-61.

[21] 严立冬, 李平衡, 邓远建, 等. 自然资源资本化价值诠释: 基于自然资源经济学文献的思考 [J]. 干旱区资源与环境, 2018, 32 (10): 1-9.

[22] PETER K, HEATHER T, TAYLOR H, et al. Natural Capital: Theory & Practice of Mapping Ecosystem Services [M]. New York: Oxford University Press, 2011: 37-42.

[23] 欧阳志军. 关于湖南实施不动产统一登记制度的几点思考 [J]. 国

土资源导刊, 2015, 12 (4): 1-4.

[24] 张星星, 蔡青, 何军军. 贵州省自然资源统一确权登记的做法与思考 [J]. 中国国土资源经济, 2019, 32 (6): 66-72.

[25] 吴晶晶, 张万森. 浅谈青海省三江源国家公园自然资源统一确权登记试点的工作技术路线和方法 [J]. 青海国土经略, 2018 (5): 70-72.

[26] 曲俊利, 孟刚, 陈敏, 等. 对探明储量的矿产资源统一确权登记的认识和思考 [J]. 能源与环境, 2019 (4): 2-3, 12.

[27] 王璁. 青铜峡库区湿地自然保护区自然资源统一确权登记探索 [J]. 西部资源, 2020 (5): 121-122, 125.

[28] 邱媛媛, 唐伟, 陈春森. 自然资源统一确权登记的技术难点探讨: 以浙江省开化县钱江源国家公园体制试点区为例 [J]. 中国国土资源经济, 2021, 34 (2): 29-35, 55.

[29] 晏智杰. 自然资源价值刍议 [J]. 北京大学学报 (哲学社会科学版), 2004 (6): 70-77.

[30] 潘家华. 自然参与分配的价值体系分析 [J]. 中国地质大学学报 (社会科学版), 2017, 17 (4): 1-8.

[31] 吕忠梅. 习近平法治思想的生态文明法治理论 [J]. 中国法学, 2021 (1): 48-64.

[32] 谷树忠, 李维明. 自然资源资产价值及其评估 [N]. 中国经济时报, 2015-11-27 (14).

[33] 杨昔, 喻建华, 乔亮亮. 自然资源资产价值评估初探 [J]. 中国国土资源经济, 2020, 33 (9): 7.

[34] 石薇, 徐蔼婷, 李金昌, 等. 自然资源资产负债表编制研究-以林木资源为例 [J]. 自然资源学报, 2018, 33 (4): 541-551.

[35] 杨艳昭, 陈玥, 宋晓谕, 等. 湖州市水资源资产负债表编制实践 [J]. 资源科学, 2018, 40 (5): 908-918.

[36] 宋晓谕, 陈玥, 闫慧敏, 等. 水资源资产负债表表式结构初探 [J]. 资源科学, 2018, 40 (5): 899-907.

[37] 李海姣, 杨会东, 徐霞. 基于土地伦理的南京市土地资源价值测算 [J]. 价值工程, 2015, 34 (13): 177-180.

[38] 宋夏云, 罗璐霞. 矿产资源的价值评估模式研究 [J]. 中国注册会

计师，2018（7）：60-63.

[39] 杨铮. 澳中两国矿产资源评估准则的比较研究 [J]. 资源与产业，2015，17（6）：89-94.

[40] 陈洁，龚光明. 矿产资源资产价值构成与会计计量 [J]. 财经理论与实践，2010，31（4）：53-57.

[41] 冯欣，姜文来，刘洋，等. 水资源资产价值模糊数学模型研究进展 [J]. 资源科学，2021，43（9）：1834-1848.

[42] 邵青，冷艳杰，彭卓越. 北京市南水北调水资源资产价值评估研究 [J]. 水利水电技术，2020，51（S2）：220-225.

[43] 牛存稳，燕翔，贾仰文，等. 郴州水资源生态环境价值核算 [J]. 中国水利，2021（21）：53-55.

[44] 白玮，郝晋珉. 自然资源价值探讨 [J]. 生态经济，2005（10）：5-7，12.

[45] 战琦梦，战超，张雨晨，等. 海洋自然资源资产价值评估综述 [J]. 鲁东大学学报（自然科学版），2020，36（2）：155-160.

[46] 额尔敦扎布，莎日娜. 再论草原资源资产价值 [J]. 内蒙古大学学报（人文社会科学版），2007（1）：41-44.

[47] 崔丽娟. 鄱阳湖湿地生态系统服务功能价值评估研究 [J]. 生态学杂志，2004（4）：47-51.

[48] 陈燕丽，王普查. 我国自然资源资产负债表构建与运用研究：以政府官员离任审计为视角 [J]. 财经问题研究，2017（2）：81-88.

[49] SHIFERAW B, FREEMAN H A, NAVRUD S. Valuation methods and approaches for assessing natural resource management impacts [J]. Working Papers, 2005, 45（6）：19-51.

[50] 高阳，高江波，潘韬，等. 海洋资源资产负债表编制探索 [J]. 国土资源科技管理，2017，34（2）：86-94.

[51] 孔含笑，沈镭，钟帅，等. 关于自然资源核算的研究进展与争议问题 [J]. 自然资源学报，2016，31（3）：363-376.

[52] 曹志宏，郝晋珉，梁流涛. 黄淮海地区耕地资源价值核算 [J]. 干旱区资源与环境，2009，23（9）：5-10.

[53] 蒋冬梅，诸培新，李效顺，等. 耕地资源价值量化研究：以南京市

栖霞区为例 [J]. 国土资源科技管理, 2009, 26 (1): 6-10.

[54] 叶姗, 李世平. 耕地资源社会价值评估研究: 以西安市为例 [J].
中国农业资源与区划, 2013, 34 (2): 26-31.

[55] 任哲成, 邹心怡, 何珂珂, 等. 基于遥感数据的苏州市土地资源资
产价值估算 [J]. 海峡科技与产业, 2022, 35 (6): 57-63.

[56] 陈洁, 龚光明. 基于期权的产权流转价值评估 [J]. 统计与决策,
2012 (3): 171-174.

[57] 万昌林. 基于可持续发展的矿产资源动态评估研究: 以紫金山金矿
为例 [D]. 长沙: 中南大学, 2013.

[58] 李焕培. 共享经济模式下矿产资源资产价值评估与实现研究 [D].
北京: 中国地质大学, 2017.

[59] 范振林. 矿产资源资产价值核算方法与参数估计 [J]. 现代矿业,
2019, 35 (6): 78-81.

[60] 张增峰, 王博宇, 朱新帅, 等. 自然资源价值评估研究综述 [J].
安徽农业科学, 2020, 48 (13): 8-11.

[61] 蒋静俭. 影响森林资源资产价值评估的主要因素分析 [D]. 杭州:
浙江农林大学, 2014.

[62] 黄和平, 王智鹏, 林文凯. 风景名胜区旅游资源价值损害评估: 以
三清山巨蟒峰为例 [J]. 旅游学刊, 2020, 35 (9): 26-40.

[63] 何红娟. 柳州市森林资源资产评估研究 [M]. 昆明: 云南大学出版
社, 2021: 239.

[64] 李鑫, 叶有华, 王伊拉图, 等. 干旱半干旱地区草地资源价值评估
研究: 以鄂托克前旗草地资源资产负债表编制为例 [J]. 干旱区资源与环境,
2018, 32 (5): 136-143.

[65] 谭勇, 肖毅峰, 覃魏, 等. 全民所有草原资源资产价值评估方法研
究 [J]. 安徽农业科学, 2021, 49 (23): 115-117, 129.

[66] 刘洋洋, 任涵玉, 周荣磊, 等. 中国草地生态系统服务价值估算及
其动态分析 [J]. 草地学报, 2021, 29 (7): 1522-1532.

[67] 李继龙, 杨文波, 李应仁, 等. 海洋生物资源资产价值评估方法与
资源管理探讨 [J]. 中国渔业经济, 2017, 35 (1): 5-11.

[68] 王晨, 丁黎黎, 韩梦, 等. 海洋资源资产价值评估的 TEES 范式构

建［J］．海洋经济，2017，7（4）：10-19.

［69］贺义雄，张怡卉，胡卫伟．基于海洋旅游资源价值评估的舟山市旅游产业发展研究［J］．海洋开发与管理，2022，39（6）：30-35.

［70］杨梦婵，叶有华，张原，等．深圳市综合水质指数研究及其在水资源资产评估上的应用［J］．自然资源学报，2018，33（7）：1129-1138.

［71］潘淑慧，曾雪珂，姚茋衍．基于GEP核算的常州市水资源价值研究［J］．中国资源综合利用，2023，41（12）：114-119.

［72］李国成，海新权．基于模糊综合评价的水资源价值评估［J］．热带农业工程，2023，47（4）：7-12.

［73］刘可心．基于模糊数学模型的乌鲁木齐市水资源资产价值评估与定价研究［J］．陕西水利，2024（2）：7-9.

［74］马琼芳，燕红，孙丽，等．吉林省湿地资源资产价值组成分析［J］．安徽农业科学，2015，43（34）：124-127.

［75］程秋旺，黄巧龙，于赟，等．福建省湿地自然保护区游憩资源价值评估：基于选择实验法的分析［J］．林业经济，2020，42（2）：38-47.

［76］沈镭，钟帅，何利，等．复式记账下的自然资源核算与资产负债表编制框架研究［J］．自然资源学报，2018，33（10）：1675-1685.

［77］谷树忠．自然资源资产及其负债表编制与审计［J］．中国环境管理，2016（1）：30-33.

［78］黄溶冰，赵谦．自然资源核算：从账户到资产负债表：演进与启示［J］．财经理论与实践，2015，36（1）：74-77.

［79］封志明，杨艳昭，李鹏．从自然资源核算到自然资源资产负债表编制［J］．中国科学院院刊，2014，29（4）：449-456.

［80］胡中华，陈春博．自然资源资产负债表制度之建构［J］．河南财经政法大学学报，2021，36（1）：1-12.

［81］盛明泉，姚智毅．基于政府视角的自然资源资产负债表编制探讨［J］．审计与经济研究，2017，32（1）：59-67.

［82］操建华，孙若梅．自然资源资产负债表的编制框架研究［J］．生态经济（中文版），2015，31（10）：25-28.

［83］李金华．论中国自然资源资产负债表编制的方法［J］．财经问题研究，2016（7）：3-11.

[84] 高吉喜，范小杉，李慧敏，等. 生态资产资本化：要素构成·运营
模式·政策需求 [J]. 环境科学研究，2016，29（3）：315-322.

[85] 封志明，杨艳昭，闫慧敏，等. 自然资源资产负债表编制的若干基
本问题 [J]. 资源科学，2017，39（9）：1615-1627.

[86] 高敏雪. 扩展的自然资源核算：以自然资源资产负债表为重点
[J]. 统计研究，2016，33（1）：4-12.

[87] 陈艳利，弓锐，赵红云. 自然资源资产负债表编制：理论基础、关
键概念、框架设计 [J]. 会计研究，2015（9）：18-26，96.

[88] 钱水祥. 自然资源资产负债表编制与应用探析 [J]. 水利经济，
2017，35（6）：12-18，32，79.

[89] 耿建新，唐洁珑. 负债、环境负债与自然资源资产负债 [J]. 审计
研究，2016（6）：3-12.

[90] 张友棠，刘帅，卢楠. 自然资源资产负债表创建研究 [J]. 财会通
讯，2014（10）：6-9.

[91] 封志明，杨艳昭，陈玥. 国家资产负债表研究进展及其对自然资源
资产负债表编制的启示 [J]. 资源科学，2015，37（9）：1685-1691.

[92] 耿建新，王晓琪. 自然资源资产负债表下土地账户编制探索：基于
领导干部离任审计的角度 [J]. 审计研究，2014（5）：20-25.

[93] 耿建新，刘祝君，胡天雨. 编制适合我国的土地资源平衡表方法初
探：基于实物量和价值量关系的探讨 [J]. 会计之友，2015（2）：7-14.

[94] 耿建新，安琪，尚会君. 我国森林资源资产平衡表的编制工作研
究：以国际规范与实践为视角 [J]. 审计与经济研究，2017，32（4）：51-62.

[95] 李曦，刘洋轩. 矿产资源资产负债表编制技术框架初探 [J]. 中国
人口·资源与环境，2016，26（3）：100-108.

[96] 耿建新，李洋，尚会君. 编制我国的矿产与能源资产平衡表探讨
[J]. 环境与可持续发展，2015，40（6）：7-14.

[97] 耿建新，吕晓敏，石吉金，等. 能源和矿产资源资产负债表编制及
应用探讨 [J]. 中国国土资源经济，2019，32（2）：4-14.

[98] 汪劲松，石薇. 我国水资源资产负债表编制探讨：基于澳大利亚水
资源核算启示 [J]. 统计与决策，2019，35（14）：5-9.

[99] 闫慧敏，封志明，杨艳昭，等. 湖州/安吉：全国首张市/县自然资

源资产负债表编制 [J]. 资源科学, 2017, 39 (9): 1634-1645.

[100] 李志坚, 耿建新, 肖承明. 土地资源资产负债表编制的实践探索: 以宁夏永宁县为例 [J]. 北方民族大学学报 (哲学社会科学版), 2017 (3): 142-144.

[101] 邱琳, 俞洁, 邓劲松, 等. 遥感和 GIS 支持下浙江省自然资源资产负债表编制研究 [J]. 中国环境管理, 2019, 11 (5): 36-41.

[102] 陶建格, 吕媛琦, 何利, 等. 基于复式记账的土地资源资产核算与报表编制研究 [J]. 中国人口·资源与环境, 2020, 30 (1): 22-29.

[103] 耿建新, 林璐. 土地资源表的编制和运用探讨 [J]. 经济研究参考, 2021 (11): 88-101.

[104] 陈燕丽, 左春源, 杨语晨. 基于离任审计的水资源资产负债表构建研究 [J]. 生态经济, 2016, 32 (12): 28-31, 48.

[105] 姚霖, 余振国. 矿产资源资产负债表中资产确认的多维理论思考 [J]. 财会通讯, 2019 (7): 11-14.

[106] 葛振华, 苏宇, 王楠. 矿产资源资产负债表编制的框架及技术方法探讨 [J]. 国土资源情报, 2020 (6): 51-56, 34.

[107] 张志涛, 戴广翠, 郭晔, 等. 森林资源资产负债表编制基本框架研究 [J]. 资源科学, 2018, 40 (5): 929-935.

[108] 张卫民, 李辰颖. 森林资源资产负债表核算系统研究 [J]. 自然资源学报, 2019, 34 (6): 1245-1258.

[109] 刘欣超, 翟琇, 赛希雅拉, 等. 草原自然资源资产负债评估方法的建立研究 [J]. 生态经济, 2016, 32 (4): 28-36.

[110] 李宪翔, 高强, 丁鼎. 我国海洋资源资产负债表构建研究: 基于自然资源产权制度改革的视角 [J]. 山东大学学报 (哲学社会科学版), 2019 (6): 135-142.

[111] 赖敏, 潘韬, 蒋金龙, 等. 海洋资源资产负债表研究进展及其应用展望 [J]. 环境保护, 2020, 48 (Z2): 75-79.

[112] 田金平, 姜婷婷, 施涵, 等. 区域水资源资产负债表: 北仑区水资源存量及变动表案例研究 [J]. 中国人口·资源与环境, 2018, 28 (9): 167-176.

[113] 耿建新, 胡天雨. 编制自然资源资产负债表搞好自然资源资产离

任审计：美国 GAO 水资源审计的借鉴 [J]. 财会通讯，2020（1）：3-12.

[114] 姜微. 森林资源和湿地资源资产负债表编制及应用研究 [D]. 北京：北京林业大学，2020.

[115] 成福伟，张欣. 基于 SEEA 的白洋淀湿地资源资产负债核算研究 [J]. 河北大学学报（哲学社会科学版），2023，48（5）：113-126.

[116] 李国平，刘生胜. 中国生态补偿40年：政策演进与理论逻辑 [J]. 西安交通大学学报（社会科学版），2018，38（6）：101-112.

[117] 缪小林，赵一心. 生态功能区转移支付对生态环境改善的影响：资金补偿还是制度激励？[J]. 财政研究，2019（5）：17-32.

[118] 蔡晶晶，杨文学. 生态公共服务政府购买的地区效果比较研究：基于福建重点生态区位商品林赎买的实证分析 [J]. 林业经济，2020，42（2）：69-82.

[119] 胡咏君，吴剑，胡瑞山. 生态文明建设"两山"理论的内在逻辑与发展路径 [J]. 中国工程科学，2019，21（5）：151-158.

[120] 李炜，王玉芳，刘晓光. 森林生态系统生态补偿标准研究：以伊春林管局为例 [J]. 林业经济问题，2012，32（5）：427-432.

[121] 王季潇，曾紫芸，黎元生. 区域生态补偿机制构建的理论范式与实践进路：福建省重点生态区位商品林赎买改革案例分析 [J]. 福建论坛（人文社会科学版），2019（11）：185-193.

[122] 张德刚，薛秋阳. 林业 PPP 项目分类以及回报机制探索 [J]. 林业经济，2018，40（5）：91-96.

[123] 邹芳芳，陈秋华. "林业-旅游"生态产业链构建研究 [J]. 林业经济问题，2019，39（6）：590-598.

[124] 李怒云，袁金鸿. 林业碳汇自愿交易的中国样本创建碳汇交易体系实现生态产品货币化 [J]. 林业资源管理，2015（5）：1-7.

[125] 肖政，陈奕钢. 我国排污权交易现状及后续市场建设理念 [J]. 林业经济，2012（3）：81-84.

[126] 沈大军，张萌. 水资源利用发展路径构建及应用 [J]. 自然资源学报，2016，31（12）：2060-2073.

[127] 陈水光，兰子杰，苏时鹏. 自然资源资产价值可持续实现路径分析 [J]. 林业经济问题，2022，42（1）：21-29.

［128］远东资信评估有限公司，贵州远东绿色经济研究院有限公司. 生态产品价值研究评价与实现［M］. 北京：中国财政经济出版社，2021.

［129］丘水林，靳乐山. 生态产品价值实现的政策缺陷及国际经验启示［J］. 经济体制改革，2019（3）：157-162.

［130］丘水林，庞洁，靳乐山. 自然资源生态产品价值实现机制：一个机制复合体的分析框架［J］. 中国土地科学，2021，35（1）：10-17，25.

［131］寇有观. 自然资源生态产品价值实现机制探索［N］. 中国自然资源报，2019-07-25（8）.

［132］周伯煌，彭晓霞，万丽娜.“虚拟”森林碳汇的法律分析［J］. 世界林业研究，2020，33（2）：15-19.

［133］张兴，姚震. 新时代自然资源生态产品价值实现机制［J］. 中国国土资源经济，2020，33（1）：62-69.

［134］李振红，邓新忠，范小虎，等. 全民所有自然资源资产生态价值实现机制研究：以所有者权益管理为研究视角［J］. 国土资源情报，2020（9）：11-15.

［135］杨伟民. 建立系统完整的生态文明制度体系［J］. 党建研究，2014（9）：12-16.

［136］耿建新，胡天雨，刘祝君. 我国国家资产负债表与自然资源资产负债表的编制与运用初探：以SNA2008和SEEA2012为线索的分析［J］会计研究，2015（1）：15-24.

［137］诺斯. 经济史中的结构与变迁［M］. 陈郁，罗华平，译. 上海：上海三联书店，1991：12.

［138］ALCHIAN A A，DEMSETZ H. Production，Information Costs，and Economic Organization［J］. IEEE Engineering Management Review，1972，62（2）：777-795.

［139］DEMSETZ H. Toward a Theory of Property Rights［J］. Palgrave Macmillan UK，1974，57（2）：347-359.

［140］Y. 巴泽尔. 产权的经济学分析［M］. 费方域，段毅才，译. 上海：上海人民出版社，1997：6.

［141］封志明. 资源科学导论［M］. 北京：科学出版社，2004：405.

［142］德姆塞茨. 关于产权的理论［M］. 刘守英，译. 上海：上海三联

书店,,1994：167.

[143] 彭诚信. 自然资源上的权利层次 [J]. 法学研究, 2013, 35 (4)：
64-66.

[144] 柯武刚, 史曼飞. 制度经济学 [M]. 韩超华, 译. 北京：商务印
书馆, 2002：17-27.

[145] 王灿发. 生态文明建设法律保障体系的构建 [J]. 法制资讯,
2014 (Z1)：83.

[146] 陈建明. 习近平生态文明思想的历史逻辑与时代价值 [J]. 河南
社会科学, 2020, 28 (2)：85-89.

[147] 张千帆. 城市土地"国家所有"的困惑与消解 [J]. 中国法学,
2012 (3)：178-190.

[148] 薛霞. 灵石国有林场森林资源资产价值评估研究 [D]. 福州：福
建农林大学, 2019.

[149] 于连生, 孙达, 王菊. 自然资源价值论及其应用 [M]. 北京：化
学工业出版社, 2004.

[150] DAMIGOS D. An overview of environmental valuation methods for the
mining industry [J]. Journal of Cleaner Production, 2006, 14 (3/4)：234-247.

[151] ROACH B, WADE W W. Policy evaluation of natural resource injuries
using habitat equivalency analysis [J]. Ecological Economics, 2006, 58 (2)：
421-433.

[152] 贺义雄, 勾维民. 海洋资源资产价格评估研究 [D]. 上海：海洋
出版社, 2015.

[153] 商思争, 杨兴兵, 庄晓萌, 等. 领导干部海洋自然资源资产离任
审计评价指标研究及相关表格设计：以连云港海域为例 [J]. 中国审计评论,
2017 (1)：46-56.

[154] 吴欣欣. 海洋生态系统外在价值评估：理论解析、方法探讨及案
例研究 [D]. 厦门大学, 2014.

[155] 沈满洪, 毛狄. 海洋生态系统服务价值评估研究综述 [J]. 生态
学报, 2019, 39 (6)：2255-2265.

[156] 刘玉龙, 马俊杰, 金学林, 等. 生态系统服务功能价值评估方法
综述 [J]. 中国人口·资源与环境, 2005 (1)：91-95.

［157］闻德美，姜旭朝，刘铁鹰. 海域资源价值评估方法综述［J］. 资源科学，2014，36（4）：670-681.

［158］赵雯. 基于价值流理论的上海市水资源资产价值量核算研究［D］. 上海：华东师范大学，2010.

［159］张雷声. 马克思劳动价值论的逻辑整体性［J］. 教学与研究，2018（4）：5-11.

［160］易小燕，黄显雷，尹昌斌，等. 福建省农业资源价值测算及生态价值实现路径分析［J］. 中国工程科学，2019，21（5）：137-143.

［161］李研. 构建森林生态资源产权交易机制的理论探索［J］. 林业经济问题，2020，40（2）：181-188.

附录

附表 1　北海市海城区全民所有土地资源资产表（2020 年）

地类	行次	数量/公顷		价格/万元/公顷		金额/万元	
		期初	期末	期初	期末	期初	期末
栏次	—	1	2	3	4	5	6
耕地	01	342.16	291.43	24.07	24.09	8 235.065 2	7 020.728 2
水田	02	19.97	19.97	25.73	25.73	513.828 1	513.828 1
水浇地	03	19.39	17.33	25.29	25.29	490.373 1	438.275 7
旱地	04	302.8	254.13	23.88	23.88	7 230.864	6 068.624 4
种植园用地	05	18.19	17.34	12.13	12.14	220.674	210.453
果园	06	17.05	16.21	12	12	204.6	194.52
茶园	07	0	0	0	0	0	0
橡胶园	08	0	0	0	0	0	0
其他园地	09	1.14	1.13	14.1	14.1	16.074	15.933
林地	10	847.23	819.82	2.09	2.09	1 772.967 4	1 714.208 9
乔木林地	11	530.6	513.49	2.69	2.69	1 427.314	1 381.288 1
竹林地	12	1.84	1.74	5.55	5.55	10.212	9.657
灌木林地	13	12.89	14.03	0.26	0.26	3.351 4	3.647 8
其他林地	14	301.9	290.56	1.1	1.1	332.09	319.616
草地	15	201.83	189.94	0.25	0.25	50.457 5	47.485
天然牧草地	16	0	0	0	0	0	0
人工牧草地	17	0	0	0	0	0	0
其他草地	18	201.83	189.94	0.25	0.25	50.457 5	47.485
商业服务业用地	19	504.11	502.63	2 250.96	2 254.86	1 134 733.017 7	1 133 362.059 8
商业服务业设施用地	20	446.22	445.89	2 480.68	2 480.68	1 106 929.029 6	1 106 110.405 2

附表1(续)

地类	行次	数量/公顷		价格/万元/公顷		金额/万元	
		期初	期末	期初	期末	期初	期末
物流仓储用地	21	57.89	56.74	480.29	480.29	27 803.988 1	27 251.654 6
工矿用地	22	758.28	783.95	446.08	445.35	338 253.542 4	349 129.441 2
工业用地	23	758.28	773.13	446.08	446.08	338 253.542 4	344 877.830 4
采矿用地	24	0	10.82	392.94	392.94	0	4 251.610 8
住宅用地	25	2 199.33	2 268.83	4 187.89	4 188.7	9 210 547.454 4	9 503 447.471 1
城镇住宅用地	26	2 179.26	2 249.77	4 198.11	4 198.11	9 148 773.198 6	9 444 781.934 7
农村宅基地	27	20.07	19.06	3 077.94	3 077.94	61 774.255 8	58 665.536 4
公共管理与公共服务用地	28	560.95	557.94	1 116.75	1 116.69	626 443.263 4	623 043.281 2
机关团体新闻出版用地	29	119.02	118.26	1 160.19	1 160.19	138 085.813 8	137 204.069 4
科教文卫用地	30	299.64	296.34	1 121.5	1 121.5	336 046.26	332 345.31
公用设施用地	31	51.52	51.58	953.35	953.35	49 116.592	49 173.793
公园与绿地	32	90.77	91.76	1 136.88	1 136.88	103 194.597 6	104 320.108 8
特殊用地	33	111.11	110.9	888	888	98 665.68	98 479.2
交通运输用地	34	1 512.43	1 529.85	172.4	174.05	260 744.090 1	266 274.678
铁路用地	35	62.22	62.2	372.5	372.5	23 176.95	23 169.5
轨道交通用地	36	0	0	0	0	0	0
公路用地	37	348.67	355.68	381.84	381.84	133 136.152 8	135 812.851 2
城镇村道路用地	38	820.65	824.61	0	0	0	0
交通服务场站用地	39	54.93	56.66	499.59	499.59	27 442.478 7	28 306.769 4
农村道路	40	43.38	43.33	—	—	—	—
机场用地	41	0	0.15	270	270	0	40.5
港口码头用地	42	182.58	187.22	421.67	421.67	76 988.508 6	78 945.057 4
管道运输用地	43	0	0	0	0	0	0
水域及水利设施用地	44	260.15	258.01	18.2	17.96	4 733.886 6	4 632.865 2
河流水面	45	50.68	50.64	—	—	—	—
湖泊水面	46	0	0	—	—	—	—
水库水面	47	77.5	77.43	0	0	0	0
坑塘水面	48	108.78	107.16	17.97	17.97	1 954.776 6	1 925.665 2
沟渠	49	16.62	16.38	—	—	—	—
水工建筑用地	50	6.57	6.4	423	423	2 779.11	2 707.2
冰川及永久积雪	51	0	0	—	—	—	—
其他土地	52	50.75	44.97	129.63	118.78	6 578.744 3	5 341.694 6
空闲地	53	10.67	8.54	545.29	545.29	5 818.244 3	4 656.776 6
设施农用地	54	32.5	29.27	23.4	23.4	760.5	684.918
田坎	55	2.77	2.7	—	—	—	—

附表1（续）

地类	行次	数量/公顷		价格/万元/公顷		金额/万元	
		期初	期末	期初	期末	期初	期末
盐碱地	56	0	0	—	—	—	—
沙地	57	0.12	0	—	—	—	—
裸土地	58	2.57	2.34	—	—	—	—
裸岩石砾地	59	2.12	2.12	—	—	—	—
总计	60	7 366.52	7 375.61	—	—	11 690 978.843	11 992 703.566 2

附表 2　北海市银海区全民所有土地资源资产表（2020 年）

表号：土地 01 表

地类	行次	数量/公顷		价格/万元/公顷		金额/万元	
		期初	期末	期初	期末	期初	期末
栏次	—	1	2	3	4	5	6
耕地	01	4 621.37	4 496.25	19.81	19.82	91 554.184 4	89 095.456 6
水田	02	91.88	91.73	27.5	27.5	2 526.7	2 522.575
水浇地	03	213.44	212.84	19.96	19.96	4 260.262 4	4 248.286 4
旱地	04	4 316.05	4 191.68	19.64	19.64	84 767.222	82 324.595 2
种植园用地	05	182.51	187	12.56	12.59	2 291.487	2 354.025
果园	06	173.96	175.5	12.45	12.45	2 165.802	2 184.975
茶园	07	0	0	0	0	0	0
橡胶园	08	0	0	0	0	0	0
其他园地	09	8.55	11.5	14.7	14.7	125.685	169.05
林地	10	2 564.03	2 644.68	1.87	1.83	4 796.415 2	4 846.819 5
乔木林地	11	1 412.69	1 393.63	2.4	2.4	3 390.456	3 344.712
竹林地	12	19.15	18.8	5.25	5.25	100.537 5	98.7
灌木林地	13	25.79	24.85	6.43	6.43	165.829 7	159.785 5
其他林地	14	1 106.4	1 207.4	1.03	1.03	1 139.592	1 243.622
草地	15	383.62	342.73	0.29	0.29	111.249 8	99.391 7
天然牧草地	16	0	0	0	0	0	0
人工牧草地	17	0	0	0	0	0	0
其他草地	18	383.62	342.73	0.29	0.29	111.249 8	99.391 7
商业服务业用地	19	478.73	507.9	1 868.97	1 874.65	894 733.233 1	952 133.035 8
商业服务业设施用地	20	452.94	482.42	1 951.49	1 951.49	883 907.880 6	941 437.805 8
物流仓储用地	21	25.79	25.48	419.75	419.75	10 825.352 5	10 695.23
工矿用地	22	291.52	319.8	408.49	406.44	119 083.321 2	129 980.309 7
工业用地	23	211.8	223.01	427.68	427.68	90 582.624	95 376.916 8
采矿用地	24	79.72	96.79	357.51	357.51	28 500.697 2	34 603.392 9
住宅用地	25	1 825.18	1 867.12	3 658.31	3 658.6	6 677 076.522 6	6 831 048.519 2

附表2(续)

地类	行次	数量/公顷		价格/万元/公顷		金额/万元	
		期初	期末	期初	期末	期初	期末
城镇住宅用地	26	1 778.22	1 819.9	3 675.35	3 675.35	6 535 580.877	6 688 769.465
农村宅基地	27	46.96	47.22	3 013.11	3 013.11	141 495.645 6	142 279.054 2
公共管理与公共服务用地	28	718.28	717.04	948.45	948.22	681 251.191 4	679 910.922 7
机关团体新闻出版用地	29	55.96	56.55	893.2	893.2	49 983.472	50 510.46
科教文卫用地	30	514.36	513.14	957.46	957.46	492 479.125 6	491 311.024 4
公用设施用地	31	58.82	59.03	768.97	768.97	45 230.815 4	45 392.299 1
公园与绿地	32	89.14	88.32	1 049.56	1 049.56	93 557.778 4	92 697.139 2
特殊用地	33	112.6	127.24	825.86	825.86	92 991.836	105 082.426 4
交通运输用地	34	2 168.32	2 200.87	212.35	212.62	460 440.901 3	467 950.642
铁路用地	35	85.22	85.23	353.18	353.18	30 097.999 6	30 101.531 4
轨道交通用地	36	0	0	0	0	0	0
公路用地	37	860.06	875.49	352.02	352.02	302 758.321 2	308 189.989 8
城镇村道路用地	38	548.74	558.34	0	0	0	0
交通服务场站用地	39	64.71	65.44	545.55	545.55	35 302.540 5	35 700.792
农村道路	40	331.68	334.41	—	—	—	—
机场用地	41	253.16	255.48	310.5	310.5	78 606.18	79 326.54
港口码头用地	42	24.75	26.48	552.56	552.56	13 675.86	14 631.788 8
管道运输用地	43	0	0	0	0	0	0
水域及水利设施用地	44	2 478.86	2 420.48	27.03	25.88	67 007.941 9	62 653.548 3
河流水面	45	618.63	618.7	—	—	—	—
湖泊水面	46	0	0	—	—	—	—
水库水面	47	262.35	262.29	0	0	0	0
坑塘水面	48	1 396.41	1 345.74	31.68	31.68	44 238.268 8	42 633.043 2
沟渠	49	144.57	143.72	—	—	—	—
水工建筑用地	50	56.9	50.03	400.17	400.17	22 769.673	20 020.505 1
冰川及永久积雪	51	0	0	—	—	—	—
其他土地	52	217.63	213.07	23.69	18.1	5 154.952 4	3 857.232 5
空闲地	53	4.07	1.85	612.67	612.67	2 493.566 9	1 133.439 5
设施农用地	54	113.01	115.66	23.55	23.55	2 661.385 5	2 723.793
田坎	55	84.31	82.21	—	—	—	—
盐碱地	56	0	0	—	—	—	—
沙地	57	7.84	6.63	—	—	—	—
裸土地	58	8.4	6.72	—	—	—	—
裸岩石砾地	59	0	0	—	—	—	—
总计	60	16 042.65	16 044.18	—	—	9 096 493.236 2	9 329 012.329 4

附表 3　北海市铁山港区全民所有土地资源资产表（2020 年）

表号：土地 01 表

地类	行次	数量/公顷		价格/万元/公顷		金额/万元	
		期初	期末	期初	期末	期初	期末
栏次	—	1	2	3	4	5	6
耕地	01	3 261.16	3 247.73	25.62	25.62	83 551.608 7	83 205.330 2
水田	02	132.83	132.8	21.91	21.91	2 910.305 3	2 909.648
水浇地	03	58.7	60.11	25.66	25.66	1 506.242	1 542.422 6
旱地	04	3 069.63	3 054.82	25.78	25.78	79 135.061 4	78 753.259 6
种植园用地	05	222.26	221.36	12.16	12.16	2 703.112 3	2 692.177 3
果园	06	220.69	219.79	12.15	12.15	2 681.383 5	2 670.448 5
茶园	07	0	0	0	0	0	0
橡胶园	08	0	0	0	0	0	0
其他园地	09	1.57	1.57	13.84	13.84	21.728 8	21.728 8
林地	10	2 004.8	1 977.32	1.93	1.93	3 866.358	3 819.433 5
乔木林地	11	1 635.04	1 613.65	2.1	2.1	3 433.584	3 388.665
竹林地	12	14.5	14.5	4.35	4.35	63.075	63.075
灌木林地	13	10.31	10.87	6.75	6.75	69.592 5	73.372 5
其他林地	14	344.95	338.3	0.87	0.87	300.106 5	294.321
草地	15	444.64	408.64	0.31	0.31	137.838 4	126.678 4
天然牧草地	16	0	0	0	0	0	0
人工牧草地	17	0	0	0	0	0	0
其他草地	18	444.64	408.64	0.31	0.31	137.838 4	126.678 4
商业服务业用地	19	92.36	121.52	503.81	462.68	46 532.26	56 224.39
商业服务业设施用地	20	55.08	62.31	702.42	702.42	38 689.293 6	43 767.790 2
物流仓储用地	21	37.28	59.21	210.38	210.38	7 842.966 4	12 456.599 8
工矿用地	22	1 654.7	1 710.44	198.71	198.7	328 804.354	339 863.999 2
工业用地	23	1 427.63	1 482.56	198.38	198.38	283 213.239 4	294 110.252 8
采矿用地	24	227.07	227.88	200.78	200.78	45 591.114 6	45 753.746 4
住宅用地	25	670.47	669.02	870.24	865.69	583 472.514 9	579 162.818 9
城镇住宅用地	26	529.91	509.01	902.59	902.59	478 291.466 9	459 427.335 9
农村宅基地	27	140.56	160.01	748.3	748.3	105 181.048	119 735.483
公共管理与公共服务用地	28	204.63	215.16	395.8	394.64	80 992.494 7	84 911.805 1
机关团体新闻出版用地	29	61.95	61.12	414.42	414.42	25 673.319	25 329.350 4

附表3(续)

地类	行次	数量/公顷		价格/万元/公顷		金额/万元	
		期初	期末	期初	期末	期初	期末
科教文卫用地	30	115.22	120.2	394.19	394.19	45 418.571 8	47 381.638
公用设施用地	31	26.59	32.77	359.46	359.46	9 558.041 4	11 779.504 2
公园与绿地	32	0.87	1.07	393.75	393.75	342.562 5	421.312 5
特殊用地	33	17.26	29.06	370.35	370.35	6 392.241	10 762.371
交通运输用地	34	1 992.96	2 005.39	167.91	166.47	334 637.353 5	333 844.534 1
铁路用地	35	112.51	112.51	205.05	205.05	23 070.175 5	23 070.175 5
轨道交通用地	36	0	0	0	0	0	0
公路用地	37	914.08	927.93	205.05	200.62	187 432.104	186 161.316 6
城镇村道路用地	38	91.97	86.49	0	0	0	0
交通服务场站用地	39	32.71	35.73	210.4	210.4	6 882.184	7 517.592
农村道路	40	231.8	233.66	—	—	—	—
机场用地	41	0.7	0.7	226.5	226.5	158.55	158.55
港口码头用地	42	605.75	604.93	192	192	116 304	116 146.56
管道运输用地	43	3.44	3.44	229.75	229.75	790.34	790.34
水域及水利设施用地	44	1 361.6	1 349.48	27.51	27.87	37 460.894	37 610.380 5
河流水面	45	545.16	544.21	—	—	—	—
湖泊水面	46	0	0	—	—	—	—
水库水面	47	0	0	0	0	0	0
坑塘水面	48	638.44	624.63	24.35	24.35	15 546.014	15 209.740 5
沟渠	49	63.86	63.97	—	—	—	—
水工建筑用地	50	114.14	116.67	192	192	21 914.88	22 400.64
冰川及永久积雪	51	0	0	—	—	—	—
其他土地	52	191.77	187.05	8.79	8.14	1 686.040 5	1 523.259
空闲地	53	0.95	0.36	226.5	226.5	215.175	81.54
设施农用地	54	64.09	62.82	22.95	22.95	1 470.865 5	1 441.719
田坎	55	48.44	48.72	—	—	—	—
盐碱地	56	0	0	—	—	—	—
沙地	57	68.15	66.43	—	—	—	—
裸土地	58	10.14	8.72	—	—	—	—
裸岩石砾地	59	0	0	—	—	—	—
总计	60	12 118.61	12 142.17	—	—	1 510 237.07	1 533 747.177 2

附表 4   北海市（区本级）全民所有土地资源资产收支表（2020 年）

表号：土地 03 表

单位：万元

指标名称	行次	金额
栏次	—	1
本年收入	1	653 912.51
国有土地使用权出让收入	2	653 912.51
其他收入	3	
本年支出	4	0
土地取得支出	5	0
征地和拆迁补偿支出	6	0
土地前期开发费用	7	0
生态保护修复财政专项支出	8	0
其中：土壤污染防治支出	9	0
土地综合整治支出	10	0
其他生态保护修复财政专项支出（土地资源）	11	0
其他支出	12	

附表 5   北海市海城区全民所有土地资源资产权益变动表（2020 年）

表号：土地 04 表

所有者权益	行次	数量/公顷		金额/万元	
		期初	期末	期初	期末
栏次	—	1	2	3	4
土地资源（不含林地、草地、湿地）	1	6 317.46	6 365.85	11 689 155.42	11 990 941.87
中央直接行使所有权	2	—	—	—	—
委托或法律授权省级政府代理行使所有权	3	—	—	—	—
委托或法律授权市(地)政府代理行使所有权	4	—	—	—	—
法律授权县级政府代理行使所有权	5	—	—	—	—
其中：储备土地	6		136.7		219 684.5
中央直接行使所有权	7	—	—	—	—
委托或法律授权省级政府代理行使所有权	8	—	—	—	—
委托或法律授权市(地)政府代理行使所有权	9	—	—	—	—
法律授权县级政府代理行使所有权	10	—	—	—	—

附表 6 北海市银海区全民所有土地资源资产权益变动表（2020 年）

表号：土地 04 表

所有者权益	行次	数量/公顷		金额/万元	
		期初	期末	期初	期末
栏次	—	1	2	3	4
土地资源（不含林地、草地、湿地）	1	13 095	13 056.77	9 091 585.57	9 324 066.12
中央直接行使所有权	2	—	—	—	—
委托或法律授权省级政府代理行使所有权	3	—	—	—	—
委托或法律授权市（地）政府代理行使所有权	4	—	—	—	—
法律授权县级政府代理行使所有权	5	—	—	—	—
其中：储备土地	6		11.49		20 000.06
中央直接行使所有权	7	—	—	—	—
委托或法律授权省级政府代理行使所有权	8	—	—	—	—
委托或法律授权市（地）政府代理行使所有权	9	—	—	—	—
法律授权县级政府代理行使所有权	10	—	—	—	—

附表 7 北海市铁山港区全民所有土地资源资产权益变动表（2020 年）

表号：土地 04 表

所有者权益	行次	数量/公顷		金额/万元	
		期初	期末	期初	期末
栏次	—	1	2	3	4
土地资源（不含林地、草地、湿地）	1	9 669.17	9 756.21	1 506 232.87	1 529 801.07
中央直接行使所有权	2	—	—	—	—
委托或法律授权省级政府代理行使所有权	3	—	—	—	—
委托或法律授权市（地）政府代理行使所有权	4	—	—	—	—
法律授权县级政府代理行使所有权	5	—	—	—	—
其中：储备土地	6		108.26		24 647.77
中央直接行使所有权	7	—	—	—	—
委托或法律授权省级政府代理行使所有权	8	—	—	—	—
委托或法律授权市（地）政府代理行使所有权	9	—	—	—	—
法律授权县级政府代理行使所有权	10	—	—	—	—

附表 8　北海市海城区储备土地资源资产表（2020 年）

表号：土地 06 表

土地利用现状	数量/公顷		基于土地现状核算金额/万元		基于储备土地核算金额/万元		土地收储的价值变动/万元	
栏次	期初	期末	期初	期末	期初	期末	期初	期末
行次	1	2	3	4	5	6	7	8
湿地 1	0	0	0	0	0	0	0	0
耕地 2	0	0	0	0	0	0	0	0
种植园用地 3	0	0	0	0	0	0	0	0
林地 4	0	0	0	0	0	0	0	0
草地 5	0	0	0	0	0	0	0	0
商业服务业用地 6	0	125.19	0	79 108.42	0	214 184.71	0	135 076.29
工矿用地 7	0	6.6	0	5 347.47	0	2 678.13	0	−2 669.34
住宅用地 8	0	0	0	0	0	0	0	0
公共管理与公共服务用地 9	0	4.91	0	863.3	0	2 821.66	0	1 958.36
特殊用地 10	0	0	0	0	0		0	0
交通运输用地 11	0	0	0	0	0		0	0
水域及水利设施用地 12	0	0	0	0	0		0	0
其他土地 13	0	0	0	0	0	0	0	0
总计 14	0	136.7	0	85 319.19	0	219 684.5	0	134 365.31

附表 9　北海市银海区储备土地资源资产表（2020 年）

表号：土地 06 表

土地利用现状	行次	数量/公顷		基于土地现状核算金额/万元		基于储备土地核算金额/万元		土地收储的价值变动/万元	
		期初	期末	期初	期末	期初	期末	期初	期末
栏次	一	1	2	3	4	5	6	7	8
湿地	1	0	0	0	0	0	0	0	0
耕地	2	0	0	0	0	0	0	0	0
种植园用地	3	0	0	0	0	0	0	0	0
林地	4	0	0	0	0	0	0	0	0
草地	5	0	0	0	0	0	0	0	0
商业服务业用地	6	0	10.01	0	6 349.86	0	18 808.43	0	12 458.57
工矿用地	7	0	0	0	0	0	0	0	0
住宅用地	8	0	0	0	0	0	0	0	0
公共管理与公共服务用地	9	0	1.48	0	8 455.29	0	1 191.63	0	−7 263.66
特殊用地	10	0	0	0	0	0	0	0	0
交通运输用地	11	0	0	0	0	0	0	0	0
水域及水利设施用地	12	0	0	0	0	0	0	0	0
其他土地	13	0	0	0	0	0	0	0	0
总计	14	0	11.49	0	14 805.15	0	20 000.06	0	5 194.91

附表 10　北海市铁山港区储备土地资源资产表（2020 年）

表号：土地 06 表

土地利用现状	数量/公顷		基于土地现状核算金额/万元		基于储备土地核算金额/万元		土地收储的价值变动/万元	
	期初	期末	期初	期末	期初	期末	期初	期末
栏次	1	2	3	4	5	6	7	8
行次 一								
湿地 1	0	0	0	0	0	0	0	0
耕地 2	0	0	0	0	0	0	0	0
种植园用地 3	0	0	0	0	0	0	0	0
林地 4	0	0	0	0	0	0	0	0
草地 5	0	0	0	0	0	0	0	0
商业服务业用地 6	0	3.99	0	940.05	0	2 434.4	0	1 494.35
工矿用地 7	0	94.27	0	28 462.77	0	18 568.44	0	-9 894.33
住宅用地 8	0	0	0	0	0	0	0	0
公共管理与公共服务用地 9	0	10	0	5 395.33	0	3 644.93	0	-1 750.4
特殊用地 10	0	0	0	0	0	0	0	
交通运输用地 11	0	0	0	0	0	0	0	
水域及水利设施用地 12	0	0	0	0	0	0	0	
其他土地 13	0	0	0	0	0	0	0	
总计 14	0	108.26	0	34 798.15	0	24 647.77	0	-10 150.38

附表 11 北海市海城区固体矿产资源资产表 （2020 年）

表号：矿产 02 表

指标名称	行次	推断资源量		控制资源量		探明资源量		证实储量		可信储量		价格/万元		金额/万元	
		期初	期末	期初	期末	期初	期末	期初	期末	期初	期末	期初	期末	期初	期末
栏次	一	1	2	3	4	5	6	7	8	9	10	11	12	13	14
煤（原煤）/亿吨	01	0	0	0	0	0	0	0	0	0	0	0	0	0.00	0.00
铁矿（矿石）/万吨	02	0	0	0	0	0	0	0	0	0	0	0	0	0.00	0.00
铬铁矿（矿石）/万吨	03	0	0	0	0	0	0	0	0	0	0	0	0	0.00	0.00
铜矿（金属铜）/万吨	04	0	0	0	0	0	0	0	0	0	0	0	0	0.00	0.00
铝土矿（矿石）/万吨	05	0	0	0	0	0	0	0	0	0	0	0	0	0.00	0.00
镍矿（金属镍）/万吨	06	0	0	0	0	0	0	0	0	0	0	0	0	0.00	0.00
钴矿（金属钴）/万吨	07	0	0	0	0	0	0	0	0	0	0	0	0	0.00	0.00
钨矿（WO_3）/万吨	08	0	0	0	0	0	0	0	0	0	0	0	0	0.00	0.00
锡矿（金属锡）/万吨	09	0	0	0	0	0	0	0	0	0	0	0	0	0.00	0.00
钼矿（金属钼）/万吨	10	0	0	0	0	0	0	0	0	0	0	0	0	0.00	0.00
锑矿（金属锑）/万吨	11	0	0	0	0	0	0	0	0	0	0	0	0	0.00	0.00
金矿（金属）（吨）	12	0	0	0	0	0	0	0	0	0	0	0	0	0.00	0.00
锂矿（折氧化锂）/万吨	13	0	0	0	0	0	0	0	0	0	0	0	0	0.00	0.00
钴矿（折氧化钴）/万吨	14	0	0	0	0	0	0	0	0	0	0	0	0	0.00	0.00
普通萤石（折氟化钙）/万吨	15	0	0	0	0	0	0	0	0	0	0	0	0	0.00	0.00
磷矿（矿石）/万吨	16	0	0	0	0	0	0	0	0	0	0	0	0	0.00	0.00
钾盐（KCl）/万吨	17	0	0	0	0	0	0	0	0	0	0	0	0	0.00	0.00
晶质石墨（矿物）/万吨	18	0	0	0	0	0	0	0	0	0	0	0	0	0.00	0.00
其他	19	—	—	—	—	—	—	—	—	—	—	—	—	0	0
水泥配料用黏土（矿石）/万吨	1 901	0	0	352	352	0	0	0	0	0	0	0	0	0	0.00
建筑用砂（矿物）/万吨	1 902	4 773.84	4 773.84	2 601.1	2 601.1	0	0	0	0	0	0	0	0	0	0.00

附表 12　北海市银海区固体矿产资源资产表（2020 年）

表号：矿产 02 表

指标名称	行次	推断资源量 期初	推断资源量 期末	控制资源量 期初	控制资源量 期末	探明资源量 期初	探明资源量 期末	证实储量 期初	证实储量 期末	可信储量 期初	可信储量 期末	价格/万元 期初	价格/万元 期末	金额/万元 期初	金额/万元 期末
栏次	—	1	2	3	4	5	6	7	8	9	10	11	12	13	14
煤（原煤）/亿吨	01	0	0	0	0	0	0	0	0	0	0	0	0	0	0
铁矿（矿石）/万吨	02	0	0	0	0	0	0	0	0	0	0	0	0	0	0
铬铁矿（矿石）/万吨	03	0	0	0	0	0	0	0		0	0	0	0	0	0
铜矿（金属铜）/万吨	04	0	0	0	0	0	0	0	0	0	0	0	0	0	0
铝土矿（矿石）/万吨	05	0	0	0	0	0	0	0	0	0	0	0	0	0	0
镍矿（金属镍）/万吨	06	0	0	0	0	0	0	0	0	0	0	0	0	0	0
钴矿（金属钴）/万吨	07	0	0	0	0	0	0	0	0	0	0	0	0	0	0
钨矿（WO_3）/万吨	08	0	0	0	0	0	0	0	0	0	0	0	0	0	0
锡矿（金属锡）/万吨	09	0	0	0	0	0	0	0	0	0	0	0	0	0	0
钼矿（金属钼）/万吨	10	0	0	0	0	0	0	0	0	0	0	0	0	0	0
锑矿（金属锑）/万吨	11	0	0	0	0	0	0	0	0	0	0	0	0	0	0
金矿（金属）（吨）	12	0	0	0	0	0	0	0	0	0	0	0	0	0	0
锂矿（折氧化锂）/万吨	13	0	0	0	0	0	0	0	0	0	0	0	0	0	0
锆矿（折氧化锆）/万吨	14	0	0	0	0	0	0	0	0	0	0	0	0	0	0
普通萤石（折氟化钙）/万吨	15	0	0	0	0	0	0	0	0	0	0	0	0	0	0
磷矿（矿石）/万吨	16	0	0	0	0	0	0	0	0	0	0	0	0	0	0
钾盐（KCl）/万吨	17	0	0	0	0	0	0	0	0	0	0	0	0	0	0
晶质石墨（矿物）/万吨	18	0	0	0	0	0	0	0	0	0	0	0	0	0	0
其他	19	—	—	—	—	—	—	—	—	—	—	—	—	57.8	57.8
玻璃用砂/万吨	1 901	0	0	435	435	0	0	0	0	0	0	0	0	57.8	0.00
砖瓦用黏土/万吨	1 902	23.23	23.23	216.02	216.02	0	0	0	0	17.1	17.1	3.38	3.38	57.8	57.80

附表 13　北海市（市本级）矿产资源资产收支表（2020 年）

表号：矿产 04 表

计量单位：万元

指标名称	行次	金额
栏次	—	1
本年收入	1	2 200
矿业权出让收益	2	2 200
其他收入	3	
本年支出	4	0
矿产勘查支出	5	0
生态保护修复财政专项支出	6	0
其中：矿山地质环境恢复治理支出	7	0
其他生态保护修复财政专项支出（矿产资源）	8	0
其他支出	9	

附表 14　北海市银海区矿产资源资产权益变动表（2020 年）

表号：矿产 05 表

计量单位：万元

所有者权益	行次	数量		金额	
		期初	期末	期初	期末
栏次	—	1	2	3	4
中央直接行使所有权	1	—	—	—	—
委托或法律授权省级政府代理行使所有权	2	—	—	—	—
委托或法律授权市（地）政府代理行使所有权	3	—	—	—	—
法律授权县级政府代理行使所有权	4	—	—	—	—
合计	5	—	—	57.8	57.80

附表 15 北海市海城区全民所有林木资源资产表 (2020 年)

表号: 森林 01 表

指标名称	行次	数量		价格/元/亩		金额/万元	
		期初	期末	期初	期末	期初	期末
栏次	—	1	2	3	4	5	6
乔木林	1	1.21	1.21	—	—	1 401.471 5	1 401.471 5
用材林	2	0.77	0.77	1 647.31	1 647.31	1 268.428 7	1 268.428 7
经济林	3	0	0	1 399.54	1 399.54	0	0
能源林	4	0	0	0	0	0	0
防护林	5	0	0	0	0	0	0
特种用途林	6	0.44	0.44	302.37	302.37	133.042 8	133.042 8
竹林	7	0.06	0.06	—	—	12.061 2	12.061 2
用材林	8	0.06	0.06	201.02	201.02	12.061 2	12.061 2
经济林	9	0	0	0	0	0	0
能源林	10	0	0	0	0	0	0
防护林	11	0	0	0	0	0	0
特种用途林	12	0	0	0	0	0	0
总计	13	—	—	—	—	1 413.532 7	1 413.532 7

附表 16 北海市银海区全民所有林木资源资产表 (2020 年)

表号: 森林 01 表

指标名称	行次	数量		价格/元/亩		金额/万元	
		期初	期末	期初	期末	期初	期末
栏次	—	1	2	3	4	5	6
乔木林	1	4.21	4.21	—	—	4 804.445 4	4 804.445 4
用材林	2	2.19	2.19	1 815.46	1 815.46	3 975.857 4	3 975.857 4
经济林	3	0	0	3 434.94	3 434.94	0	0
能源林	4	0	0	0	0	0	0
防护林	5	0.04	0.04	1 915.59	1 915.59	76.623 6	76.623 6
特种用途林	6	1.98	1.98	379.78	379.78	751.964 4	751.964 4
竹林	7	1.77	1.77	—	—	104.359 2	104.359 2
用材林	8	1.77	1.77	58.96	58.96	104.359 2	104.359 2
经济林	9	0	0	0	0	0	0
能源林	10	0	0	0	0	0	0
防护林	11	0	0	0	0	0	0
特种用途林	12	0	0	0	0	0	0
总计	13	—	—	—	—	4 908.804 6	4 908.804 6

附表 17　北海市铁山港区全民所有林木资源资产表（2020 年）

指标名称	行次	数量		价格/元/亩		金额/万元	
		期初	期末	期初	期末	期初	期末
栏次	—	1	2	3	4	5	6
乔木林	1	3.63	3.63	—	—	6 720.826 2	6 720.826 2
用材林	2	2.89	2.89	1 994.46	1 994.46	5 763.989 4	5 763.989 4
经济林	3	0.07	0.07	8 854.86	8 854.86	619.840 2	619.840 2
能源林	4	0	0	0	0	0	0
防护林	5	0.10	0.10	2 289.93	2 289.93	228.993 0	228.993 0
特种用途林	6	0.57	0.57	189.48	189.48	108.003 6	108.003 6
竹林	7	0.58	0.58	—	—	85.747 2	85.747 2
用材林	8	0.58	0.58	147.84	147.84	85.747 2	85.747 2
经济林	9	0	0	0	0	0	0
能源林	10	0	0	0	0	0	0
防护林	11	0	0	0	0	0	0
特种用途林	12	0	0	0	0	0	0
总计	13	—	—	—	—	6 806.573 4	6 806.573 4

附表 18　北海市海城区全民所有森林资源资产权益变动表（2020 年）

表号：森林 04 表

计量单位：公顷、万立方米、万株、万元

所有者权益	行次	数量		金额	
		期初	期末	期初	期末
栏次	—	1	2	3	4
林地	1	847.23	819.82	1 772.97	1 714.21
中央直接行使所有权	2	—	—	—	—
委托或法律授权省级政府代理行使所有权	3	—	—	—	—
委托或法律授权市（地）政府代理行使所有权	4	—	—	—	—
法律授权县级政府代理行使所有权	5	—	—	—	—
林木	6	—	—	—	—
中央直接行使所有权	7	—	—	—	—
委托或法律授权省级政府代理行使所有权	8	—	—	—	—
委托或法律授权市（地）政府代理行使所有权	9	—	—	—	—
法律授权县级政府代理行使所有权	10	—	—	—	—
乔木林	11	1.21	1.21	1 401.47	1 401.47
中央直接行使所有权	12	—	—	—	—
委托或法律授权省级政府代理行使所有权	13	—	—	—	—
委托或法律授权市（地）政府代理行使所有权	14	—	—	—	—
法律授权县级政府代理行使所有权	15	—	—	—	—
竹林	16	0.06	0.06	12.06	12.06
中央直接行使所有权	17	—	—	—	—
委托或法律授权省级政府代理行使所有权	18	—	—	—	—
委托或法律授权市（地）政府代理行使所有权	19	—	—	—	—
法律授权县级政府代理行使所有权	20	—	—	—	—

附表 19　北海市银海区全民所有森林资源资产权益变动表（2020 年）

表号：森林 04 表

计量单位：公顷、万立方米、万株、万元

所有者权益	行次	数量		金额	
		期初	期末	期初	期末
栏次	一	1	2	3	4
林地	1	2 564.03	2 644.68	4 796.42	4 846.82
中央直接行使所有权	2	—	—	—	—
委托或法律授权省级政府代理行使所有权	3	—	—	—	—
委托或法律授权市（地）政府代理行使所有权	4	—	—	—	—
法律授权县级政府代理行使所有权	5	—	—	—	—
林木	6	—	—	—	—
中央直接行使所有权	7	—	—	—	—
委托或法律授权省级政府代理行使所有权	8	—	—	—	—
委托或法律授权市（地）政府代理行使所有权	9	—	—	—	—
法律授权县级政府代理行使所有权	10	—	—	—	—
乔木林	11	4.21	4.21	4 804.45	4 804.45
中央直接行使所有权	12	—	—	—	—
委托或法律授权省级政府代理行使所有权	13	—	—	—	—
委托或法律授权市（地）政府代理行使所有权	14	—	—	—	—
法律授权县级政府代理行使所有权	15	—	—	—	—
竹林	16	1.77	1.77	104.36	104.36
中央直接行使所有权	17	—	—	—	—
委托或法律授权省级政府代理行使所有权	18	—	—	—	—
委托或法律授权市（地）政府代理行使所有权	19	—	—	—	—
法律授权县级政府代理行使所有权	20	—	—	—	—

附表 20 北海市铁山港区全民所有森林资源资产权益变动表（2020 年）

表号：森林 04 表

计量单位：公顷、万立方米、万株、万元

所有者权益	行次	数量		金额	
		期初	期末	期初	期末
栏次	—	1	2	3	4
林地	1	2 004.8	1 977.32	3 866.36	3 819.43
中央直接行使所有权	2	—	—	—	—
委托或法律授权省级政府代理行使所有权	3	—	—	—	—
委托或法律授权市（地）政府代理行使所有权	4	—	—	—	—
法律授权县级政府代理行使所有权	5	—	—	—	—
林木	6	—	—	—	—
中央直接行使所有权	7	—	—	—	—
委托或法律授权省级政府代理行使所有权	8	—	—	—	—
委托或法律授权市（地）政府代理行使所有权	9	—	—	—	—
法律授权县级政府代理行使所有权	10	—	—	—	—
乔木林	11	3.63	3.63	6 720.83	6 720.83
中央直接行使所有权	12	—	—	—	—
委托或法律授权省级政府代理行使所有权	13	—	—	—	—
委托或法律授权市（地）政府代理行使所有权	14	—	—	—	—
法律授权县级政府代理行使所有权	15	—	—	—	—
竹林	16	0.58	0.58	85.75	85.75
中央直接行使所有权	17	—	—	—	—
委托或法律授权省级政府代理行使所有权	18	—	—	—	—
委托或法律授权市（地）政府代理行使所有权	19	—	—	—	—
法律授权县级政府代理行使所有权	20	—	—	—	—

附表 21 北海市海城区全民所有草原资源资产表（2020 年）

表号：草原 01 表

计量单位：公顷、万吨、万羊单位

指标名称	行次	数量		干草产量	理论载畜量	实际载畜量
		期初	期末			
栏次	—	1	2	3	4	5
1 级	1				—	—
2 级	2				—	—
3 级	3				—	—
4 级	4				—	—
5 级	5				—	—
6 级	6				—	—
7 级	7				—	—
8 级	8				—	—
总计	9	201.83	189.94	0.02	0	0

附表 22 北海市银海区全民所有草原资源资产表（2020 年）

表号：草原 01 表

计量单位：公顷、万吨、万羊单位

指标名称	行次	数量		干草产量	理论载畜量	实际载畜量
		期初	期末			
栏次	—	1	2	3	4	5
1 级	1	—	—	—	—	—
2 级	2	—	—	—	—	—
3 级	3	—	—	—	—	—
4 级	4	—	—	—	—	—
5 级	5	—	—	—	—	—
6 级	6	—	—	—	—	—
7 级	7	—	—	—	—	—
8 级	8	—	—	—	—	—
总计	9	383.62	342.73	0.05	0	0

附表 23　北海市铁山港区全民所有草原资源资产表（2020 年）

表号：草原 01 表

计量单位：公顷、万吨、万羊单位

指标名称	行次	数量		干草产量	理论载畜量	实际载畜量
		期初	期末			
栏次	—	1	2	3	4	5
1 级	1	—	—	—	—	—
2 级	2	—	—	—	—	—
3 级	3	—	—	—	—	—
4 级	4	—	—	—	—	—
5 级	5	—	—	—	—	—
6 级	6	—	—	—	—	—
7 级	7	—	—	—	—	—
8 级	8	—	—	—	—	—
总计	9	444.64	408.64	0.05	0	0

附表 24　北海市海城区全民所有草原资源资产权益变动表（2020 年）

表号：草原 04 表

所有者权益	行次	数量/公顷		金额/万元	
		期初	期末	期初	期末
栏次	—	1	2	3	4
中央直接行使所有权	1	—	—	—	—
委托或法律授权省级政府代理行使所有权	2	—	—	—	—
委托或法律授权市（地）政府代理行使所有权	3	—	—	—	—
法律授权县级政府代理行使所有权	4	—	—	—	—
合计	5	201.83	189.94	50.46	47.49

附表 25　北海市银海区全民所有草原资源资产权益变动表（2020 年）

表号：草原 04 表

所有者权益	行次	数量/公顷		金额/万元	
		期初	期末	期初	期末
栏次	—	1	2	3	4
中央直接行使所有权	1	—	—	—	—
委托或法律授权省级政府代理行使所有权	2	—	—	—	—
委托或法律授权市（地）政府代理行使所有权	3	—	—	—	—
法律授权县级政府代理行使所有权	4	—	—	—	—
合计	5	383.62	342.73	111.25	99.39

附表 26　北海市铁山港区全民所有草原资源资产权益变动表（2020 年）

表号：草原 04 表

所有者权益	行次	数量/公顷		金额/万元	
		期初	期末	期初	期末
栏次	—	1	2	3	4
中央直接行使所有权	1	—	—	—	—
委托或法律授权省级政府代理行使所有权	2	—	—	—	—
委托或法律授权市（地）政府代理行使所有权	3	—	—	—	—
法律授权县级政府代理行使所有权	4	—	—	—	—
合计	5	444.64	408.64	137.84	126.68

附表 27　北海市海城区海域资源资产表（2020 年）

表号：海洋 01 表

指标名称	行次	数量/公顷		价格/万元/公顷		金额/万元	
		期初	期末	期初	期末	期初	期末
栏次	—	1	2	3	4	5	6
已取得海域使用权的海域	1	3 722.08	3 722.08	—	—	66 798.123 5	66 798.123 5
公益性	2	0	0	—	—	—	—
经营性	3	3 722.08	3 722.08	—	—	66 798.123 5	66 798.123 5
渔业用海	4	3 479.55	3 479.55	1.43	1.43	4 975.756 5	4 975.756 5
工业用海	5	0	0	0	0	0	0
交通运输用海	6	179.35	179.35	66.72	66.72	11 966.232	11 966.232
旅游娱乐用海	7	28.15	28.15	32.9	32.9	926.135	926.135
海底工程用海	8	0	0	0	0	0	0
排污倾倒用海	9	0	0	0	0	0	0
造地工程用海	10	34.95	34.95	1 400	1 400	48 930	48 930
特殊用海	11	0.08	0.08	0	0	0	0
其他用海	12	0	0	0	0	0	0
尚未取得海域使用权的已填成陆区域	13	13.78	13.78	—	—	1 929.557 8	1 929.557 8
农渔业区	14	0	0	0	0	0	0
港口航运区	15	3.55	3.55	139.90	139.90	496.645	496.645
工业与城镇建设区	16	9.68	9.68	140.06	140.06	1 355.780 8	1 355.780 8
矿产与能源区	17	0	0	0	0	0	0
旅游娱乐区	18	0.55	0.55	140.24	140.24	77.132	77.132
海洋保护区	19	0	0	0	0	0	0
特殊利用区	20	0	0	0	0	0	0
保留区	21	0	0	0	0	0	0
尚未取得海域使用权的未填成陆海域	22	94 035.65	94 035.65	16.73	16.73	1 573 216.424 5	1 573 216.424 5
总计	23	97 771.51	97 771.51	—	—	1 641 944.105 8	1 641 944.105 8

附表 28　北海市银海区海域资源资产表（2020 年）

表号：海洋 01 表

指标名称	行次	数量/公顷		价格/万元/公顷		金额/万元	
		期初	期末	期初	期末	期初	期末
栏次	—	1	2	3	4	5	6
已取得海域使用权的海域	1	4 200.95	4 200.95	—	—	23 094.206 5	23 094.206 5
公益性	2	0	0	—	—	—	—
经营性	3	4 200.95	4 200.95	—	—	23 094.206 5	23 094.206 5
渔业用海	4	3 936.79	3 936.79	1.33	1.33	5 235.930 7	5 235.930 7
工业用海	5	0	0	0	0	0	0
交通运输用海	6	63.09	63.09	2.92	2.92	184.222 8	184.222 8
旅游娱乐用海	7	201.07	201.07	87.9	87.9	17 674.053	17 674.053
海底工程用海	8	0	0	0	0	0	0
排污倾倒用海	9	0	0	0	0	0	0
造地工程用海	10	0	0	0	0	0	0
特殊用海	11	0	0	0	0	0	0
其他用海	12	0	0	0	0	0	0
尚未取得海域使用权的已填成陆区域	13	19.81	19.81	—	—	2 452.3	2 452.3
农渔业区	14	4.94	4.94	75	75	370.5	370.5
港口航运区	15	0	0	0	0	0	0
工业与城镇建设区	16	0	0	0	0	0	0
矿产与能源区	17	0	0	0	0	0	0
旅游娱乐区	18	14.87	14.87	140	140	2 081.8	2 081.8
海洋保护区	19	0	0	0	0	0	0
特殊利用区	20	0	0	0	0	0	0
保留区	21	0	0	0	0	0	0
尚未取得海域使用权的未填成陆海域	22	61 730.19	61 730.19	15.68	15.68	967 929.379 2	967 929.379 2
总计	23	65 950.95	65 950.95	—	—	993 475.885 7	993 475.885 7

附表 29　北海市铁山港区海域资源资产表（2020 年）

表号：海洋 01 表

指标名称	行次	数量/公顷		价格/万元/公顷		金额/万元	
		期初	期末	期初	期末	期初	期末
栏次	—	1	2	3	4	5	6
已取得海域使用权的海域	1	4 473.64	4 473.64	—	—	146 184.885 1	146 184.885 1
公益性	2	0	0	—	—	0	0
经营性	3	4 473.64	4 473.64	—	—	146 184.885 1	146 184.885 1
渔业用海	4	2 668.4	2 668.4	1.75	1.75	4 669.7	4 669.7
工业用海	5	345.38	345.38	55.98	55.98	19 334.372 4	19 334.372 4
交通运输用海	6	1 443.95	1 443.95	84.55	84.55	122 085.972 5	122 085.972 5
旅游娱乐用海	7	0	0	0	0	0	0
海底工程用海	8	8.19	8.19	11.58	11.58	94.840 2	94.840 2
排污倾倒用海	9	0	0	0	0	0	0
造地工程用海	10	0	0	0	0	0	0
特殊用海	11	0	0	0	0	0	0
其他用海	12	7.72	7.72	0	0	0	0
尚未取得海域使用权的已填成陆区域	13	171.37	171.37	—	—	17 091	17 091
农渔业区	14	1.15	1.15	60	60	69	69
港口航运区	15	166.82	166.82	100	100	16 682	16 682
工业与城镇建设区	16	3.4	3.4	100	100	340	340
矿产与能源区	17	0	0	0	0	0	0
旅游娱乐区	18	0	0	0	0	0	0
海洋保护区	19	0	0	0	0	0	0
特殊利用区	20	0	0	0	0	0	0
保留区	21	0	0	0	0	0	0
尚未取得海域使用权的未填成陆海域	22	64 381.55	64 381.55	17.64	17.64	1 135 690.542	1 135 690.542
总计	23	69 026.56	69 026.56	—	—	1 298 966.427 1	1 298 966.427 1

附表 30　海城区无居民海岛资源资产表（2020 年）

表号：海洋 02 表

指标名称	行次	数量/公顷		价格/万元/公顷		金额/万元	
		期初	期末	期初	期末	期初	期末
栏次	—						
已取得无居民海岛使用权海岛	1	0	0	—	—	0	0
公益性	2	0	0			0	0
经营性	3	0	0			0	0
旅游娱乐用岛	4	0	0	0	0	0	0
交通运输用岛	5	0	0	0	0	0	0
工业仓储用岛	6	0	0	0	0	0	0
渔业用岛	7	0	0	0	0	0	0
农林牧业用岛	8	0	0	0	0	0	0
可再生能源用岛	9	0	0	0	0	0	0
城乡建设用岛	10	0	0	0	0	0	0
公共服务用岛	11	0	0	0	0	0	0
国防用岛	12	0	0	0	0	0	0
尚未确权的可开发利用无居民海岛	13	0.38	0.38	—	—	0.623 2	0.623 2
旅游娱乐用岛	14	0	0	0	0	0	0
交通运输用岛	15	0	0	0	0	0	0
工业仓储用岛	16	0	0	0	0	0	0
渔业用岛	17	0	0	0	0	0	0
农林牧业用岛	18	0.38	0.38	1.64	1.64	0.623 2	0.623 2
可再生能源用岛	19	0	0	0	0	0	0
城乡建设用岛	20	0	0	0	0	0	0
公共服务用岛	21	0	0	0	0	0	0
国防用岛	22	0	0	0	0	0	0
尚未确权的未纳入可开发利用无居民海岛	23	0	0	0	0	0	0
总计	24	0.38	0.38	0	0	0.623 2	0.623 2

附表 31 北海市海城区海洋资源责任（义务）履行情况表（2020 年）

表号：海洋 03 表

指标名称	行次	本年
栏次	—	1
修复海岸线长度	1	0.1 千米
自然岸线保有率	2	0
其他	3	—

附表 32 北海市铁山港区海洋资源责任（义务）履行情况表（2020 年）

表号：海洋 03 表

指标名称	行次	本年
栏次	—	1
修复海岸线长度	1	0
自然岸线保有率	2	0.3 千米
其他	3	—

附表 33 北海市（市本级）海洋资源资产收支表（2020 年）

表号：海洋 04 表

单位：万元

指标名称	行次	金额
栏次	—	1
本年收入	1	1 130.32
海域使用金收入	2	1 130.32
无居民海岛使用金收入	3	
其他收入	4	
本年支出	5	36.23
生态保护修复财政专项支出	6	36.23
其中：海岛及海域保护支出	7	
海洋生态保护修复支出	8	36.23
其他生态保护修复财政专项支出（海洋资源）	9	
其他支出	10	

附表 34 北海市海城区海洋资源资产收支表（2020 年）

表号：海洋 04 表

单位：万元

指标名称	行次	金额
栏次	—	1
本年收入	1	2 133.88
海域使用金收入	2	2 133.88
无居民海岛使用金收入	3	0
其他收入	4	162.64
本年支出	5	162.64
生态保护修复财政专项支出	6	162.64
其中：海岛及海域保护支出	7	0
海洋生态保护修复支出	8	0
其他生态保护修复财政专项支出（海洋资源）	9	0
其他支出	10	0

附表 35 北海市银海区海洋资源资产收支表（2020 年）

表号：海洋 04 表

单位：万元

指标名称	行次	金额
栏次	—	1
本年收入	1	4 148.4
海域使用金收入	2	4 148.4
无居民海岛使用金收入	3	0
其他收入	4	0
本年支出	5	16.98
生态保护修复财政专项支出	6	16.98
其中：海岛及海域保护支出	7	16.98
海洋生态保护修复支出	8	0
其他生态保护修复财政专项支出（海洋资源）	9	0
其他支出	10	0

附表 36　北海市铁山港区海洋资源资产收支表（2020 年）

表号：海洋 04 表

单位：万元

指标名称	行次	金额
栏次	—	1
本年收入	1	574
海域使用金收入	2	0
无居民海岛使用金收入	3	574
其他收入	4	0
本年支出	5	25
生态保护修复财政专项支出	6	25
其中：海岛及海域保护支出	7	0
海洋生态保护修复支出	8	25
其他生态保护修复财政专项支出（海洋资源）	9	0
其他支出	10	0

附表 37　北海市海城区海洋资源资产权益变动表（2020 年）

表号：海洋 05 表

所有者权益	行次	数量/公顷		金额/万元	
		期初	期末	期初	期末
栏次	—	1	2	3	4
海域	1	97 771.51	97 771.51	1 641 944.11	1 641 944.11
中央直接行使所有权	2	—	—	—	—
委托或法律授权省级政府代理行使所有权	3	—	—	—	—
委托或法律授权市(地)政府代理行使所有权	4	—	—	—	—
法律授权县级政府代理行使所有权	5	—	—	—	—
无居民海岛	6	0.38	0.38	0.62	0.62
中央直接行使所有权	7	—	—	—	—
委托或法律授权省级政府代理行使所有权	8	—	—	—	—
委托或法律授权市(地)政府代理行使所有权	9	—	—	—	—
法律授权县级政府代理行使所有权	10	—	—	—	—
合计	11	97 771.89	97 771.89	1 641 944.73	1 641 944.73

附表 38　北海市银海区海洋资源资产权益变动表（2020 年）

表号：海洋 05 表

所有者权益	行次	数量/公顷		金额/万元	
		期初	期末	期初	期末
栏次	—	1	2	3	4
海域	1	65 950.95	65 950.95	993 475.89	993 475.89
中央直接行使所有权	2	—	—	—	—
委托或法律授权省级政府代理行使所有权	3	—	—	—	—
委托或法律授权市（地）政府代理行使所有权	4	—	—	—	—
法律授权县级政府代理行使所有权	5	—	—	—	—
无居民海岛	6	0	0	0	0
中央直接行使所有权	7	—	—	—	—
委托或法律授权省级政府代理行使所有权	8	—	—	—	—
委托或法律授权市（地）政府代理行使所有权	9	—	—	—	—
法律授权县级政府代理行使所有权	10	—	—	—	—
合计	11	65 950.95	65 950.95	993 475.89	993 475.89

附表 39　北海市铁山港区海洋资源资产权益变动表（2020 年）

表号：海洋 05 表

所有者权益	行次	数量/公顷		金额/万元	
		期初	期末	期初	期末
栏次	—	1	2	3	4
海域	1	69 026.56	69 026.56	1 298 966.43	1 298 966.43
中央直接行使所有权	2	—	—	—	—
委托或法律授权省级政府代理行使所有权	3	—	—	—	—
委托或法律授权市（地）政府代理行使所有权	4	—	—	—	—
法律授权县级政府代理行使所有权	5	—	—	—	—
无居民海岛	6	0	0	0	0
中央直接行使所有权	7	—	—	—	—
委托或法律授权省级政府代理行使所有权	8	—	—	—	—
委托或法律授权市（地）政府代理行使所有权	9	—	—	—	—
法律授权县级政府代理行使所有权	10	—	—	—	—
合计	11	69 026.56	69 026.56	1 298 966.43	1 298 966.43

附表 40　北海市本级水资源资产表（2020 年）

表号：水资源 01 表

指标名称	行次	数量/万立方米		价格/万元/万立方米		金额/万元	
		期初	期末	期初	期末	期初	期末
栏次	—	1	2	3	4	5	6
地表水	1	258 000	181 000	—	—	—	—
地下水	2	66 700	65 000	—	—	—	—
总量	3	271 000	192 000	—	—	—	—

附表 41　北海市本级水资源责任（义务）履行情况表（2020 年）

表号：水资源 02 表

指标名称	行次	本年
栏次	—	1
地表水国控断面水质优良率	1	100%
其他	2	—

附表 42　北海市（市本级）水资源资产收支表（2020 年）

表号：水资源 03 表

单位：万元

指标名称	行次	金额
栏次	—	1
本年收入	1	1 326.97
其他收入	2	1 326.97
水资源税费收入	201	1 326.97
本年支出	3	752.82
生态保护修复财政专项支出	4	752.82
其中：水污染防治支出	5	752.82
其他生态保护修复财政专项支出（水资源）	6	0
其他支出	7	0

附表 43 北海市本级水资源资产权益变动表（2020 年）

表号：水资源 04 表

所有者权益	行次	数量/万立方米		金额/万元	
		期初	期末	期初	期末
栏次	—	1	2	3	4
中央直接行使所有权	1	—	—	—	—
委托或法律授权省级政府代理行使所有权	2	—	—	—	—
委托或法律授权市（地）政府代理行使所有权	3	—	—	—	—
法律授权县级政府代理行使所有权	4	—	—	—	—
合计	5	271 000	192 000	—	—

附表 44 北海市海城区全民所有湿地资源资产表（2020 年）

表号：湿地 01 表

指标名称	行次	数量/公顷		价格/万元/公顷		金额/万元	
		期初	期末	期初	期末	期初	期末
栏次	—	1	2	3	4	5	6
红树林地	1	34.60	34.60	—	—	—	—
森林沼泽	2	0	0	—	—	—	—
灌丛沼泽	3	0	0	—	—	—	—
沼泽草地	4	0	0	—	—	—	—
盐田	5	0	0	0	0	0	0
沿海滩涂	6	7 135.42	7 135.42	—	—	—	—
内陆滩涂	7	0.45	0.45	—	—	—	—
沼泽地	8	0	0	—	—	—	—
总计	9	7 170.47	7 170.47	—	—	0	0

附表 45　北海市银海区全民所有湿地资源资产表（2020 年）

表号：湿地 01 表

指标名称	行次	数量/公顷		价格/万元/公顷		金额/万元	
		期初	期末	期初	期末	期初	期末
栏次	—	1	2	3	4	5	6
红树林地	1	369.26	369.26	—	—	—	—
森林沼泽	2	0	0	—	—	—	—
灌丛沼泽	3	0	0	—	—	—	—
沼泽草地	4	0	0	—	—	—	—
盐田	5	0	0	0	0	0	0
沿海滩涂	6	7 747.81	7 747.81	—	—	—	—
内陆滩涂	7	27.93	27.93	—	—	—	—
沼泽地	8	0	0	—	—	—	—
总计	9	8 145	8 145	—	—	0	0

附表 46　北海市铁山港区全民所有湿地资源资产表（2020 年）

表号：湿地 01 表

指标名称	行次	数量/公顷		价格/万元/公顷		金额/万元	
		期初	期末	期初	期末	期初	期末
栏次	—	1	2	3	4	5	6
红树林地	1	48.18	48.18	—	—	—	—
森林沼泽	2	0	0	—	—	—	—
灌丛沼泽	3	0	0	—	—	—	—
沼泽草地	4	0	0	—	—	—	—
盐田	5	0	0	0	0	0	0
沿海滩涂	6	9 191.11	9 191.11	—	—	—	—
内陆滩涂	7	17.76	17.76	—	—	—	—
沼泽地	8	0	0	—	—	—	—
总计	9	9 257.05	9 257.05	—	—	0	0

附表 47　北海市海城区全民所有湿地资源资产权益变动表（2020 年）

表号：湿地 04 表

所有者权益	行次	数量/公顷		金额/万元	
		期初	期末	期初	期末
栏次	—	1	2	3	4
中央直接行使所有权	1	—	—	—	—
委托或法律授权省级政府代理行使所有权	2	—	—	—	—
委托或法律授权市（地）政府代理行使所有权	3	—	—	—	—
法律授权县级政府代理行使所有权	4	—	—	—	—
合计	5	7 170.47	7 170.47	0	0

附表 48　北海市银海区全民所有湿地资源资产权益变动表（2020 年）

表号：湿地 04 表

所有者权益	行次	数量/公顷		金额/万元	
		期初	期末	期初	期末
栏次	—	1	2	3	4
中央直接行使所有权	1	—	—	—	—
委托或法律授权省级政府代理行使所有权	2	—	—	—	—
委托或法律授权市（地）政府代理行使所有权	3	—	—	—	—
法律授权县级政府代理行使所有权	4	—	—	—	—
合计	5	8 145	8 145	0	0

附表 49　北海市铁山港区全民所有湿地资源资产权益变动表（2020 年）

表号：湿地 04 表

所有者权益	行次	数量/公顷		金额/万元	
		期初	期末	期初	期末
栏次	—	1	2	3	4
中央直接行使所有权	1	—	—	—	—
委托或法律授权省级政府代理行使所有权	2	—	—	—	—
委托或法律授权市（地）政府代理行使所有权	3	—	—	—	—
法律授权县级政府代理行使所有权	4	—	—	—	—
合计	5	9 257.05	9 257.05	0	0

附表 50　北海市全民所有自然资源资产平衡表（2020 年）

表号：资产平衡 01 表

资产 栏次	行次	期初 数量/公顷 (1)	期初 金额/万元 (2)	期末 数量/公顷 (3)	期末 金额/万元 (4)	所有者权益 栏次	行次	期初 数量/公顷 (5)	期初 金额/万元 (6)	期末 数量/公顷 (7)	期末 金额/万元 (8)
湿地	1	60 674.23	3 348.530 0	60 695.40	3 136.350 0	土地资源(不含林地、草地、湿地)	52	—	—	—	—
耕地	2	10 361.47	220 976.146 3	10 090.35	215 511.046 0	其中：储备土地	53	—	—	—	—
种植园用地	3	1 194.42	15 643.283 8	1 215.89	15 934.943 8	海洋资源	54	—	—	—	—
林地	4	18 667.91	38 080.138 9	18 628.36	37 576.442 0	森林资源	55	—	—	—	—
草地	5	1 417.34	415.720 7	1 297.69	380.469 1	草原资源	56	—	—	—	—
商业服务业用地	6	1 421.15	2 283 125.179 3	1 482.04	2 347 308.591 7	矿产资源	57	—	—	—	—
工矿用地	7	4 282.62	953 263.728 8	4 426.42	989 797.902 4	水资源(万立方米)	58	—	—	—	—
住宅用地	8	6 746.88	18 015 359.444 3	6 867.38	18 470 294.148 6	湿地资源	59	—	—	—	—
公共管理与公共服务用地	9	2 097.75	1 651 729.343 9	2 115.67	1 653 103.339 4	小计	60	—	—	—	—
特殊用地	10	306.30	206 026.550 0	349.15	224 330.092 4	土地资源(不含林地、草地、湿地)	61	—	—	—	—
交通运输用地	11	9 546.20	1 364 396.699 7	9 754.59	1 390 180.311 0	其中：储备土地	62	—	—	—	—
水域及水利设施用地	12	19 116.06	205 059.909 0	19 024.54	200 623.246 7	海洋资源	63	—	—	—	—
其他土地	13	648.58	16 145.948 2	641.53	13 526.903 5	森林资源	64	—	—	—	—
小计	14	136 480.91	24 973 570.622 9	136 589.01	25 561 703.786 6	草原资源	65	—	—	—	—
土地收储的价值变动	15	—	—	—	—	矿产资源	66	—	—	—	—
土地资源合计	16	136 480.91	24 973 570.622 9	136 589.01	25 561 703.786 6	水资源(万立方米)	67	—	—	—	—
海域	17	318 538.05	5 742 683.649 1	300 290.99	5 482 230.942 3	湿地资源	68	—	—	—	—
无居民海岛	18	203.59	0.623 2	156.24	2 587.073 4	小计	69	—	—	—	—
小计	19	318 741.64	5 742 684.272 3	300 447.23	5 484 818.015 7	土地资源(不含林地、草地、湿地)	70	—	—	—	—
国土空间资源合计	20	455 222.55	30 716 254.895 2	437 036.24	31 046 521.802 3	其中：储备土地	71	—	—	—	—
乔木林(万立方米)	21	98.34	58 544.235 5	98.34	58 544.235 5	海洋资源	72	—	—	—	—
竹林(万株)	22	13.53	560.787 6	13.53	560.787 6	森林资源	73	—	—	—	—
小计	23		59 105.023 1		59 105.023 1	草原资源	74	—	—	—	—

资产左侧分组：国土空间资源（土地资源）、海洋资源；物质资源（林木资源）。
所有者权益分组：中央直接行使所有权；委托或法律授权省级政府代理行使所有权；委托或法律授权省级政府代行使所有权。

附表50(续)

资产

资产 栏次	行次	期初 数量/公顷 (1)	期初 金额/万元 (2)	期末 数量/公顷 (3)	期末 金额/万元 (4)
干净资源/万吨	24	—	—	481.02	—
其中:煤(原煤)/亿吨	25	—	205 193.14	—	232 458.23
石油(原油)/万吨	26	0		0	
天然气(气量)/(亿立方米)	27				
页岩气(气量)(万立方米)	28				
铁矿(矿石)/万吨	29				
铬铁矿(矿石)/万吨	30	0		0	
铜矿(金属铜)/万吨	31	0		0	
铝土矿(矿石)/万吨	32	0		0	
镍矿(金属镍)/万吨	33	0		0	
钴矿(金属钴)/万吨	34	0		0	
钨矿(WO_3)/万吨	35	0		0	
	36	0		0	
铜矿(金属铜)/万吨	37	0		0	
钼矿(金属钼)/万吨	38	0		0	
锑矿(金属锑)/万吨	39	0		0	
金矿(金属金)/吨	40	0.09		0.09	
锂矿(折氧化锂)/万吨	41	0		0	
钴矿(折氧化钴)/万吨	42	0		0	
普通萤石(折氟化钙)/万吨	43	0		0	
磷矿(矿石)/万吨	44	0		0	
钾盐(KCl)/万吨	45	0		0	
晶质石墨(矿物)/万吨	46	0		0	
玻璃用砂(矿石)/万吨	47	13 621.17	7 699.67	168 892.91	7 699.67
高岭土(矿石)/万吨	48	128 824.54	173 813.73	120 390.16	173 651.96
锆矿(锆英石)/万吨	49	5 923.87	0.00	5 923.87	0

(左侧竖排:物质资源 / 矿产资源)

所有者权益

所有者权益 栏次		行次	期初 数量/公顷 (5)	期初 金额/万元 (6)	期末 数量/公顷 (7)	期末 金额/万元 (8)
	矿产资源	75	—	—	—	—
	水资源(万立方米)	76	—	—	—	—
	湿地资源	77	—	—	—	—
	小计	78				
法律授权且级政府代理行使所有权	土地资源(不含林地、草地、湿地)	79	—	—	—	—
	其中:储备土地	80	—	—	—	—
	海洋资源	81	—	—	—	—
	森林资源	82	—	—	—	—
	草原资源	83	—	—	—	—
	矿产资源	84	—	—	—	—
	水资源(万立方米)	85	—	—	—	—
	湿地资源	86	—	—	—	—
	小计	87				
合计	土地资源(不含林地、草地、湿地)	88	55 721.43	24 931 726.23	55 967.56	25 520 610.53
	其中:储备土地	89	40.66	137 213.92	312.32	298 288.34
	海洋资源	90	318 741.64	5 742 684.28	300 447.23	5 484 818.02
	森林资源	91	—	97 185.18	—	96 681.47
	草原资源	92	1 417.34	415.73	1 297.69	380.47
	矿产资源	93	—	205 193.14	—	232 458.23
	水资源(万立方米)	94	271 000.00	—	192 000.00	—
	湿地资源	95	60 674.23	3 348.53	60 695.40	3 136.35

附表50（续）

资产	行次	期初 数量/公顷 1	期初 金额/万元 2	期末 数量/公顷 3	期末 金额/万元 4	所有者权益 栏次	行次	期初 数量/公顷 5	期初 金额/万元 6	期末 数量/公顷 7	期末 金额/万元 8
铷矿（铷）/吨	50	16.23	0.00	16.23	0						
耐火黏土（矿产石）/万吨	51	41.41	0.00	41.41	0						
泥炭（矿产石）/万吨	52	5 688.70	0.00	5 688.70	0						
膨润土矿（独居石）/吨	53	183.56	0.00	183.56	0						
轻稀土矿（矿产石）/吨	54	2 709.06	0.00	2 709.06	0						
石膏（矿产石）/万吨	55	31 804.90	13 174.75	31 804.90	13 174.75						
水泥用灰岩（矿产石）/万吨	56	8 242.08	9 391.28	17 006.31	36 818.14						
铁矿（铁铁矿产物）/万吨	57	187 806.65	0.00	187 806.65							
陶瓷土（矿产石）/万吨	58	223.99	300.28	223.99	300.28						
砖瓦用黏土（矿产石）/万吨	59	274.53	57.8	274.53	57.8						
砖瓦用页岩（矿产石）/万吨	60	450.94	755.63	450.94	755.63						
水泥配料用黏土（矿产石）（万吨）	62	352	0	352	0						
建筑用砂（万立方米）	63	7 374.94	0	7 374.94	0						
水资源 地表水（万立方米）	64	258 000	0	181 000	0						
水资源 地下水（万立方米）	65	66 700	0	65 000	0						
水资源 总量（万立方米）	66	271 000	0	192 000	0						
物质资源合计	67	—	264 298 163 1	—	291 563 253 1						
资产总计	68	—	30 980 553.09	—	31 338 085.07	所有者权益总计	96	—	30 980 553.09	—	31 338 085.07

附表 51　北海市自然资源责任（义务）履行表（2020 年）

表号：资产平衡 02 表

指标名称	行次	本年
栏次	—	1
自然灾害损毁土地复垦面积/公顷	1	0.00
累计矿山环境恢复治理面积/公顷	2	0.00
造林面积/公顷	3	1 247.03
退耕还草面积/公顷	4	0.00
修复海岸线长度/公里	5	0.10
自然岸线保有率/%	6	11.80
地表水国控断面水质优良率/%	7	40.00
修复退化湿地面积/公顷	8	17.07
其他	9	—
地表水区控断面水质优良率（新增）（合浦县）/%	901	50.00

附表 52 北海市全民自然资源资产经济价值变动情况表 (2020 年)

表号：资产平衡附 01 表
单位：万元

资产类别		行次	期初价值	价值增加			价值减少			期末价值
栏次		一	1	实物量增加 2	价格上涨 3	小计 4	实物量减少 5	价格下降 6	小计 7	8
土地资源	湿地	1	3 348.530 0	0.000 0	0.000 0	0.000 0	212.180 0	0.000 0	212.180 0	3 136.350 0
	耕地	2	220 976.146 3	0.000 0	36 197.373 0	36 197.373 0	1 445.757 0	0.000 0	1 445.757 0	255 727.762 3
	种植园用地	3	15 643.283 8	291.660 0	0.000 0	291.660 0	0.000 0	0.000 0	0.000 0	15 934.943 8
	林地	4	38 080.138 9	0.000 0	0.000 0	0.000 0	503.696 9	0.000 0	503.696 9	37 576.442 0
	草地	5	415.720 7	0.000 0	0.000 0	0.000 0	35.251 6	0.000 0	35.251 6	380.469 1
	商业服务业用地	6	2 283 125.179 3	64 183.412 4	0.000 0	64 183.412 4	0.000 0	0.000 0	0.000 0	2 347 308.591 7
	工矿用地	7	953 263.728 8	36 534.173 6	0.000 0	36 534.173 6	0.000 0	0.000 0	0.000 0	989 797.902 4
	住宅用地	8	18 015 359.444 3	454 934.704 3	0.000 0	454 934.704 3	0.000 0	0.000 0	0.000 0	18 470 294.148 6
	公共管理与公共服务用地	9	1 651 729.343 9	1 373.995 5	0.000 0	1 373.995 5	0.000 0	0.000 0	0.000 0	1 653 103.339 4
	特殊用地	10	206 026.550 0	18 303.542 4	0.000 0	18 303.542 4	0.000 0	0.000 0	0.000 0	224 330.092 4
	交通运输用地	11	1 364 396.699 7	29 894.341 2	0.000 0	29 894.341 2	0.000 0	4 110.729 9	4 110.729 9	1 390 180.311 0
	水域及水利设施用地	12	205 059.909 0	0.000 0	0.000 0	0.000 0	4 436.662 3	0.000 0	4 436.662 3	200 623.246 7
	其他土地	13	16 145.948 2	0.000 0	0.000 0	0.000 0	2 619.044 7	0.000 0	2 619.044 7	13 526.903 5
	小计	14	24 973 570.622 9	605 515.829 4	36 197.373 0	641 713.202 4	9 252.592 5	4 110.729 9	13 363.322 4	25 601 920.502 9
	土地收储的价值变动	15	97 132.230 0	—	57 139.80	57 139.80	—	0.000 0	0.000 0	154 272.03
	土地资源合计	16	25 070 702.852 9	605 515.829 4	93 337.173 0	698 853.002 4	9 252.592 5	4 110.729 9	13 363.322 4	25 756 192.532 9

附表52（续）

资产类别		行次	期初价值	价值增加			价值减少			期末价值
				实物量增加	价格上涨	小计	实物量减少	价格下降	小计	
栏次		—	1	2	3	4	5	6	7	8
海洋资源	海域	17	5 742 683.649 1	0.000 0	0.000 0	0.000 0	260 452.706 8	0.000 0	260 452.706 8	5 482 230.942 3
	无居民海岛	18	0.623 2	2 586.450 200	0.000 0	2 586.450 200	0.000 0	0.000 0	0.000 0	2 587.073 4
	小计	19	5 742 684.272 300	2 586.450 200	0.000 0	2 586.450 200	260 452.706 8	0.000 0	260 452.706 8	5 484 818.015 700
林木资源	乔木林	20	58 544.235 5	0.000 0	0.000 0	0.000 0	0.000 0	0.000 0	0.000 0	58 544.235 5
	竹林	21	560.787 6	0.000 0	0.000 0	0.000 0	0.000 0	0.000 0	0.000 0	560.787 6
	小计	22	59 105.023 1	0.000 0	0.000 0	0.000 0	0.000 0	0.000 0	0.000 0	59 105.023 1
	干草资源	23	—	—	—	—	—	—	—	—
		24	0.000 000	0.000 0	0.000 0	0.000 0	0.000 0	0.000 0	0.000 0	0.000 000
	其中:煤炭(原煤)	25	0.000 000	0.000 0	0.000 0	0.000 0	0.000 0	0.000 0	0.000 0	0.000 000
	石油(原油)	26	0.000 0	0.000 0	0.000 0	0.000 0	0.000 0	0.000 0	0.000 0	0.000 0
	天然气(气量)	27	0.000 0	0.000 0	0.000 0	0.000 0	0.000 0	0.000 0	0.000 0	0.000 0
	页岩气(气量)	28	0.000 0	0.000 0	0.000 0	0.000 0	0.000 0	0.000 0	0.000 0	0.000 0
矿产资源	铁矿(矿石)	29	0.000 000	0.000 0	0.000 0	0.000 0	0.000 0	0.000 0	0.000 0	0.000 000
	铬铁矿(矿石)	30	0.000 000	0.000 0	0.000 0	0.000 0	0.000 0	0.000 0	0.000 0	0.000 000
	铜矿(金属铜)	31	0.000 000	0.000 0	0.000 0	0.000 0	0.000 0	0.000 0	0.000 0	0.000 000
	铝土矿(矿石)	32	0.000 000	0.000 0	0.000 0	0.000 0	0.000 0	0.000 0	0.000 0	0.000 000
	镍矿(金属镍)	33	0.000 000	0.000 0	0.000 0	0.000 0	0.000 0	0.000 0	0.000 0	0.000 000
	钴矿(金属钴)	34	0.000 000	0.000 0	0.000 0	0.000 0	0.000 0	0.000 0	0.000 0	0.000 000
	钨矿(WO₃)	35	0.000 000	0.000 0	0.000 0	0.000 0	0.000 0	0.000 0	0.000 0	0.000 000
	锡矿(金属锡)	36	0.000 000	0.000 0	0.000 0	0.000 0	0.000 0	0.000 0	0.000 0	0.000 000

附表52(续)

资产类别	栏次	行次	期初价值	价值增加			价值减少			期末价值
		—	1	实物量增加 2	价格上涨 3	小计 4	实物量减少 5	价格下降 6	小计 7	8
	钼矿(金属钼)	37	0.000 000	0.000 0	0.000 0	0.000 0	0.000 0	0.000 0	0.000 0	0.000 000
	锑矿(金属锑)	38	0.000 000	0.000 0	0.000 0	0.000 0	0.000 0	0.000 0	0.000 0	0.000 000
	金矿(金属)	39	0.000 000	0.000 0	0.000 0	0.000 0	0.000 0	0.000 0	0.000 0	0.000 000
	锂矿(折氧化锂)	40	0.000 000	0.000 0	0.000 0	0.000 0	0.000 0	0.000 0	0.000 0	0.000 000
	锆矿(折氧化锆)	41	0.000 000	0.000 0	0.000 0	0.000 0	0.000 0	0.000 0	0.000 0	0.000 000
	普通萤石(折氟化钙)	42	0.000 000	0.000 0	0.000 0	0.000 0	0.000 0	0.000 0	0.000 0	0.000 000
	磷矿(矿石)	43	0.000 000	0.000 0	0.000 0	0.000 0	0.000 0	0.000 0	0.000 0	0.000 000
	钾盐(KCl)	44	0.000 000	0.000 0	0.000 0	0.000 0	0.000 0	0.000 0	0.000 0	0.000 000
	晶质石墨(矿物)	45	0.000 000	0.000 0	0.000 0	0.000 0	0.000 0	0.000 0	0.000 0	0.000 000
水资源	地表水	46	—	—	—	—	—	—	—	—
	地下水	47	—	—	—	—	—	—	—	—
	总量	48	—	—	—	—	—	—	—	—
资产合计		49	30 872 492 148 300	608 102 279 600	93 337.173 0	701 439 452 600	269 705.299 3	4 110.729 9	273 816.029 2	31 300 115 571 700

附表53 北海市全民所有自然资源资产收支情况表(2020年)

表号:资产平衡附02表

单位:万元

指标名称	行次	金额
栏次	—	1
本年收入	1	752 096.10
其中:国有土地使用权出让收入	2	739 623.88
全民所有森林资源配置收入	3	0.00
全民所有草原资源配置收入	4	0.00
全民所有湿地资源配置收入	5	0.00
矿业权出让收益	6	2 217.18
海域使用金	7	8 281.29
无居民海岛使用金	8	574.00
其他收入	9	1 399.75
水资源费收入(水)(北海市)	901	1 326.97
水资源税费收入(水)(铁山港区)	902	0
水资源税费收入(水)(合浦县)	903	72.78
本年支出	10	38 413.76
其中:土地取得支出	11	0.00
征地和拆迁补偿支出	12	29 422.00
土地前期开发费用	13	0.00
矿产勘查支出	14	0.00
生态保护修复财政专项支出	15	8 991.76
其中:矿山地质环境恢复治理支出	16	0.00
水污染防治支出	17	5 962.58
土壤污染防治支出	18	0.00

附表54　北海市海城区全民所有自然资源资产平衡表（2020年）

表号：资产平衡01表

			期初		期末		所有者权益
资产	行次		数量/公顷	金额/万元	数量/公顷	金额/万元	
栏次	—		1	2	3	4	
湿地	1		7 170.47	0.000 0	7 170.47	0.000 0	
耕地	2		342.16	8 235.065 2	291.43	7 020.728 2	
种植园用地	3		18.19	220.674 0	17.34	210.453 0	
林地	4		847.23	1 772.967 4	819.82	1 714.208 9	中央直接行使所有权
草地	5		201.83	50.457 5	189.94	47.485 0	
商业服务业用地	6		504.11	1 134 733.017 7	502.63	1 133 362.059 8	
工矿用地	7		758.28	338 253.542 4	783.95	349 129.441 2	
住宅用地	8		2 199.33	9 210 547.454 4	2 268.83	9 503 447.471 1	
公共管理与公共服务用地	9		560.95	606 443.263 4	557.94	623 043.281 2	
特殊用地	10		111.11	98 665.680 0	110.90	98 479.200 0	
交通运输用地	11		1 512.43	260 744.090 1	1 529.85	266 274.678 0	
水域及水利设施用地	12		260.15	4 733.886 5	258.01	4 632.865 2	
其他土地	13		50.75	6 578.744 3	44.97	5 341.694 6	
小计	14		14 536.99	11 690 978.843 0	14 546.08	11 992 703.566 2	
土地收储的价值变动	15						
土地资源合计	16		14 536.99	11 690 978.843 0	14 546.08	11 992 703.566 2	
海域	17		97 771.51	1 641 944.105 8	97 771.51	1 641 944.105 8	
无居民海岛	18		0.38	0.623 2	0.38	0.623 2	
小计	19		97 771.89	1 641 944.729	97 771.89	1 641 944.729	
国土空间资源合计	20		112 308.88	13 332 923.572	112 317.97	13 634 648.295 2	
乔木林（万立方米）	21		1.21	1 401.471 5	1.21	1 401.471 5	
竹林（万株）	22		0.06	12.061 2	0.06	12.061 2	
小计	23		—	1 413.532 7	—	1 413.532 7	

所有者权益	行次		期初		期末	
			数量/公顷	金额/万元	数量/公顷	金额/万元
栏次	—		5	6	7	8
土地资源（不含林地、草地、湿地）	52	中央直接行使所有权	—	—	—	—
其中：储备土地	53		—	—	—	—
海洋资源	54		—	—	—	—
森林资源	55		—	—	—	—
草原资源	56		—	—	—	—
矿产资源	57		—	—	—	—
水资源（万立方米）	58		—	—	—	—
湿地资源	59		—	—	—	—
小计	60		—	—	—	—
土地资源（不含林地、草地、湿地）	61	委托或法律授权各级政府代理行使所有权	—	—	—	—
其中：储备土地	62		—	—	—	—
海洋资源	63		—	—	—	—
森林资源	64		—	—	—	—
草原资源	65		—	—	—	—
矿产资源	66		—	—	—	—
水资源（万立方米）	67		—	—	—	—
湿地资源	68		—	—	—	—
小计	69		—	—	—	—
土地资源（不含林地、草地、湿地）	70	委托或法律授权省级政府代理行使所有权	—	—	—	—
其中：储备土地	71		—	—	—	—
海洋资源	72		—	—	—	—
森林资源	73		—	—	—	—
草原资源	74		—	—	—	—

附表54（续）

资产

栏次	行次	期初 数量/公顷	期初 金额/万元	期末 数量/公顷	期末 金额/万元
干草资源/万吨	24	—	—	0.02	—
其中:煤(原煤)/万吨	25	—	0.000 0	—	0.000 0
石油(原油)/万吨	26	0.000 0	0.000 0	0.000 0	0.000 0
	27				
天然气(气量)/亿立方米	28				
页岩气(气量)/万立方米	29				
铁矿(矿石)/万吨	30	0.000 0	0.000 0	0.000 0	0.000 0
铬铁矿(矿石)/万吨	31	0.000 0	0.000 0	0.000 0	0.000 0
铜矿(金属铜)/万吨	32	0.000 0	0.000 0	0.000 0	0.000 0
铝土矿(矿石)/万吨	33	0.000 0	0.000 0	0.000 0	0.000 0
镍矿(金属镍)/万吨	34	0.000 0	0.000 0	0.000 0	0.000 0
钴矿(金属钴)/万吨	35	0.000 0	0.000 0	0.000 0	0.000 0
钨矿(WO_3)/万吨	36	0.000 0	0.000 0	0.000 0	0.000 0
锡矿(金属锡)/万吨	37	0.000 0	0.000 0	0.000 0	0.000 0
钼矿(金属钼)/万吨	38	0.000 0	0.000 0	0.000 0	0.000 0
锑矿(金属锑)/万吨	39	0.000 0	0.000 0	0.000 0	0.000 0
金矿(金属)/吨	40	0.000 0	0.000 0	0.000 0	0.000 0
锂矿(折氧化锂)/万吨	41	0.000 0	0.000 0	0.000 0	0.000 0
铍矿(折氧化铍)/万吨	42	0.000 0	0.000 0	0.000 0	0.000 0
普通萤石(折氟化钙)/万吨	43	0.000 0	0.000 0	0.000 0	0.000 0
磷矿(矿石)/万吨	44	0.000 0	0.000 0	0.000 0	0.000 0
钾盐(KCl)/万吨	45	0.000 0	0.000 0	0.000 0	0.000 0
晶质石墨(矿物)/万吨	46	0.000 0	0.000 0	0.000 0	0.000 0
玻璃用砂(矿石)/万吨	47				
高岭土(矿石)/万吨	48				
锆矿(锆英石)/万吨	49				

（物质资源 / 矿产资源）

所有者权益

栏次		行次	期初 数量/公顷	期初 金额/万元	期末 数量/公顷	期末 金额/万元
矿产资源		75	—	—	—	—
水资源(万立方米)		76	—	—	—	—
湿地资源		77	—	—	—	—
小计		78	—	—	—	—
土地资源(不含林地、草地、湿地)	法律授权县级政府代理行使所有权	79	—	—	—	—
其中:储备土地		80	—	—	—	—
海洋资源		81	—	—	—	—
森林资源		82	—	—	—	—
草原资源		83	—	—	—	—
矿产资源		84	—	—	—	—
水资源(万立方米)		85	—	—	—	—
湿地资源		86	—	—	—	—
小计		87	—	—	—	—
土地资源(不含林地、草地、湿地)	合计	88	6 317.46	11 689 155.42	6 365.85	11 990 941.87
其中:储备土地		89	0.00	0.00	136.70	219 684.50
海洋资源		90	97 771.89	1 641 944.73	97 771.89	1 641 944.73
森林资源		91	—	3 186.50	—	3 127.74
草原资源		92	201.83	50.46	189.94	47.49
矿产资源(万立方米)		93	—	0.00	—	0.00
水资源(万立方米)		94	0.00	—	0.00	0.00
湿地资源		95	7 170.47	0.00	7 170.47	0.00

附表54（续）

资产/栏次	行次	期初 数量/公顷 1	期初 金额/万元 2	期末 数量/公顷 3	期末 金额/万元 4	所有者权益/栏次	行次	期初 数量/公顷 5	期初 金额/万元 6	期末 数量/公顷 7	期末 金额/万元 8
钪矿（钪）/吨	50										
耐火黏土（矿石）/万吨	51										
泥炭（矿石）/万吨	52										
膨润土（矿石）/万吨	53										
轻稀土矿（独居石）/万吨	54										
石膏（矿石）/万吨	55										
水泥用灰岩（矿石）/万吨	56	352	0	352	0						
水泥配料用黏土（矿石）/万吨											
建筑用砂（矿石）/万吨	57	7 374.94	0	7 374.94	0						
铁矿（钛铁矿物）/万吨	58										
陶瓷土（矿石）/万吨	59										
砖瓦用黏土（矿石）/万吨	60										
砖瓦用页岩（矿石）/万吨	61										
水资源 地表水（万立方米）	61	0.000 0	—	0.000 0	—						
水资源 地下水（万立方米）	62	0.000 0	—	0.000 0	—						
水资源 总量（万立方米）	63	0.000 0	—	0.000 0	—						
物质资源合计	64	—	1 413.532 7	—	1 413.532 7						
资产总计	65	—	13 334 337.104 7	—	13 636 061.827 9	所有者权益总计	96	—	13 334 337.11	—	13 636 061.83

附表 55　北海市海城区自然资源责任（义务）履行表（2020 年）

表号：资产平衡 02 表

指标名称	行次	本年
栏次	一	1
自然灾害损毁土地复垦面积/公顷	1	0.00
累计矿山环境恢复治理面积/公顷	2	0.00
造林面积/公顷	3	0.00
退耕还草面积/公顷	4	0.00
修复海岸线长度/公里	5	0.10
自然岸线保有率/%	6	
地表水国控断面水质优良率/%	7	
修复退化湿地面积/公顷	8	0.00
其他	9	—
地表水区控断面水质优良率（新增）（合浦县）/%	901	

附表 56　北海市海城区全民所有自然资源资产经济价值变动情况表（2020 年）

表号：资产平衡附 01 表

单位：万元

资产类别	栏次	行次	期初价值	价值增加			价值减少			期末价值
				实物量增加	价格上涨	小计	实物量减少	价格下降	小计	
	—		1	2	3	4	5	6	7	8
湿地		1	0.000 0	0.000 0	0.000 0	0.000 0	0.000 0	0.000 0	0.000 0	0.000 0
耕地		2	8 235.065 2	0.000 0	0.000 0	0.000 0	1 214.337 0	0.000 0	1 214.337 0	7 020.728 2
种植园用地		3	220.674 0	0.000 0	0.000 0	0.000 0	10.221 0	0.000 0	10.221 0	210.453 0
林地		4	1 772.967 4	0.000 0	0.000 0	0.000 0	58.758 5	0.000 0	58.758 5	1 714.208 9
草地		5	50.457 5	0.000 0	0.000 0	0.000 0	2.972 5	0.000 0	2.972 5	47.485 0
商业服务业用地		6	1 134 733.017 7	0.000 0	0.000 0	0.000 0	1 370.957 9	0.000 0	1 370.957 9	1 133 362.059 8
工矿用地		7	338 253.542 4	10 875.898 8	0.000 0	10 875.898 8	0.000 0	0.000 0	0.000 0	349 129.441 2
住宅用地		8	9 210 547.454 4	292 900.016 7	0.000 0	292 900.016 7	0.000 0	0.000 0	0.000 0	9 503 447.471 1
公共管理与公共服务用地		9	626 443.263 4	0.000 0	0.000 0	0.000 0	3 399.982 2	0.000 0	3 399.982 2	623 043.281 2
特殊用地		10	98 665.680 0	0.000 0	0.000 0	0.000 0	186.480 0	0.000 0	186.480 0	98 479.200 0
交通运输用地		11	260 744.090 1	5 530.587 9	0.000 0	5 530.587 9	0.000 0	0.000 0	0.000 0	266 274.678 0
水域及水利设施用地		12	4 733.886 6	0.000 0	0.000 0	0.000 0	101.021 4	0.000 0	101.021 4	4 632.865 2
其他土地		13	6 578.744 3	0.000 0	0.000 0	0.000 0	1 237.049 7	0.000 0	1 237.049 7	5 341.694 6
小计		14	11 690 978.843 0	309 306.503 4	0.000 0	309 306.503 4	7 581.780 2	0.000 0	7 581.780 2	11 992 703.566 2
土地收储的价值变动		15	0.000 0	—	134 365.31	134 365.31	—	0.000 0	0.000 0	134 365.31
土地资源合计		16	11 690 978.843 0	309 306.503 4	134 365.31	443 671.813 4	7 581.780 2	0.000 0	7 581.780 2	12 127 068.876 2

土地资源

附表56（续）

资产类别		栏次	行次	期初价值 1	价值增加			价值减少			期末价值 8
					实物量增加 2	价格上涨 3	小计 4	实物量减少 5	价格下降 6	小计 7	
海洋资源	海域		17	1 641 944.105 8	0.000 0	0.000 0	0.000 0	0.000 0	0.000 0	0.000 0	1 641 944.105 8
	无居民海岛		18	0.623 200	0.000 0	0.000 0	0.000 0	0.000 0	0.000 0	0.000 0	0.623 2
	小计		19	1 641 944.729 000	0.000 0	0.000 0	0.000 0	0.000 0	0.000 0	0.000 0	1 641 944.729 000
林木资源	乔木林		20	1 401.471 5	0.000 0	0.000 0	0.000 0	0.000 0	0.000 0	0.000 0	1 401.471 5
	竹林		21	12.061 2	0.000 0	0.000 0	0.000 0	0.000 0	0.000 0	0.000 0	12.061 2
	小计		22	1 413.532 7	0.000 0	0.000 0	0.000 0	0.000 0	0.000 0	0.000 0	1 413.532 7
干草资源			23	—	—	—	—	—	—	—	—
			24	0.000 000	0.000 0	0.000 0	0.000 0	0.000 0	0.000 0	0.000 0	0.000 000
	其中:煤炭(原煤)		25	0.000 000	0.000 0	0.000 0	0.000 0	0.000 0	0.000 0	0.000 0	0.000 000
	石油(原油)		26	0.000 0	0.000 0	0.000 0	0.000 0	0.000 0	0.000 0	0.000 0	0.000 0
	天然气(气量)		27	0.000 0	0.000 0	0.000 0	0.000 0	0.000 0	0.000 0	0.000 0	0.000 0
	页岩气(气量)		28	0.000 0	0.000 0	0.000 0	0.000 0	0.000 0	0.000 0	0.000 0	0.000 0
矿产资源	铁矿石(矿石)		29	0.000 000	0.000 0	0.000 0	0.000 0	0.000 0	0.000 0	0.000 0	0.000 000
	铬铁矿石(矿石)		30	0.000 000	0.000 0	0.000 0	0.000 0	0.000 0	0.000 0	0.000 0	0.000 000
	铜矿(金属铜)		31	0.000 000	0.000 0	0.000 0	0.000 0	0.000 0	0.000 0	0.000 0	0.000 000
	铝土矿(矿石)		32	0.000 000	0.000 0	0.000 0	0.000 0	0.000 0	0.000 0	0.000 0	0.000 000
	镍矿(金属镍)		33	0.000 000	0.000 0	0.000 0	0.000 0	0.000 0	0.000 0	0.000 0	0.000 000
	钴矿(金属钴)		34	0.000 000	0.000 0	0.000 0	0.000 0	0.000 0	0.000 0	0.000 0	0.000 000
	钨矿(WO_3)		35	0.000 000	0.000 0	0.000 0	0.000 0	0.000 0	0.000 0	0.000 0	0.000 000
	锡矿(金属锡)		36	0.000 000	0.000 0	0.000 0	0.000 0	0.000 0	0.000 0	0.000 0	0.000 000

附表56（续）

资产类别		行次	期初价值	价值增加			价值减少			期末价值
	栏次		1	实物量增加 2	价格上涨 3	小计 4	实物量减少 5	价格下降 6	小计 7	8
		—								
钼矿（金属钼）		37	0.000 000	0.000 0	0.000 0	0.000 0	0.000 0	0.000 0	0.000 0	0.000 000
锑矿（金属锑）		38	0.000 000	0.000 0	0.000 0	0.000 0	0.000 0	0.000 0	0.000 0	0.000 000
金矿（金属）		39	0.000 000	0.000 0	0.000 0	0.000 0	0.000 0	0.000 0	0.000 0	0.000 000
锂矿（折氧化锂）		40	0.000 000	0.000 0	0.000 0	0.000 0	0.000 0	0.000 0	0.000 0	0.000 000
锆矿（折氧化锆）		41	0.000 000	0.000 0	0.000 0	0.000 0	0.000 0	0.000 0	0.000 0	0.000 000
普通萤石（折氟化钙）		42	0.000 000	0.000 0	0.000 0	0.000 0	0.000 0	0.000 0	0.000 0	0.000 000
磷矿（矿石）		43	0.000 000	0.000 0	0.000 0	0.000 0	0.000 0	0.000 0	0.000 0	0.000 000
钾盐（KCl）		44	0.000 000	0.000 0	0.000 0	0.000 0	0.000 0	0.000 0	0.000 0	0.000 000
晶质石墨（矿物）		45	0.000 000	0.000 0	0.000 0	0.000 0	0.000 0	0.000 0	0.000 0	0.000 000
水资源	地表水	46	—	—	—	—	—	—	—	—
	地下水	47	—	—	—	—	—	—	—	—
	总量	48	—	—	—	—	—	—	—	—
资产合计		49	13 334 337.104 700	309 306.503 4	134 365.31	443 671.813 4	7 581.780 2	0.000 0	7 581.780 2	13 770 427.137 900

附表 57　北海市海城区全民所有自然资源资产收支情况表（2020 年）

表号：资产平衡附 02 表

单位：万元

指标名称	行次	金额
栏次	一	1
本年收入	1	2 133.88
其中：国有土地使用权出让收入	2	
全民所有森林资源配置收入	3	0.00
全民所有草原资源配置收入	4	0.00
全民所有湿地资源配置收入	5	0.00
矿业权出让收益	6	0.00
海域使用金	7	2 133.88
无居民海岛使用金	8	
其他收入	9	0
水资源费收入（水）（合浦县）	901	
本年支出	10	162.64
其中：土地取得支出	11	
征地和拆迁补偿支出	12	
土地前期开发费用	13	
矿产勘查支出	14	0.00
生态保护修复财政专项支出	15	162.64

表57（续）

指标名称	行次	金额
其中：矿山地质环境恢复治理支出	16	0.00
水污染防治支出	17	0.00
土壤污染防治支出	18	
土地综合整治支出	19	0.00
林业草原生态保护恢复支出	20	0.00
其中：林业草原生态保护恢复支出（森林资源）（林木）（海域区）	2 001	0.00
其中：林业草原生态保护恢复支出（草原资源）（草原）（海域区）	2 002	0.00
林业改革发展支出	21	0.00
海岛及海域保护支出	22	162.64
海洋生态保护修复支出	23	
其他生态保护修复专项支出	24	0.00
其他生态保护修复财政专项支出（矿产资源）（矿产）（海域区）	2 401	0.00
其他生态保护修复财政专项支出（森林资源）（林木）（海域区）	2 402	0.00
其他生态保护修复财政专项支出（草原资源）（草原）（海域区）	2 403	0.00
其他生态保护修复财政专项支出（海洋资源）（海洋）（海域区）	2 404	0.00
其中：其他生态保护修复财政专项支出（湿地资源）（湿地）（海域区）	2 405	
其他支出	25	0
收支差额	26	1 971.24

附表 58　北海市银海区全民所有自然资源资产平衡表（2020 年）

表号：资产平衡 01 表
计量单位：公顷，万元

	资产	行次	期初 数量/公顷	期初 金额/万元	期末 数量/公顷	期末 金额/万元
	栏次	—	1	2	3	4
国土空间资源 / 土地资源	湿地	1	8 145	0.000 0	8 145	0.000 0
	耕地	2	4 621.37	91 554.184 4	4 496.25	89 095.456 6
	种植园用地	3	182.51	2 291.487 0	187.00	2 354.025 0
	林地	4	2 564.03	4 796.415 2	2 644.68	4 846.819 5
	草地	5	383.62	111.249 8	342.73	99.391 7
	商业服务业用地	6	478.73	894 733.233 1	507.90	952 133.035 8
	工矿用地	7	291.52	119 083.321 2	319.80	129 980.309 7
	住宅用地	8	1 825.18	6 677 076.522 6	1 867.12	6 831 048.519 2
	公共管理与公共服务用地	9	718.28	681 251.191 4	717.04	679 910.922 7
	特殊用地	10	112.60	92 991.836 0	127.24	105 082.426 4
	交通运输用地	11	2 168.32	460 440.901 3	2 200.87	467 950.642 0
	水域及水利设施用地	12	2 478.86	67 007.941 8	2 420.48	62 653.548 3
	其他土地	13	217.63	5 154.952 4	213.07	3 857.232 5
	小计	14	24 187.65	9 096 493.236 2	24 189.18	9 329 012.329 4
	土地收储的价值变动	15	—	—	—	—
	土地资源合计	16	24 187.65	9 096 493.236 2	24 189.18	9 329 012.329 4
海洋资源	海域	17	65 950.95	993 475.885 7	65 950.95	993 475.885 7
	无居民海岛	18	0	0	0	0
	小计	19	65 950.95	993 475.885 7	65 950.95	993 475.885 7
	国土空间资源合计	20	90 138.60	10 089 969.121 9	90 104.13	10 322 488.215 1
林木资源	乔木林（万立方米）	21	4.21	4 804.445 4	4.21	4 804.445 4
	竹林（万株）	22	1.77	104.359 2	1.77	104.359 2
	小计	23	—	4 908.804 6	—	4 908.804 6

	所有者权益	行次	期初 数量/公顷	期初 金额/万元	期末 数量/公顷	期末 金额/万元
	栏次	—	5	6	7	8
中央直接行使所有权	土地资源（不含林地、草地、湿地）	52	—	—	—	—
	其中：储备土地	53	—	—	—	—
	海洋资源	54	—	—	—	—
	森林资源	55	—	—	—	—
	草原资源	56	—	—	—	—
	矿产资源	57	—	—	—	—
	水资源（万立方米）	58	—	—	—	—
	湿地资源	59	—	—	—	—
	小计	60	—	—	—	—
委托或法律授权省级政府代理行使所有权	土地资源（不含林地、草地、湿地）	61	—	—	—	—
	其中：储备土地	62	—	—	—	—
	海洋资源	63	—	—	—	—
	森林资源	64	—	—	—	—
	草原资源	65	—	—	—	—
	矿产资源	66	—	—	—	—
	水资源（万立方米）	67	—	—	—	—
	湿地资源	68	—	—	—	—
	小计	69	—	—	—	—
委托或法律授权市（地）级政府行使所有权	土地资源（不含林地、草地、湿地）	70	—	—	—	—
	其中：储备土地	71	—	—	—	—
	海洋资源	72	—	—	—	—
	森林资源	73	—	—	—	—
	草原资源	74	—	—	—	—

附表58（续）

资产

栏次	行次	期初 数量/公顷 (1)	期初 金额/万元 (2)	期末 数量/公顷 (3)	期末 金额/万元 (4)
干草资源/万吨	24	—	—	481.02	57.80
其中:煤(原煤)/亿吨	25	—	57.80	—	—
石油(原油)/万吨	26	0.000 0	0.000 0	0.000 0	0.000 0
天然气(气量)(亿立方米)	27				
页岩气(气量)(万立方米)	28				
铁矿(矿石)/万吨	29				
铬铁矿(矿石)/万吨	30	0.000 0	0.000 0	0.000 0	0.000 0
铜矿(金属铜)/万吨	31	0.000 0	0.000 0	0.000 0	0.000 0
铝土矿(矿石)/万吨	32	0.000 0	0.000 0	0.000 0	0.000 0
镍矿(金属镍)/万吨	33	0.000 0	0.000 0	0.000 0	0.000 0
钴矿(金属钴)/万吨	34	0.000 0	0.000 0	0.000 0	0.000 0
钨矿(WO_3)/万吨	35	0.000 0	0.000 0	0.000 0	0.000 0
锡矿(金属锡)/万吨	36	0.000 0	0.000 0	0.000 0	0.000 0
钼矿(金属钼)/万吨	37	0.000 0	0.000 0	0.000 0	0.000 0
锑矿(金属锑)/万吨	38	0.000 0	0.000 0	0.000 0	0.000 0
金矿(金属)/吨	39	0.000 0	0.000 0	0.000 0	0.000 0
锂矿(折氧化锂)/万吨	40	0.000 0	0.000 0	0.000 0	0.000 0
锆矿(折氧化锆)/万吨	41	0.000 0	0.000 0	0.000 0	0.000 0
普通萤石(折氟化钙)/万吨	42	0.000 0	0.000 0	0.000 0	0.000 0
磷矿(矿物)/万吨	43	0.000 0	0.000 0	0.000 0	0.000 0
钾盐(KCl)/万吨	44	0.000 0	0.000 0	0.000 0	0.000 0
晶质石墨(矿物)/万吨	45	0.000 0	0.000 0	0.000 0	0.000 0
玻璃用砂(矿石)/万吨	46	0.000 0	0.000 0	0.000 0	0.000 0
高岭土(矿石)/万吨	47	435	0	435	0
锆矿(锆英石)/万吨	48				
	49				

（左侧分类竖排标签：物质资源 / 矿产资源）

所有者权益

栏次		行次	期初 数量/公顷 (5)	期初 金额/万元 (6)	期末 数量/公顷 (7)	期末 金额/万元 (8)
	矿产资源	75	—	—	—	—
	水资源(万立方米)	76	—	—	—	—
	湿地资源	77	—	—	—	—
	小计	78	—	—	—	—
	土地资源(不含林地、草地、湿地)	79				
	其中:储备土地	80	—			
	海洋资源	81	—			
法律授权县级政府代理行使所有权	森林资源	82	—			
	草原资源	83	—			
	矿产资源	84	—			
	水资源(万立方米)	85	—			
	湿地资源	86	—			
	小计	87	—			
	土地资源(不含林地、草地、湿地)	88	13 095.00	9 091 585.57	13 056.77	9 324 066.12
	其中:储备土地	89	0.00	0.00	11.49	20 000.06
	海洋资源	90	65 950.95	993 475.89	65 950.95	993 475.89
合计	森林资源	91	—	9 705.23	—	9 755.63
	草原资源	92	383.62	111.25	342.73	99.39
	矿产资源	93	—	57.80	—	57.80
	水资源(万立方米)	94	0.00	0.00	0.00	0.00
	湿地资源	95	8 145		8 145	0.00

附表58（续）

资产 栏次	行次 —	期初 数量/公顷 1	金额/万元 2	期末 数量/公顷 3	金额/万元 4	所有者权益 栏次	行次 —	期初 数量/公顷 5	金额/万元 6	期末 数量/公顷 7	金额/万元 8
钒矿（钒）/吨	50										
耐火黏土（矿石）/万吨	51										
泥炭（矿石）/万吨	52										
膨润土（矿石）/万吨	53										
轻稀土矿（独居石）/万吨	54										
石膏（矿石）/万吨	55										
水泥用灰岩（矿石）/万吨	56										
铁矿（铁矿石矿物）/万吨	57										
陶瓷土（矿石）/万吨	58										
砖瓦用黏土（矿石）/万吨	59	256.35	57.80	256.35	57.80						
砖瓦用页岩（矿石）/万吨	60										
水资源 地表水（万立方米）	61	0.000 0	—	0.000 0	—						
水资源 地下水（万立方米）	62	0.000 0	—	0.000 0	—						
水资源 总量（万立方米）	63	0.000 0	—	0.000 0	—						
物质资源合计	64	—	4 966.604 6	—	4 966.604 6						
资产总计	65	—	10 094 935.74	—	10 327 454.83	所有者权益总计	96	—	10 094 935.74	—	10 327 454.83

附表 59　北海市银海区自然资源责任（义务）履行表（2020 年）

表号：资产平衡 02 表

指标名称	行次	本年
栏次	一	1
自然灾害损毁土地复垦面积/公顷	1	0.00
累计矿山环境恢复治理面积/公顷	2	0.00
造林面积/公顷	3	0.00
退耕还草面积/公顷	4	0.00
修复海岸线长度/公里	5	0.00
自然岸线保有率/%	6	0.00
地表水国控断面水质优良率/%	7	0.00
修复退化湿地面积/公顷	8	0.00
其他	9	一

表60　北海市银海区全民所有自然资源资产经济价值变动情况表（2020年）

表号：资产平衡附01表
单位：万元

资产类别	栏次	行次	期初价值	价值增加			价值减少			期末价值
				实物量增加	价格上涨	小计	实物量减少	价格下降	小计	
		一	1	2	3	4	5	6	7	8
土地资源	湿地	1	0.000 0	0.000 0	0.000 0	0.000 0	0.000 0	0.000 0	0.000 0	0.000 0
	耕地	2	91 554.184 4	0.000 0	0.000 0	0.000 0	2 458.727 8	0.000 0	2 458.727 8	89 095.456 6
	种植园用地	3	2 291.487 0	62.538 0	0.000 0	62.538 0	0.000 0	0.000 0	0.000 0	2 354.025 0
	林地	4	4 796.415 2	50.404 3	0.000 0	50.404 3	0.000 0	0.000 0	0.000 0	4 846.819 5
	草地	5	111.249 8	0.000 0	0.000 0	0.000 0	11.858 1	0.000 0	11.858 1	99.391 7
	商业服务业用地	6	894 733.233 1	57 399.802 7	0.000 0	57 399.802 7	0.000 0	0.000 0	0.000 0	952 133.035 8
	工矿用地	7	119 083.321 2	10 896.988 5	0.000 0	10 896.988 5	0.000 0	0.000 0	0.000 0	129 980.309 7
	住宅用地	8	6 677 076.522 6	153 971.996 6	0.000 0	153 971.996 6	0.000 0	0.000 0	0.000 0	6 831 048.519 2
	公共管理与公共服务用地	9	681 251.191 4	0.000 0	0.000 0	0.000 0	1 340.268 7	0.000 0	1 340.268 7	679 910.922 7
	特殊用地	10	92 991.836 0	12 090.590 4	0.000 0	12 090.590 4	0.000 0	0.000 0	0.000 0	105 082.426 4
	交通运输用地	11	460 440.901 3	7 509.740 7	0.000 0	7 509.740 7	0.000 0	0.000 0	0.000 0	467 950.642 0
	水域及水利设施用地	12	67 007.941 8	0.000 0	0.000 0	0.000 0	4 354.393 5	0.000 0	4 354.393 5	62 653.548 3
	其他土地	13	5 154.952 4	0.000 0	0.000 0	0.000 0	1 297.719 9	0.000 0	1 297.719 9	3 857.232 5
	小计	14	9 096 493.236 2	241 982.061 2	0.000 0	241 982.061 2	9 462.968 0	0.000 0	9 462.968 0	9 329 012.329 4
	土地收储的价值变动	15	0.000 0	—	5 194.91	5 194.91	—	0.000 0	9 462.968 0	5 194.91
	土地资源合计	16	9 096 493.236 2	241 982.061 2	5 194.91	247 176.971 2	9 462.968 0	0.000 0	9 462.968 0	9 334 207.239 4

附表60(续)

| 资产类别 | | 行次 | 期初价值 | 价值增加 | | | | 价值减少 | | | 期末价值 |
	栏次	—	1	实物量增加 2	价格上涨 3	小计 4	实物量减少 5	价格下降 6	小计 7	8
海洋资源	海域	17	993 475.885 7	0.000 0	0.000 0	0.000 0	0.000 0	0.000 0	0.000 0	993 475.885 7
	无居民海岛	18	0.000 0	0.000 0	0.000 0	0.000 0	0.000 0	0.000 0	0.000 0	0.000 0
	小计	19	993 475.885 7	0.000 0	0.000 0	0.000 0	0.000 0	0.000 0	0.000 0	993 475.885 7
林木资源	乔木林	20	4 804.445 4	0.000 0	0.000 0	0.000 0	0.000 0	0.000 0	0.000 0	4 804.445 4
	竹林	21	104.359 2	0.000 0	0.000 0	0.000 0	0.000 0	0.000 0	0.000 0	104.359 2
	小计	22	4 908.804 6	0.000 0	0.000 0	0.000 0	0.000 0	0.000 0	0.000 0	4 908.804 6
干草资源		23	—	—	—	—	—	—	—	—
矿产资源	其中:煤炭(原煤)	24	0.000 000	0.000 0	0.000 0	0.000 0	0.000 0	0.000 0	0.000 0	0.000 000
	石油(原油)	25	0.000 000	0.000 0	0.000 0	0.000 0	0.000 0	0.000 0	0.000 0	0.000 000
	天然气(气量)	26	0.000 0	0.000 0	0.000 0	0.000 0	0.000 0	0.000 0	0.000 0	0.000 0
	页岩气(气量)	27	0.000 0	0.000 0	0.000 0	0.000 0	0.000 0	0.000 0	0.000 0	0.000 0
	铁矿(矿石)	28	0.000 0	0.000 0	0.000 0	0.000 0	0.000 0	0.000 0	0.000 0	0.000 0
	铬铁矿(矿石)	29	0.000 000	0.000 0	0.000 0	0.000 0	0.000 0	0.000 0	0.000 0	0.000 000
	铜矿(金属铜)	30	0.000 000	0.000 0	0.000 0	0.000 0	0.000 0	0.000 0	0.000 0	0.000 000
	铝土矿(矿石)	31	0.000 000	0.000 0	0.000 0	0.000 0	0.000 0	0.000 0	0.000 0	0.000 000
	镍矿(金属镍)	32	0.000 000	0.000 0	0.000 0	0.000 0	0.000 0	0.000 0	0.000 0	0.000 000
	钴矿(金属钴)	33	0.000 000	0.000 0	0.000 0	0.000 0	0.000 0	0.000 0	0.000 0	0.000 000
	钨矿(WO₃)	34	0.000 000	0.000 0	0.000 0	0.000 0	0.000 0	0.000 0	0.000 0	0.000 000
	锡矿(金属锡)	35	0.000 000	0.000 0	0.000 0	0.000 0	0.000 0	0.000 0	0.000 0	0.000 000
		36	0.000 000	0.000 0	0.000 0	0.000 0	0.000 0	0.000 0	0.000 0	0.000 000

附表60（续）

资产类别		行次	期初价值	价值增加				价值减少				期末价值
				实物量增加	价格上涨	小计	实物量减少	价格下降	小计			
栏次		—	1	2	3	4	5	6	7			8
	钼矿（金属钼）	37	0.000 000	0.000 0	0.000 0	0.000 0	0.000 0	0.000 0	0.000 0			0.000 000
	锑矿（金属锑）	38	0.000 000	0.000 0	0.000 0	0.000 0	0.000 0	0.000 0	0.000 0			0.000 000
	金矿（金属）	39	0.000 000	0.000 0	0.000 0	0.000 0	0.000 0	0.000 0	0.000 0			0.000 000
	锂矿（折氧化锂）	40	0.000 000	0.000 0	0.000 0	0.000 0	0.000 0	0.000 0	0.000 0			0.000 000
	锆矿（折氧化锆）	41	0.000 000	0.000 0	0.000 0	0.000 0	0.000 0	0.000 0	0.000 0			0.000 000
	普通萤石（折氟化钙）	42	0.000 000	0.000 0	0.000 0	0.000 0	0.000 0	0.000 0	0.000 0			0.000 000
	磷矿（矿石）	43	0.000 000	0.000 0	0.000 0	0.000 0	0.000 0	0.000 0	0.000 0			0.000 000
	钾盐（KCl）	44	0.000 000	0.000 0	0.000 0	0.000 0	0.000 0	0.000 0	0.000 0			0.000 000
	晶质石墨（矿物）	45	0.000 000	0.000 0	0.000 0	0.000 0	0.000 0	0.000 0	0.000 0			0.000 000
水资源	地表水	46	—	—	—	—	—	—	—			—
	地下水	47	—	—	—	—	—	—	—			—
	总量	48	—	—	—	—	—	—	—			—
资产合计		49	10 094 877.926 5	241 982.061 2	5 194.91	247 176.971 2	9 462.968 0	0.000 0	9 462.968 0			10 332 591.929 7

表 61 北海市银海区全民所有自然资源资产收支情况表（2020 年）

表号：资产平衡附 02 表

单位：万元

指标名称	行次	金额
栏次	—	1
本年收入	1	4 148.40
其中：国有土地使用权出让收入	2	
全民所有森林资源配置收入	3	0.00
全民所有草原资源配置收入	4	0.00
全民所有湿地资源配置收入	5	0.00
矿业权出让收益	6	0.00
海域使用金	7	4 148.40
无居民海岛使用金	8	0.00
其他收入	9	0
水资源税费收入（水）（合浦县）	901	
本年支出	10	16.98
其中：土地取得支出	11	
征地和拆迁补偿支出	12	
土地前期开发费用	13	
矿产勘查支出	14	0.00
生态保护修复财政专项支出	15	16.98
其中：矿山地质环境恢复治理支出	16	0.00

表61（续）

指标名称	行次	金额
水污染防治支出	17	0.00
土壤污染防治支出	18	
土地综合整治支出	19	0.00
林业草原生态保护恢复支出	20	0.00
其中：林业草原生态保护恢复支出（森林资源）（林木）（银海区）	2 001	0.00
其中：林业草原生态保护恢复支出（草原资源）（草原）（银海区）	2 002	0.00
林业改革发展支出	21	0.00
海岛及海域保护支出	22	16.98
海洋生态保护修复支出	23	0.00
其他生态保护修复政专项支出	24	0.00
其他生态保护修复政专项支出（土地资源）（土地）（银海区）	2 401	
其他生态保护修复政专项支出（矿产资源）（矿产）（银海区）	2 402	0.00
其他生态保护修复政专项支出（森林资源）（林木）（银海区）	2 403	0.00
其他生态保护修复政专项支出（草原资源）（草原）（银海区）	2 404	0.00
其他生态保护修复政专项支出（海洋资源）（海洋）（银海区）	2 405	0.00
其他生态保护修复政专项支出（水资源）（水）（银海区）	2 406	
其中：其他生态保护修复政专项支出（湿地资源）（湿地）（银海区）	2 407	0.00
其他支出	25	0
收支差额	26	4 131.42

附表 62　北海市铁山港区全民所有自然资源资产平衡表（2020 年）

表号：资产平衡 01 表

资产

	资产 / 栏次	行次	期初 数量/公顷 (1)	期初 金额/万元 (2)	期末 数量/公顷 (3)	期末 金额/万元 (4)
国土空间资源 · 土地资源	湿地	1	9 257.05	0.000 0	9 257.05	0.000 0
	耕地	2	3 261.16	83 551.608 7	3 247.73	83 205.330 2
	种植园用地	3	222.26	2 703.112 3	221.36	2 692.177 3
	林地	4	2 004.80	3 866.358 0	1 977.32	3 819.433 5
	草地	5	444.64	137.838 4	408.64	126.678 4
	商业服务业用地	6	92.36	46 532.260 0	121.52	56 224.390 0
	工矿用地	7	1 654.70	328 804.354 0	1 710.44	339 863.999 2
	住宅用地	8	670.47	583 472.514 9	669.02	579 162.818 9
	公共管理与公共服务用地	9	204.63	80 992.494 7	215.16	84 911.805 1
	特种用地	10	17.26	6 392.241 0	29.06	10 762.371 0
	交通运输用地	11	1 992.96	334 637.353 5	2 005.39	333 844.534 1
	水域及水利设施用地	12	1 361.60	37 460.894 0	1 349.48	37 610.380 5
	其他土地	13	191.77	1 686.040 5	187.05	1 523.259 0
	小计	14	21 375.66	1 510 237.070 0	21 399.22	1 533 747.177 2
	土地收储的价值变动	15	—	—	—	—
	土地资源合计	16	21 375.66	1 510 237.070 0	21 399.22	1 533 747.177 2
海洋资源	海域	17	69 026.56	1 298 966.427 1	69 026.56	1 298 966.427 1
	无居民海岛	18	0.000 0	0.000 0	0.000 0	0.000 0
	小计	19	69 026.56	1 298 966.427 1	69 026.56	1 298 966.427 1
	国土空间资源合计	20	90 402.22	2 809 203.497 1	90 425.78	2 832 713.604 3
物质资源 · 林木资源	乔木林（万立方米）	21	3.63	6 720.826 2	3.63	6 720.826 2
	竹林（万株）	22	0.58	85.747 2	0.58	85.747 2
	小计	23		6 806.573 4		6 806.573 4

所有者权益

	所有者权益 / 栏次	行次	期初 数量/公顷 (5)	期初 金额/万元 (6)	期末 数量/公顷 (7)	期末 金额/万元 (8)
中央直接行使所有权	土地资源（不含林地、草地、湿地）	52	—	—	—	—
	其中：储备土地	53	—	—	—	—
	海洋资源	54	—	—	—	—
	森林资源	55	—	—	—	—
	草原资源	56	—	—	—	—
	矿产资源	57	—	—	—	—
	水资源（万立方米）	58	—	—	—	—
	湿地资源	59	—	—	—	—
	小计	60	—	—	—	—
委托或法律授权省级政府代理行使所有权	土地资源（不含林地、草地、湿地）	61	—	—	—	—
	其中：储备土地	62	—	—	—	—
	海洋资源	63	—	—	—	—
	森林资源	64	—	—	—	—
	草原资源	65	—	—	—	—
	矿产资源	66	—	—	—	—
	水资源（万立方米）	67	—	—	—	—
	湿地资源	68	—	—	—	—
	小计	69	—	—	—	—
委托或法律授权市（地）级政府代理行使所有权	土地资源（不含林地、草地、湿地）	70	—	—	—	—
	其中：储备土地	71	—	—	—	—
	海洋资源	72	—	—	—	—
	森林资源	73	—	—	—	—
	草原资源	74	—	—	—	—

附表62（续）

资产	行次	期初 数量/公顷	期初 金额/万元	期末 数量/公顷	期末 金额/万元
栏次	—	1	2	3	4
干旱资源/万吨	24	—	—	0.05	—
其中:煤(原煤)/亿吨	25	—	0.0000	—	0.0000
石油(原油)/万吨	26	0.0000	0.0000	0.0000	0.0000
	27	0	0	0	0
天然气(气量)(亿立方米)	28	0	0	0	0
页岩气(气量)(万立方米)	29	0	0	0	0
铁矿(矿石)/万吨	30	0.0000	0.0000	0.0000	0.0000
铬铁矿(矿石)/万吨	31	0.0000	0.0000	0.0000	0.0000
铜矿(金属铜)/万吨	32	0.0000	0.0000	0.0000	0.0000
铝土矿(矿石)/万吨	33	0.0000	0.0000	0.0000	0.0000
镍矿(金属镍)/万吨	34	0.0000	0.0000	0.0000	0.0000
钴矿(金属钴)/万吨	35	0.0000	0.0000	0.0000	0.0000
钨矿(WO₃)/万吨	36	0.0000	0.0000	0.0000	0.0000
锡矿(金属锡)/万吨	37	0.0000	0.0000	0.0000	0.0000
钼矿(金属钼)/万吨	38	0.0000	0.0000	0.0000	0.0000
锑矿(金属锑)/万吨	39	0.0000	0.0000	0.0000	0.0000
金矿(金属)/吨	40	0.0000	0.0000	0.0000	0.0000
锂矿(折氧化锂)/万吨	41	0.0000	0.0000	0.0000	0.0000
锆矿(折氧化锆)/万吨	42	0.0000	0.0000	0.0000	0.0000
普通萤石(折氟化钙)/万吨	43	0.0000	0.0000	0.0000	0.0000
磷矿(矿石)/万吨	44	0.0000	0.0000	0.0000	0.0000
钾盐(KCl)/万吨	45	0.0000	0.0000	0.0000	0.0000
晶质石墨(矿物)/万吨	46	0.0000	0.0000	0.0000	0.0000
玻璃用砂(矿石)/万吨	47	0	0	0	0
高岭土(矿石)/万吨	48	0	0	0	0
锆英石/吨	49	0	0	0	0

（左侧竖排标识：物质资源 矿产资源）

所有者权益	行次	期初 数量/公顷	期初 金额/万元	期末 数量/公顷	期末 金额/万元
栏次	—	5	6	7	8
矿产资源(万立方米)	75	—	—	—	—
水资源(万立方米)	76	—	—	—	—
湿地资源	77	—	—	—	—
小计	78	—	—	—	—
土地资源(不含林地、草地、湿地)	79	—	—	—	—
其中:储备土地	80	—	—	—	—
海洋资源	81	—	—	—	—
森林资源	82	—	—	—	—
草原资源	83	—	—	—	—
矿产资源	84	—	—	—	—
水资源(万立方米)	85	—	—	—	—
湿地资源	86	—	—	—	—
小计	87	—	—	—	—
土地资源(不含林地、湿地)	88	9 669.17	1 506 232.87	9 756.21	1 529 801.07
其中:储备土地	89	0.00	0.00	108.26	24 647.77
海洋资源	90	69 026.56	1 298 966.43	69 026.56	1 298 966.43
森林资源	91	—	10 672.94	—	10 626.01
草原资源	92	444.64	137.84	408.64	126.68
矿产资源	93	—	0.00	0.00	0.00
水资源(万立方米)	94	0.00	—	0.00	—
湿地资源	95	9 257.05	0.00	9 257.05	0.00

（中部竖排标识：法律授权且级政府代理行使所有权；合计）

附表62（续）

资产	栏次	行次	期初 数量/公顷	期初 金额/万元	期末 数量/公顷	期末 金额/万元	所有者权益 栏次	行次	期初 数量/公顷	期初 金额/万元	期末 数量/公顷	期末 金额/万元
		—	1	2	3	4		—	5	6	7	8
钪矿（钪）/吨		50	0	0	0	0						
耐火黏土（矿石）/万吨		51	0	0	0	0						
泥炭（矿石）/万吨		52	0	0	0	0						
膨润土（矿石）/万吨		53	0	0	0	0						
轻稀土矿（独居石）/万吨		54	0	0	0	0						
石膏（矿石）/万吨		55	0	0	0	0						
水泥用灰岩（矿石）/万吨		56	0	0	0	0						
钛矿（钛铁矿矿物）/万吨		57	0	0	0	0						
陶瓷土（矿石）/万吨		58	0	0	0	0						
砖瓦用黏土（矿石）/万吨		59	0	0	0	0						
砖瓦用页岩（矿石）/万吨		60	0	0	0	0						
水资源 地表水（万立方米）		61	—	—	—	—						
水资源 地下水（万立方米）		62	—	—	—	—						
水资源 总量（万立方米）		63	—	—	—	—						
物质资源合计		64	—	6 806.573 4	—	6 806.573 4						
资产总计		65	—	2 816 010.070 5	—	2 839 520.177 7	所有者权益总计	96	—	2 816 010.08	—	2 839 520.19

附表 63　北海市铁山港区自然资源责任（义务）履行表（2020 年）

表号：资产平衡 02 表

指标名称	行次	本年
栏次	一	1
自然灾害损毁土地复垦面积/公顷	1	0
累计矿山环境恢复治理面积/公顷	2	0
造林面积/公顷	3	0
退耕还草面积/公顷	4	0
修复海岸线长度/公里	5	0
自然岸线保有率/%	6	0.3
地表水国控断面水质优良率/%	7	0
修复退化湿地面积/公顷	8	0
其他	9	0

附表 64　北海市铁山港区全民所有自然资源资产经济价值变动情况表（2020 年）

表号：资产平衡附 01 表
单位：万元

资产类别		行次	期初价值	价值增加			价值减少			期末价值
	栏次	一	1	实物量增加 2	价格上涨 3	小计 4	实物量减少 5	价格下降 6	小计 7	8
土地资源	湿地	1	0.000 0	0.000 0	0.000 0	0.000 0	0.000 0	0.000 0	0.000 0	0.000 0
	耕地	2	83 551.608 7	0.000 0	0.000 0	0.000 0	346.278 5	0.000 0	346.278 5	83 205.330 2
	种植园用地	3	2 703.112 3	0.000 0	0.000 0	0.000 0	10.935 0	0.000 0	10.935 0	2 692.177 3
	林地	4	3 866.358 0	0.000 0	0.000 0	0.000 0	46.924 5	0.000 0	46.924 5	3 819.433 5
	草地	5	137.838 4	0.000 0	0.000 0	0.000 0	11.160 0	0.000 0	11.160 0	126.678 4
	商业服务业用地	6	46 532.260 0	9 692.130 0	0.000 0	9 692.130 0	0.000 0	0.000 0	0.000 0	56 224.390 0
	工矿用地	7	328 804.354 0	11 059.645 2	0.000 0	11 059.645 2	0.000 0	0.000 0	0.000 0	339 863.999 2
	住宅用地	8	583 472.514 9	0.000 0	0.000 0	0.000 0	4 309.696 0	0.000 0	4 309.696 0	579 162.818 9
	公共管理与公共服务用地	9	80 992.494 7	3 919.310 4	0.000 0	3 919.310 4	0.000 0	0.000 0	0.000 0	84 911.805 1
	特殊用地	10	6 392.241 0	4 370.130 0	0.000 0	4 370.130 0	0.000 0	0.000 0	0.000 0	10 762.371 0
	交通运输用地	11	334 637.353 5	3 317.910 5	0.000 0	3 317.910 5	0.000 0	4 110.729 9	4 110.729 9	333 844.534 1
	水域及水利设施用地	12	37 460.894 0	149.486 5	0.000 0	149.486 5	0.000 0	0.000 0	0.000 0	37 610.380 5
	其他土地	13	1 686.040 5	0.000 0	0.000 0	0.000 0	162.781 5	0.000 0	162.781 5	1 523.259 0
	小计	14	1 510 237.070 0	32 508.612 6	0.000 0	32 508.612 6	4 887.775 5	4 110.729 9	8 998.505 4	1 533 747.177 2
	土地收储的价值变动	15	0.000 0	—	0.000 0	0.000 0	—	10 150.380	10 150.380	−10 150.380
	土地资源合计	16	1 510 237.070 0	32 508.612 6	0.000 0	32 508.612 6	4 887.775 5	14 261.109 9	19 148.885 4	1 523 596.797 2

附表64（续）

资产类别	栏次	行次	期初价值	价值增加			实物量减少	价值减少		期末价值
				实物量增加	价格上涨	小计		价格下降	小计	
	一		1	2	3	4	5	6	7	8
海洋资源 海域		17	1 298 966.427 1	0.000 0	0.000 0	0.000 0	0.000 0	0.000 0	0.000 0	1 298 966.427 1
无居民海岛		18	0.000 0 0	0.000 0	0.000 0	0.000 0	0.000 0	0.000 0	0.000 0	0.000 000
小计		19	1 298 966.427 1	0.000 0	0.000 0	0.000 0	0.000 0	0.000 0	0.000 0	1 298 966.427 1
林木资源 乔木林		20	6 720.826 2	0.000 0	0.000 0	0.000 0	0.000 0	0.000 0	0.000 0	6 720.826 2
竹林		21	85.747 2	0.000 0	0.000 0	0.000 0	0.000 0	0.000 0	0.000 0	85.747 2
小计		22	6 806.573 4	0.000 0	0.000 0	0.000 0	0.000 0	0.000 0	0.000 0	6 806.573 4
干草资源		23	—	—	—	—	—	—	—	—
		24	0.000 000	0.000 0	0.000 0	0.000 0	0.000 0	0.000 0	0.000 0	0.000 000
其中:煤炭（原煤）		25	0.000 000	0.000 0	0.000 0	0.000 0	0.000 0 0	0.000 0	0.000 0	0.000 000
石油（原油）		26	0.000 0 0	0.000 0	0.000 0	0.000 0	0.000 0	0.000 0	0.000 0	0.000 0
天然气（气量）		27	0.000 0 0	0.000 0	0.000 0	0.000 0	0.000 0	0.000 0	0.000 0	0.000 0
页岩气（气量）		28	0.000 0 0	0.000 0	0.000 0	0.000 0	0.000 0	0.000 0	0.000 0	0.000 0
铁矿（矿石）		29	0.000 000	0.000 0	0.000 0	0.000 0	0.000 0	0.000 0	0.000 0	0.000 000
铬铁矿（矿石）		30	0.000 000	0.000 0	0.000 0	0.000 0	0.000 0	0.000 0	0.000 0	0.000 000
铜矿（金属铜）		31	0.000 000	0.000 0	0.000 0	0.000 0	0.000 0	0.000 0	0.000 0	0.000 000
铝土矿（矿石）		32	0.000 000	0.000 0	0.000 0	0.000 0	0.000 0	0.000 0	0.000 0	0.000 000
镍矿（金属镍）		33	0.000 000	0.000 0	0.000 0	0.000 0	0.000 0	0.000 0	0.000 0	0.000 000
钴矿（金属钴）		34	0.000 000	0.000 0	0.000 0	0.000 0	0.000 0	0.000 0	0.000 0	0.000 000
钨矿（WO_3）		35	0.000 000	0.000 0	0.000 0	0.000 0	0.000 0	0.000 0	0.000 0	0.000 000
锡矿（金属锡）		36	0.000 000	0.000 0	0.000 0	0.000 0	0.000 0	0.000 0	0.000 0	0.000 000

矿产资源

附表64（续）

资产类别		行次	期初价值	价值增加			价值减少			期末价值
	栏次	—	1	实物量增加	价格上涨	小计	实物量减少	价格下降	小计	8
				2	3	4	5	6	7	
钼矿（金属钼）		37	0.000 000	0.000 0	0.000 0	0.000 0	0.000 0	0.000 0	0.000 0	0.000 000
锑矿（金属锑）		38	0.000 000	0.000 0	0.000 0	0.000 0	0.000 0	0.000 0	0.000 0	0.000 000
金矿（金属）		39	0.000 000	0.000 0	0.000 0	0.000 0	0.000 0	0.000 0	0.000 0	0.000 000
锂矿（折氧化锂）		40	0.000 000	0.000 0	0.000 0	0.000 0	0.000 0	0.000 0	0.000 0	0.000 000
钴矿（折氧化钴）		41	0.000 000	0.000 0	0.000 0	0.000 0	0.000 0	0.000 0	0.000 0	0.000 000
普通萤石（折氟化钙）		42	0.000 000	0.000 0	0.000 0	0.000 0	0.000 0	0.000 0	0.000 0	0.000 000
磷矿（矿石）		43	0.000 000	0.000 0	0.000 0	0.000 0	0.000 0	0.000 0	0.000 0	0.000 000
钾盐（KCl）		44	0.000 000	0.000 0	0.000 0	0.000 0	0.000 0	0.000 0	0.000 0	0.000 000
晶质石墨（矿物）		45	0.000 000	0.000 0	0.000 0	0.000 0	0.000 0	0.000 0	0.000 0	0.000 000
水资源	地表水	46	—	—	—	—	—	—	—	—
	地下水	47	—	—	—	—	—	—	—	—
	总量	48	—	—	—	—	—	—	—	—
资产合计		49	2 816 010.070 5	32 508.612 6	0.000 0	32 508.612 6	4 887.775 5	14 261.109 9	19 148.885 4	2 829 369.997 7

附表 65　北海市铁山港区全民所有自然资源资产收支情况表（2020 年）

表号：资产平衡附 02 表

单位：万元

指标名称	行次	金额
栏次	一	1
本年收入	1	574.00
其中：国有土地使用权出让收入	2	0.00
全民所有森林资源配置收入	3	0.00
全民所有草原资源配置收入	4	0.00
全民所有湿地资源配置收入	5	0.00
矿业权出让收益	6	0.00
海域使用金	7	0.00
无居民海岛使用金	8	574.00
其他收入	9	0.00
水资源税费收入（水）（铁山港区）	901	0.00
本年支出	10	25.00
其中：土地取得支出	11	
征地和拆迁补偿支出	12	
土地前期开发费用	13	
矿产勘查支出	14	0.00
生态保护修复财政专项支出	15	25.00
其中：矿山地质环境恢复治理支出	16	0.00

附表65（续）

指标名称	行次	金额
水污染防治支出	17	0.00
土壤污染防治支出	18	
土地综合整治支出	19	0.00
林业草原生态保护恢复支出	20	0.00
其中：林业草原生态保护恢复支出（森林资源）（林木）（铁山港区）	2001	0.00
其中：林业草原生态保护恢复支出（草原资源）（草原）（铁山港区）	2002	0.00
林业改革发展支出	21	0.00
海岛及海域保护支出	22	0.00
海洋生态保护修复支出	23	25.00
其他生态保护修复财政专项支出	24	0.00
其他生态保护修复财政专项支出（土地资源）（土地）（铁山港区）	2401	
其他生态保护修复财政专项支出（矿产资源）（矿产）（铁山港区）	2402	0.00
其他生态保护修复财政专项支出（森林资源）（林木）（铁山港区）	2403	0.00
其他生态保护修复财政专项支出（草原资源）（草原）（铁山港区）	2404	0.00
其他生态保护修复财政专项支出（海洋资源）（海洋）（铁山港区）	2405	0.00
其他生态保护修复财政专项支出（水资源）（水）（铁山港区）	2406	
其中：其他生态保护修复财政专项支出（湿地资源）（湿地）（铁山港区）	2407	0.00
其他支出	25	0
收支差额	26	549.00